本书为 2013 江苏省高校哲学社会科学基金指导项目——文化社会学视野下中国传统武术文化现代发展的动力机制研究(2013SJD890008)阶段性成果

Chuancheng
Yu
Chaoyue
Wushu Zai Dengfeng

传承与超越：武术在登封

王龙飞 著

河南大学出版社
HENAN UNIVERSITY PRESS

图书在版编目(CIP)数据

传承与超越:武术在登封/王龙飞著.—郑州:河南大学出版社,2015.12
ISBN 978-7-5649-2281-8

Ⅰ.①传… Ⅱ.①王… Ⅲ.①武术－发展－研究－登封市 Ⅳ.①G852

中国版本图书馆 CIP 数据核字(2015)第 308212 号

责任编辑	马 博 肖凤英
责任校对	时二凤
封面设计	陈盛杰

出版发行 河南大学出版社
地址:郑州市郑东新区商务外环中华大厦 2401 号　　邮编:450046
电话:0371-86059701(营销部)　　网址:www.hupress.com
印　刷　开封日报社印务中心
版　次　2016 年 11 月第 1 版　　印　次　2016 年 11 月第 1 次印刷
开　本　787mm×1092mm　1/16　　印　张　14
字　数　244 千字　　定　价　38.00 元

版权所有・侵权必究
本书如有印装质量问题,请与河南大学出版社营销部联系调换

前　言

伴随着市场经济的改革，我国的社会结构发生了巨大的变迁，与传统社会相适应的中国传统文化受到了来自西方文化的冲击。中国传统文化如何保持时代性与民族性成为当前社会亟待解决的问题。民族传统体育是中国传统文化的重要组成部分，武术则是我国的"国粹"，是中华民族传统体育的重要代表。少林武术是我国非物质文化遗产，是武术文化的杰出代表，它产生、发展于登封，是武术在登封的重要组成部分。市场经济下，武术在登封与政治、经济、教育、文化、宗教紧密结合，走上了产业化、市场化、社会化的道路。在民族传统体育整体萧条、西方现代体育项目繁荣于我国大中型城市的大环境下，武术却在登封这一地级城市蓬勃发展。其中必然有其生存、发展的道理。因此，武术在登封的存在与发展是研究民族传统体育文化乃至中国传统文化现代发展的典型个案。对传统文化的现代发展进行研究，就需要从整体上明确传统文化的产生、发展规律及其在社会中的功能等问题。而文化社会学作为社会学的一个分支学科，强调从社会学的视角对各种社会文化现象进行整体研究，是研究文化产生、发展规律及其社会功能的一门学科。武术是我国传统文化的精华，相应的，文化社会学理论也是研究武术文化产生、发展规律及其社会功能的重要方法。

研究运用实地调查、访谈、参与观察、问卷调查、文献资料等方法，注重理论研究与实证研究相结合。研究从文化社会学的视角，将武术视为社会系统的一部分，将其融于登封的历史文化背景之中，进行立体的、多层面的研究，全景式展现其历史面目，从更广阔的角度梳理武术在登封的起源与演进过程，进而描述当代武术在登封的存在现状、特征与不足，在此基础上，运用文化社会学理论分析武术在登封的功能与发展动力，并对武术在登封的发展以及我国武术的存在与发展提出思考。

本书由导论、正文、结论和附录组成，正文共七部分。

正文首先介绍了武术在登封存在与发展的自然、历史文化背景。笔者认为武术在登封的历史发展过程中形成了自身的文化传统,这主要表现在武术的朴实无华、严谨实干,兼容并蓄、开放融合与敏于适应、勇于创新的精神特质。而这一传统对当代武术在登封的存在与发展仍然影响巨大。其次从社会武术、学校武术、竞技武术、少林寺的武术以及武术国际传播等方面描述了登封武术的发展现状,从而得出结论:当代武术在登封既呈现出形态多样、发展多层次性以及力量多元、中原文化特色浓厚、重视教育、注重"少林"品牌的弘扬等文化特征,也存在着民间武术的发展有下降趋势、城市社区武术需要进一步普及、武术馆校的管理仍需规范、武术高等教育在困难中挺进、少林寺品牌建设有待统一规划、武术联赛体系尚需进一步完善等问题与不足。

对发展现状进行研究之后,笔者就武术在登封的功能和发展动力进行了深入分析,认为武术在登封的功能体现在武术是登封居民休闲、娱乐的挚爱,武术馆校是登封教育系统的重要补充,武术是登封经济发展的助推器和武术的发展促进了登封的整合等方面。武术的发展动力是多元的,主要包括登封厚重的文化传统为武术发展提供的内在动力、登封优越的地理位置形成的先天优势、登封改革开放的大环境所创造的难得的机遇、丰富的社会资本提供的助推力以及个人与组织的需求动力。在改革开放提供的外部环境的影响下,文化传统内化在个人与组织的需求中,进而通过实践推动了武术在登封的发展。

武术在登封不可能停滞不前,面对社会的变迁,它必须继续发展,否则就要面临淘汰。本书立足武术在登封的背景、起源、演进和发展现状,对今后武术在登封的发展提出思考,认为:发展是对登封武术最好的保护,多样化是武术在登封的发展趋势,应注重少林寺的品牌建设,国家与社会利益的兼顾是登封武术发展的根本,应拓展登封青少年传承武术文化的路径。登封武术虽然是个案研究,但毕竟是我国武术这个整体的一部分,其发展规律对中国武术的发展具有一定的借鉴意义。研究认为:今后我国武术的发展应注重多元功能开发,精神文化是武术发展的核心动力,多样化是武术的发展趋势,应加强武术文化的保护与传承。

目 录

导论 ··· 1
 第一节 问题的提出 ·· 1
  一、传统文化的现代发展成为当前中国社会急需解决的问题 ············ 1
  二、少林武术是武术在登封的重要组成部分 ······································ 1
  三、民族传统体育的改革是当今体育改革的热点 ······························ 2
  四、武术在登封的发展是民族传统体育发展的典型个案 ···················· 2
  五、文化社会学是研究武术产生、发展规律及其社会功能的重要方法
     ·· 2
 第二节 文献综述 ·· 4
  一、武术文化的研究 ·· 4
  二、登封武术的研究 ·· 10
  三、文化社会学理论在武术研究中的运用 ·· 11
  四、已有研究不足 ·· 11
 第三节 研究目的与意义 ·· 12
  一、研究目的 ·· 12
  二、研究意义 ·· 12
 第四节 研究对象与方法、内容 ·· 12
  一、研究对象 ·· 12
  二、研究方法 ·· 12
  三、研究内容 ·· 13
 第五节 研究假设、难点及创新点 ·· 14
  一、研究假设 ·· 14
  二、研究难点 ·· 14
  三、创新点 ·· 14

第一章　武术在登封的自然历史文化背景 …… 16
第一节　登封概况 …… 16
一、背依嵩山、地处中原的自然地理环境 …… 16
二、三教合一、开放融合的厚重历史文化传统 …… 17
三、工业为主、旅游为辅的经济环境 …… 18
第二节　武术在登封的起源 …… 19
一、需要——少林武术起源的直接动力 …… 20
二、个人及事件——少林武术起源的间接原因 …… 24
三、实践——少林武术起源的本质原因 …… 26
第三节　武术在登封的历史演进 …… 28
一、军事武术 …… 28
二、社会武术 …… 28
三、学校武术 …… 34

第二章　武术在登封的现状 …… 36
第一节　社会武术 …… 36
一、武术节庆活动 …… 36
二、民间武术 …… 40
三、城市社区武术 …… 42
四、武术表演 …… 43
五、武术旅游 …… 48
六、武术用品 …… 50
七、武术场地设施服务 …… 51
第二节　学校武术 …… 52
一、普通学校的武术 …… 52
二、民办武术学校的武术 …… 54
第三节　竞技武术 …… 63
一、武术竞赛活动蓬勃 …… 63
二、武术竞赛成绩斐然 …… 64
第四节　少林寺的武术 …… 65
一、发展规模 …… 65
二、开展形式 …… 65
第五节　国际交流与传播中的武术 …… 66

一、国际武术表演 …………………………………………………… 66
　　二、国际武术教育 …………………………………………………… 66
　　三、其他国际文化交流 ……………………………………………… 67
第六节　当代武术在登封的发展特征 ……………………………………… 68
　　一、形态多样 ………………………………………………………… 69
　　二、发展多层次性 …………………………………………………… 69
　　三、力量多元 ………………………………………………………… 70
　　四、中原传统文化特色浓厚 ………………………………………… 70
　　五、重视教育 ………………………………………………………… 71
　　六、注重"少林"品牌的弘扬 ……………………………………… 71
第七节　存在的问题与不足 ………………………………………………… 72
　　一、登封民间武术的发展有下降趋势 ……………………………… 72
　　二、登封城市社区武术需要进一步普及 …………………………… 73
　　三、登封武术馆校的管理仍需规范 ………………………………… 73
　　四、登封武术高等教育在困难中挺进 ……………………………… 74
　　五、"少林"品牌建设有待统一规划 ……………………………… 76
　　六、登封的武术联赛体系尚需进一步完善 ………………………… 76

第三章　武术在登封的精神特质 …………………………………………… 78
　第一节　朴实严谨:登封文化的实学精神在武术中的显现 …………… 78
　　一、朴实、严谨是少林武术重要的技术风格 ……………………… 79
　　二、朴实、实干是登封民办武校的办学理念 ……………………… 79
　　三、严谨的传承标准是登封民间武术得以世代传习的保障 ……… 80
　第二节　开放融合:登封文化的包容精神在武术中的彰显 …………… 80
　　一、从少林武术的技术形成看兼容并蓄、开放融合 ……………… 81
　　二、武术形态在登封的现代转型体现了兼容并蓄、开放融合的精神
　　　　………………………………………………………………… 81
　　三、《禅宗少林·音乐大典》的运营是兼容并蓄文化精神的现实体现
　　　　………………………………………………………………… 82
　第三节　敏于适应:登封文化的自强精神在武术中的展现 …………… 82
　　一、登封民办武校的发展体现了敏于适应的文化精神 …………… 83
　　二、少林武术的发展历程体现了敏于适应的文化特点 …………… 83
　　三、从少林拳进入登封中小学看敏于适应、勇于创新 …………… 84

第四章　当代武术在登封的功能 …………………………………… 86
第一节　武术：登封居民休闲娱乐的挚爱 ………………………… 86
一、人们对武术的娱乐需求日益强烈 ……………………………… 87
二、满足登封居民武术运动的娱乐需求 …………………………… 88
三、满足登封居民武术的审美需求 ………………………………… 89
第二节　武术馆校：登封教育的重要补充 ………………………… 89
一、满足人们学习武术技能的需求 ………………………………… 90
二、提高青少年的道德文化水平 …………………………………… 90
三、弘扬民族精神 …………………………………………………… 92
第三节　武术：登封经济发展的助推器 …………………………… 92
一、武术在登封已经形成产业化发展 ……………………………… 93
二、登封武术产业形成的标志 ……………………………………… 94
三、登封武术主体产业的构成 ……………………………………… 95
四、登封武术产业的发展带动了相关产业的发展 ………………… 97
第四节　武术的发展：促进了登封的整合 ………………………… 100
一、促进登封整合 …………………………………………………… 100
二、提升登封城市形象 ……………………………………………… 101
三、改善登封社会环境 ……………………………………………… 103
四、为登封创造就业机会 …………………………………………… 104

第五章　当代武术在登封得以繁荣、壮大的动因 ……………… 105
第一节　登封厚重的文化传统：武术发展的内在动力 …………… 105
一、精神文化是文化发展的核心动力 ……………………………… 106
二、精神文化是武术在登封发展得以长盛不衰的主要原因 ……… 106
三、大传统与小传统的互动：当代登封武术发展的内在动力 …… 107
第二节　登封优越的地理位置：武术发展的先天优势 …………… 107
一、登封境内的中岳嵩山、少林寺为武术的发展提供了丰富的资源
　　…………………………………………………………………… 108
二、登封便利的交通促进了武术文化的传播 ……………………… 108
三、登封濒临省会郑州使其更易吸引政策支持 …………………… 108
第三节　登封改革开放的大环境：武术发展难得的机遇 ………… 109
一、市场经济的改革为武术在登封的发展提供了体制保障 ……… 109
二、电影《少林寺》的上映是武术在登封发展的重要机遇 ……… 110

三、大众媒介的发展加速了武术文化的传播 …………………… 110
　　四、政府为武术在登封的发展提供了政策支持 ………………… 111
　第四节　丰富的社会资本:登封武术发展的良好基础 ……………… 112
　　一、登封武术经济组织拥有广泛的关系网络 …………………… 113
　　二、互惠原则是登封的地方文化传统 …………………………… 113
　　三、武术在登封的发展拥有较强的信任与认同 ………………… 114
　第五节　个人与组织的发展需求:武术在登封发展的直接动力 …… 114
　　一、个人发展武术的需求 ………………………………………… 115
　　二、政府发展武术的目的 ………………………………………… 116
　　三、民间组织发展武术的需求 …………………………………… 117
　　四、个人与组织的需求最终实践于各利益群体的博弈 ………… 118

第六章　武术在登封的发展 ……………………………………………… 127
　第一节　发展:对登封武术最好的保护 ……………………………… 127
　　一、发展是对登封武术最好的保护 ……………………………… 128
　　二、认同是保护登封武术的前提 ………………………………… 130
　　三、登封武术的创新应注重精神文化的传承 …………………… 131
　第二节　多样化:武术在登封的发展趋势 …………………………… 132
　　一、重视登封民间武术的发展 …………………………………… 132
　　二、促进登封城市社区武术的普及 ……………………………… 133
　　三、登封武术馆校应向标准化发展 ……………………………… 134
　　四、市场化是武术在登封发展的重要趋向 ……………………… 134
　第三节　"少林"品牌:登封城市发展的名片 ………………………… 136
　　一、完善品牌的基础建设 ………………………………………… 137
　　二、以少林武术节庆活动为支点 ………………………………… 137
　　三、加强少林武术品牌资产的运营 ……………………………… 138
　　四、打造少林武术品牌,带动登封城市发展 …………………… 138
　第四节　国家与社会利益的兼顾:登封武术发展的根本 …………… 139
　　一、政府应逐渐淡出武术的经济领域,行使协调引导的功能 … 140
　　二、大力发展登封民间组织,促进武术发展 …………………… 141
　　三、在登封武术的发展过程中应注重对个人利益的维护 ……… 142
　　四、建立政策制定的协调机制 …………………………………… 142
　第五节　拓展传承路径:登封青少年传承武术文化的关键 ………… 144

一、学校——登封青少年传承武术文化的主要路径 …………………… 145
二、家庭——传统的传承场域 …………………………………………… 146
三、大众传媒——日益重要的传承途径 ………………………………… 147
四、同辈群体——建立在自愿基础上的传承方式 ……………………… 148

第七章 登封武术对我国武术存在与发展的启示 ……………………… 149
第一节 多元功能开发:武术发展的基础 ……………………………… 149
一、武术的娱乐功能在当代有较大的发展空间 ………………………… 150
二、大力发展武术经济 …………………………………………………… 150
三、促进武术教育功能的开发 …………………………………………… 152
第二节 精神文化:武术发展的核心动力 ……………………………… 159
一、完善自身体系是武术发展的基础 …………………………………… 159
二、文化整合是武术发展的重要条件 …………………………………… 160
三、文化适应是武术发展的核心 ………………………………………… 161
第三节 多样化:武术发展的趋势 ……………………………………… 162
一、武术应积极创新文化体系,适应社会发展 ………………………… 163
二、多样化是武术发展的基本规律 ……………………………………… 163
三、市场化是武术发展的重要趋势 ……………………………………… 164
第四节 保护与传承:传统武术文化现代发展的保障 ………………… 167
一、传统武术文化面临的危机 …………………………………………… 167
二、加强对武术文化的保护 ……………………………………………… 169
三、拓展武术文化的传承途径 …………………………………………… 169

结论 ………………………………………………………………………… 174

附录 ………………………………………………………………………… 175
调研日记 15 则 …………………………………………………………… 175
深度访谈录音稿 15 则 …………………………………………………… 184
武校学生习武目的的调查问卷 …………………………………………… 211

导 论

第一节　问题的提出

一、传统文化的现代发展成为当前中国社会急需解决的问题

中国经济的发展带来了思想上的西学东渐，面对西方文化的冲击，中国人不应盲目地否定自己、丧失民族自信心，而应认识到中国传统文化在现代社会中的价值，认识到社会现代化的进程不仅包括物质文明的高度发达，还要有精神文化的和谐建构。因此，以注重心性长于伦理为基本特征的中国传统文化，无疑能为现代人走出自我心性的迷失提供多方面的理性启迪。但是，中国的现代化道路毕竟与西方社会不同，这就使得中国传统文化的现代发展具有一定的本土性。如何走出一条兼顾社会与政府、经济与文化的和谐之路是当今中国传统文化发展急需解决的问题。

二、少林武术是武术在登封的重要组成部分

传统武术是中华民族传统体育的精华，是中国传统文化的重要组成部分，蕴含着我国古代极其丰富的思想，被视为我国的"国粹"。而少林武术是中国武术文化的杰出代表和象征。少林武术创立于北魏时期，至今已有1500多年的历史。特别是在2006年，少林武术被列入国务院第一批国家级非物质文化遗产名录，其在中国武术中的地位可见一斑。改革开放后，与传统社会相适应的中国传统武术受到了巨大的冲击。对它们的保护与发展一直是社会关注的焦点。少林武术作为传统武术文化的精华，无疑是研究我国传统武术保护、发展的理想个案。而少林武术是武术在登封的重要组成部分，对少林武术的研究不能脱离登封武术文化这个整体。因此，研究武术在登封的存在与发展对我国传统武术文化的现代发展有较强的借鉴意义。

三、民族传统体育的改革是当今体育改革的热点

经过几年的体育改革,我们在取得成绩的同时也暴露出一些问题。这主要表现在市场化、产业化的体育项目多为西方体育项目,体育产业发展的区域集中在经济发达地区等。以上情况的出现和我国的社会背景有关,我国社会发展的特点表现在城乡二元结构明显、东西部经济差别迥然、城市化发展滞后、传统文化面临西方文化的冲击等方面。西方社会现代化发展是以城市化为特点的,其人口多集中在城市,这给体育产业的发展提供了丰厚的土壤。而我国由于城乡二元结构突出、城市化程度不够、人口多集中在乡镇,在城市发展体育产业就势必会面临需求不足等诸多问题。从国情出发有效地借鉴西方的经验,而不是完全照搬,走出一条具有中国特色的体育发展道路是当务之急。

四、武术在登封的发展是民族传统体育发展的典型个案

武术是我国的"国粹",是中华民族传统体育的重要代表。市场经济下,武术在登封与政治、教育、经济、文化、宗教紧密结合,走上了产业化、市场化、社会化的道路。在民族传统体育整体萧条、西方现代体育项目繁荣于我国大中型城市的大环境下,武术却在登封这一地级城市蓬勃发展,其中必然有其生存、发展的道理。因此,武术在登封的存在与发展是民族传统体育发展的典型个案。

五、文化社会学是研究武术产生、发展规律及其社会功能的重要方法

当前,传统文化的现代发展是中国社会急需解决的问题,而对传统文化的现代发展进行研究,就需要从整体上明确传统文化的产生、发展规律及其在社会中的功能等问题。文化社会学是研究文化产生、发展的规律及其社会学性质与功能的一门学科,它强调从社会学的视角对各种社会文化现象进行整体研究。司马云杰是近些年国内研究文化社会学较有影响力的学者,其《文化社会学》是国内研究文化社会学的权威著作,该书对文化社会学的概念、研究对象、内容、方法进行了详细的论述。他认为文化社会学的研究内容具体包括如下范围:第一,研究文化的起源、积累与突变的社会历史过程;第二,分析文化产生、发展的自然、社会环境;第三,文化社会学还要关注文化的民族性及群体属性;第四,研究文化的生产、传播;第五,研究文化变迁的动因,等等。自文化社会学作为一门学科产生以来,西方的一些思想先后传入中国,并影响了一批

学者的研究。例如朱谦之的《文化哲学》①，孙本文的《社会学上之文化论》②、《文化与社会》③，梁漱溟的《东西文化及其哲学》④，费孝通的《生育制度》⑤等。近期，曹晓峰对我国"十五"期间有关文化社会学的研究进行了述评，他认为目前我国文化社会学研究集中在三个方面：第一，对国外文化社会学思想的评介；第二，文化社会学基础性研究；第三，对当代文化问题进行研究的同时，继续对中国传统文化进行挖掘。可见，对我国传统文化的研究是文化社会学的研究热点。问卷调查法、实地调查法、文献资料法、逻辑分析法等都是文化社会学的研究方法。实地调查法是文化社会学的重要研究方法之一。与调查研究法相比，实地调查法是在现场观察集体行动的发生和发展，能在完全直接观察的基础上对研究对象进行深刻的思考，因此被国内外学者广泛运用于文化现象的研究。实地调查法最早用于文化人类学对原始部落和土著居民的研究，20世纪30年代以来，以费孝通为代表的中国社会人类学家把实地调查法用于中国现代社会研究。近些年一些学者开始运用这种方法对我国民族传统体育文化进行研究。其中比较有影响的有李志清对乡土中国的仪式性少数民族体育的研究⑥、张基振对潍坊风筝文化的研究⑦、郭修金对村落体育的研究⑧、张军献对残疾人体育的研究以及党挺对延安红色体育的研究⑨。在通过文献资料法、问卷调查法与实地调查法获取资料后，文化社会学还强调运用逻辑分析法根据事物之间内在的相互关系，对文化的起源、功能、动力、发展趋势进行分析。武术作为我国传统文化的精华，文化社会学的理论当然也是研究武术产生、发展规律及其社会功能的重要方法。根据司马云杰的观点，从文化社会学视角研究武术，就应该研究武术的起源、演进及其在社会中的功能、

---

① 朱谦之：《文化哲学》，商务印书馆1990年版。
② 孙本文：《社会学上之文化论》，朴社1927年版。
③ 孙本文：《文化与社会》，上海东南书店1928年版。
④ 梁漱溟：《东西文化及其哲学》，上海人民出版社2006年版。
⑤ 费孝通：《生育制度》，商务印书馆2008年版。
⑥ 李志清：《仪式性少数民族体育在乡土社会的存在与意义——以抢花炮为个案的研究（一）》，《体育科研》2006年第4期。
⑦ 张基振：《文化视野中民间体育的保护、传承与发展——以潍坊风筝为表达对象的实证研究》，上海体育学院2007年博士学位论文。
⑧ 郭修金：《小康社会中的村落体育——山东三村的调查》，《体育科学》2009年第2期。
⑨ 党挺：《延安体育之研究（1935~1948）》，上海体育学院2009年博士学位论文。

存在与发展的原因、发展的趋势等方面。

第二节 文献综述

一、武术文化的研究

随着中国现代化进程的加快,有关精神文化的研究逐渐成为现今学术研究的热点。武术是中华民族传统体育的精华,是中国传统文化的重要组成部分,被视为中国的"国粹"。近些年越来越多的学者开始关注武术的文化现象研究。笔者以1999～2007年中国期刊网上的核心期刊,中国期刊网上关于武术文化的学位论文,上海体育学院图书馆收藏的相关博硕士学位论文,国家社科基金、国家体育总局社会科学、软科学武术文化立项课题为分析样本,对论文数量、研究主题、研究队伍、研究方法等方面进行了初步统计,分析近10年来我国武术文化研究的基本状况及其特点,从理论、方法与队伍建设等方面对我国武术文化研究的发展与存在的某些不足进行评价和分析。

(一)中国期刊网论文检索分析

1. 论文数量

总体看来,武术文化研究处于成长阶段,且正在成为武术研究,乃至体育研究的热点。本文统计了1999～2007年间公开发行的中文体育类13家核心期刊中有关武术文化的139篇论文,按发表年份进行统计的结果如图1所示。从图中可见,近年来研究武术文化的论文数量在逐渐增多,而且近两年增长势头迅猛。

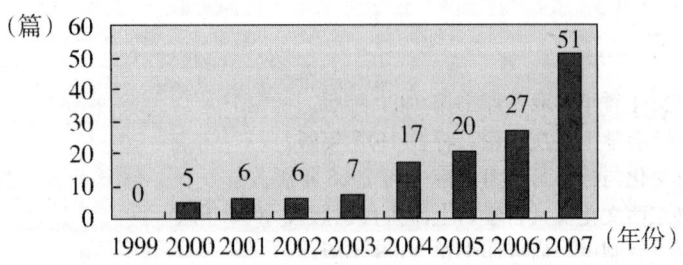

图1 1999～2007年武术文化科研论文发表数量统计

2. 研究主题

本文把近10年来我国武术文化研究论文的主题归为5大类进行统计分析,这些研究主题的划分并不是学科意义上研究领域的划分,只是对某些相对集中的研究主题的总结和提炼。如表1所示,根据对1999～2007年国内公开发行的13种中文体育期刊中武术文化方面的论文的分析可知,武术文化研究内容集中在武术文化内涵、传承与保护、冲突与融合、传播、发展等方面。

表1 武术文化论文所涉及的研究主题统计

	内涵	传承与保护	冲突与融合	传播	发展	其他	总计
数量(篇)	62	8	8	12	40	9	139
百分比(%)	44.6	5.8	5.8	8.6	28.8	6.5	100

学者从武术文化的概念、价值等方面论述了武术文化的内涵。武术文化是中国传统文化的组成部分,是中国传统文化的沉积反映和产物再现①。传统武术技术在形成与演变史中反映了中华民族传统文化的特质,传统武术体系的发展也体现了中国传统文化发展的特征②。武德是中国武术理论的核心,以尊师重道、重义守信、立身正直、谦和仁爱为基本内容③。近些年学者对武术文化传播的理论与实证研究均取得了一定的进步。武术文化传播的障碍因素包括语言、文化背景、兴趣、认知等方面④。武术国际传播过程的主要因素包括传播者、传播内容、传播途径、传播过程、传播对象、传播效果和传播环境等⑤。客家武术形成了以家庭传播、区域传播、口传身授、耳提面命等途径为主的传播方式⑥。中国社会正在进行现代化建设,其传统思想势必受到西方文化的冲击。文化冲突、融合成为学者较为关注的问题。学者对武术文化的冲突、融合等问题进行了一些有价值的研究,我国应将武术"西化"转变为武术"化西",既保持传统,又融会中西,形成具有中国特色的武术体系,实现武术文化的现代转型与重建⑦。从中西体育文化融合的历史来看,竞技武术应与

---

① 周之华、周绍军:《中国武术文化的内涵》,《体育文史》2000年第2期,第43～44页。
② 刘军、骆红斌:《传统武术的文化内涵与当代武术发展》,《体育文化导刊》2007年第8期,第85～87页。
③ 徐德正、徐明全:《武术文化中的道德规范》,《武汉体育学院学报》2000年第1期,第37～40页。
④ 刘树军、王苑苑:《武术文化传播的障碍因素分析》,《天津体育学院学报》2003年第2期,第41～42页。
⑤ 郭玉成、邱丕相:《武术国际传播基本模式的构建》,《上海体育学院学报》2002年第4期,第23～26页。
⑥ 曾桓辉:《客家武术传播与发展刍议》,《广州体育学院学报》2006年第2期,第113～115页。
⑦ 王俊奇:《中西文化冲突与武术发展之路》,《上海体育学院学报》2007年第4期,第53～55页。

奥运接轨①。传统文化可以世代相传、生生不息，前提就是对其进行保护、传承。近10年来，学者在武术文化传承、保护等方面的研究取得了一些成绩。中国武术文化是中国传统体育文化的主要代表，具有显著的民族特色和时代价值②。传统武术文化作为濒危非物质文化遗产的保护需要各方面的共同努力，国家行政的宏观调控和支持异常重要③。传统文化的现代发展是当今时代的主题，武术文化的发展也成为现今学者研究的热点。学者在宏观研究与微观研究层次均取得了较大的进步。全球化背景下，武术发展面临的根本问题是"全球化"与"本土化"的问题④。政府应在弘扬和保护民族传统文化方面起主导作用⑤。李旺华从文化学的角度对澳门武术运动的发展的研究⑥及韩雪对中州武术文化形态的研究⑦是从微观视角研究武术文化发展的佳作。

现有研究的主题集中在武术文化的内涵与发展两方面。对武术文化内涵的研究是武术文化研究的起点，对其的深入研究势必会为武术文化的相关研究打下坚实的基础。武术文化的内涵是一个恒久的话题，一直是武术文化研究的热点，而武术文化的发展则联系着实践环节，也一直受到学者的关注。随着我国社会现代化进程的进一步加剧，传统文化的现代发展受到了社会各界的重视。一些学者也开始借鉴西方人文社会理论，将文化视为一个独立的系统，研究其在社会中的传播、冲突与融合、传承与保护等问题。

3. 研究队伍

近10年来，我国武术文化正在逐渐形成稳定的研究骨干和研究群体。研究队伍以单位集中，以地域为特色，形成了团队化、特色化的发展趋势。按照核心期刊论文发表数量的排列，武术文化研究排前8位的院校分别是：上海体

---

① 洪浩：《中西体育文化的四次融合——兼论竞技武术的奥运发展之路》，《体育文化导刊》2006年第6期，第78页。
② 马文国、邱丕相：《文化的流失：传统武术的痛楚》，《西安体育学院学报》2006年第2期，第1～3页。
③ 程大力：《传统武术：我们最大宗最珍贵的濒危非物质文化遗产》，《体育文化导刊》2003年第4期，第18～20页。
④ 谢建平：《全球化背景下武术发展的文化思考》，《上海体育学院学报》2004年第1期，第33～36页。
⑤ 林小美：《武术进入奥运会与中西文化的对接》，《体育科学》2005年第7期，第59～61页。
⑥ 李旺华：《澳门武术文化特征及其发展策略》，《成都体育学院学报》2001年第4期，第22～25页。
⑦ 韩雪：《中州武术文化研究》，《体育科学》2006年第8期，第86～95页。

育学院、苏州大学、西安体育学院、武汉体育学院、河南大学、山西师范大学、广州体育学院、北京师范大学。其中又主要集中在专业体育院校及综合类院校的体育院、系。专业体育学院的研究队伍仍然是近些年武术文化研究的主力军,但综合类院校的武术文化科研队伍有壮大的趋势。专业体育院校因在体育方面的专业性使得其学科较易获得体育领域的资源优势。上海体育学院是近年来我国武术文化研究的领跑者,无论从研究成果的数量、质量,研究基础,还是从学术骨干力量和研究后劲来看,都处于领先地位。近年来他们发表了大量武术文化研究论文,多次获得国家社科基金和国家体育总局武术文化方向的课题立项,其研究几乎涉及我国武术文化研究的所有方向。综合类院校的体育院、系是近10年武术文化研究的另一支主力军,往往依托综合院校的资源、院校所在地的武术资源进行发展。以河南大学为例:河南大学体育学院是我国较早开始系统地研究武术文化并且成绩显著的院校之一,少林武术文化研究是该校的研究特色。

4. 研究方法

现有研究主要是通过文献法来获取研究资料,当然,也有少量研究是通过调查和实地研究的方法来获取资料的。从研究方法来看,现有研究主要是采取定性研究的方式来研究武术文化现象。定性研究方式是人文主义方法论的集中体现,它侧重和依赖于对事物的含义、特征、隐喻、象征的描述和理解,而这种方法主要通过文献、实地研究等方法来获取资料。从逻辑过程定性研究本质上是一个归纳的过程,即从特殊情景中归纳出一般的结论[①]。定性研究获取资料的方法并不只有资料法一种,还包括实地研究法。实地研究法是一种深入到研究现象的生活背景中,以参与观察和无结构法的方式收集资料,并通过对这些资料的定性分析来理解和解释现象的社会研究方式。实地研究法的资料是一手资料,而通过资料法获取的资料往往是二手或三手的资料。因此,为了更加接近现象的本质,在定性研究中往往多采用实地研究法。而学者对武术文化的研究则多采用文献法,实地研究方法很少涉及,这个问题确实需要引起重视。

理论分析是研究的重要环节,也是研究阶段的主要工作,其任务是在对资

---

① 风笑天:《社会学研究方法》,中国人民大学出版社2001年版。

料整理、汇总和统计分析的基础上进行思维加工,从感性认识上升到理性认识①。近10年学者对武术文化现象进行的理论分析有长足的进步,体现在研究所涉及学科的广度与运用学科理论的深度这两个层次。涉及学科由以前单一的体育学科拓展到哲学、文化学、社会学、经济学等多学科领域。其中,许多学者运用哲学与文化学的理论分析了武术文化的内涵,而在武术文化发展的研究方面,有学者也采用了传播学、社会学、经济学的理论进行分析。在运用学科理论的深度方面,学者对具体学科理论的运用更加深入,而不只是停留在学科理论的宏观层面进行分析。例如,郭玉成、邱丕相对武术国际传播过程的主要因素的研究②以及郭守靖、郭志禹运用地域文化学的理论对地域武术文化的研究③等。

(二)国家社科基金和国家体育总局社会科学、软科学立项资助情况

国家社科基金项目代表着学科的研究方向和研究水平。国家社科基金和国家体育总局社会科学、软科学立项资助课题对武术文化的研究具有导向、扶持作用。国家社科基金从1999年起开始体育课题立项,到2007年共立项235个,其中武术类课题6个,占总课题量的3%;武术文化类课题2个,占武术类课题的33%。国家体育总局1999～2007年社会科学、软科学研究课题,共立项1007个,对我国体育社会科学的发展起着明显的推动作用,其中武术类课题10个,占课题总量的1%;武术文化类课题1个,占武术类课题的10%。研究显示,虽然武术类课题立项在国家社科基金和国家体育总局课题立项中所占的比例不大,分别占3%和1%,但武术文化研究课题分别占武术类课题的33%和10%,这证明武术文化研究在武术研究中所占的比重还是比较大的。可喜的是,近年来国家社科办和国家体育总局对武术文化的支持力度在逐渐加大。

(三)体育博硕士论文情况

博士和硕士研究生是我国体育科研的一支重要的主力军。遗憾的是,通过对中国期刊网"中国优秀博硕士学位论文全文数据库"的检索,截至2007

---

① 范伟达:《现代社会研究方法》,复旦大学出版社2001年版,第382页。
② 郭玉成、邱丕相:《武术国际传播基本模式的构建》,《上海体育学院学报》2002年第4期,第23～26页。
③ 郭守靖、郭志禹:《从地域文化学视角透视武术文化的地域性特征》,《上海体育学院学报》2006年第5期,第71～75、79页。

年,收录的博硕士群体选择武术文化作为学位论文的较少,4 篇博士论文中仅有 1 篇,即北京体育大学李印东的《武术释义——武术本质及其功能价值体系的阐释》①。该研究从武术本质入手,运用逻辑学和历史实证方法,借鉴现代文化学、社会学研究的理论,通过分析、比较历史史料,对武术概念及功能价值体系进行了研究。由于中国期刊网收录的博士论文有限,因此笔者还查阅了上海体育学院图书馆收录的学校近 10 年的相关博士论文。近 10 年,上海体育学院民族传统体育专业的博士研究生对武术文化进行了大量的研究。其中,韩雪对中州武术文化的研究②、陈振勇对巴蜀武术文化的研究③、丁丽萍对吴越武术文化的研究④、郭守靖对齐鲁武术文化的研究⑤、申国卿对燕赵武术文化的研究⑥、张胜利对陇右武术文化的研究⑦、王家忠对荆楚武术文化的研究⑧,从文化地理学的视角,强调田野调查方法的运用,丰富了地域武术文化的研究。而郭玉成对武术传播的研究⑨、戴国斌对武术文化的研究⑩、陈宝强对中国剑文化的研究⑪、马文国从文化全球化的视野对学校武术的研究⑫、牛爱军从非物质文化遗产视角对传统武术的研究⑬、王岗对中国武术的核心竞争力的研究⑭、崔秉珍对中国武术国际化发展的研究⑮,丰富了我国的武术

---

① 李印东:《武术释义——武术本质及其功能价值体系的阐释》,北京体育大学 2006 年博士学位论文。
② 韩雪:《中州武术文化研究》,上海体育学院 2005 年博士学位论文。
③ 陈振勇:《巴蜀武术文化探骊》,上海体育学院 2006 年博士学位论文。
④ 丁丽萍:《吴越武术文化研究》,上海体育学院 2007 年博士学位论文。
⑤ 郭守靖:《齐鲁武术文化研究》,上海体育学院 2007 年博士学位论文。
⑥ 申国卿:《燕赵武术文化研究》,上海体育学院 2008 年博士学位论文。
⑦ 张胜利:《陇右武术文化研究》,上海体育学院 2008 年博士学位论文。
⑧ 王家忠:《荆楚武术文化研究》,上海体育学院 2009 年博士学位论文。
⑨ 郭玉成:《武术传播的理论与对策研究》,上海体育学院 2003 年博士学位论文。
⑩ 戴国斌:《武术的文化研究》,上海体育学院 2005 年博士学位论文。
⑪ 陈宝强:《中国剑文化研究》,上海体育学院 2006 年博士学位论文。
⑫ 马文国:《文化全球化背景下的武术教育与学校武术》,上海体育学院 2007 年博士学位论文。
⑬ 牛爱军:《传统武术传承研究——从非物质文化遗产的视角》,上海体育学院 2008 年博士学位论文。
⑭ 王岗:《中国武术的核心竞争力研究》,上海体育学院 2007 年博士学位论文。
⑮ 崔秉珍:《论中国武术的国际化发展——从韩国跆拳道推广模式的角度分析》,上海体育学院 2009 年博士学位论文。

文化理论。王国志则从社会学视野对大众武术进行了研究①。由于查阅的不便，势必还会存在一些与武术文化有关的博士论文无法提及，但是从现有资料来看，近些年武术文化无疑受到了博士研究生的重视。而期刊网中收录的226篇与武术相关的硕士研究生论文中涉及武术文化的研究不足20%，这个数据基本上与武术文化课题占武术研究的比重和期刊论文中武术研究所占的比重相近。虽然中国期刊网"中国优秀博硕士学位论文全文数据库"所收集的硕士学位论文不全，但此间的状况在一定程度上也反映了武术文化研究课题没有受到博士研究生和硕士研究生足够重视的事实。根据现有资料，硕士研究生主要从宏观上研究武术文化。其中，曾凡鑫从儒家思想对武术文化的影响进行了研究②，而鲍振艳则从培育民族精神的角度研究了弘扬武术文化的重要性及具体实施措施③。这些研究虽然在理论上进行了详细的阐述，但明显地缺乏实证基础。在注重宏观研究的同时，一些研究生也开始进行实证研究的探索，较有代表性的有赵延军对菏泽武术文化发展的研究④以及孙广凯对少林武术技法与文化传播的研究⑤。这两篇论文虽然在实证研究的层次上有所突破，但仍然只是停留在资料分析与历史分析的阶段，深入生活的实地研究/田野调查没有得到运用。

二、登封武术的研究

对于武术在登封的研究集中在少林武术这一方面，学者多从文化、历史、教育等视角进行研究，例如陆草从中原武术文化的角度，刘玉堂、贾海燕从儒、道、释与武当武术的视角对少林武术起源的研究⑥；韩雪、郭志禹从文化特色

---

① 王国志：《社会学视野中的大众武术研究》，上海体育学院2007年博士学位论文。
② 曾凡鑫：《儒家思想对武术文化的影响》，南京师范大学2007年硕士学位论文。
③ 鲍振艳：《弘扬武术文化，培育民族精神——从文化视角论中小学武术教育》，山东师范大学2006年硕士学位论文。
④ 赵延军：《菏泽武术文化的发展思路与对策研究》，广西师范大学2007年硕士学位论文。
⑤ 孙广凯：《少林武术技法及文化传播理论分析及模式构建》，郑州大学2007年硕士学位论文。
⑥ 陆草：《论中原武术文化》，《中州学刊》2007年第1期，第154～156页；刘玉堂、贾海燕：《儒、道、释与武当武术》，《中南民族大学学报（人文社会科学版）》2007年第4期，第70～75页。

出发,洪浩、姜生成从文化因素探析出发对少林武术文化特征的研究①。相对而言将少林武术视为登封的一部分,对其在社会存在的原因、发展的动力以及与社会系统的关系的研究较少。《登封市武术产业发展规划》对武术在登封的发展进行了实践层次的规划,但未进行理论层次的探讨。登封的武术馆校是又一研究热点,这些研究更多地关注武术馆校的课程设置及发展历程,研究方法集中在问卷调查法和文献资料法,例如刘磊对登封武术套路的产业开发的研究②。相对而言运用实地调查法对武术馆校进行深入研究的学者较少。学者在关注少林武术与武术馆校之余,对登封民间武术、群众武术以及武术发展与政府、社会的关系的研究较少。

三、文化社会学理论在武术研究中的运用

近些年,有学者也开始运用文化社会学对我国体育文化进行研究,但数量并不是很多,例如,汤景山、毛永新运用文化社会学对健美运动发展历程的研究③,桑全喜运用文化社会学对我国休闲体育文化的发展进行的研究④。在对武术文化的研究中,韩雪对中州武术文化的研究以及郭玉成对武术传播的研究中涉及一些文化社会学理论的运用,李朝旭、刘庆华、杨胜峰则运用文化社会学对岭南南拳运动风格及其技术的形成进行了研究⑤。总体来看,目前从整体上运用文化社会学理论对武术文化进行的个案研究还较为少见。

四、已有研究不足

国内外学者对武术的研究大都集中在武术的内涵、功能及发展趋势等方面,研究方法多以学理分析为主,实证研究较少。当前,武术在登封繁荣发展,自然受到了学者的重视。关于武术在登封的研究集中在少林武术方面,学者

---

① 韩雪、郭志禹:《少林武术的文化特色》,《广州体育学院学报》2006年第4期,第85~87、93页;洪浩、姜生成:《少林武术形成的文化因素探析》,《西安体育学院学报》2004年第3期,第44~46页。
② 刘磊:《武术套路的产业开发之思路与对策》,《江西师范大学学报(自然科学版)》2002年第4期,第375~377页。
③ 汤景山、毛永新:《中国健美运动的历史发展——来自文化社会学角度的窥视》,《体育文史》1994年第2期,第19~21页。
④ 桑全喜:《当代中国休闲体育文化之惑——一种文化社会学的分析视角》,《体育文化导刊》2007年第12期,第49~50页。
⑤ 李朝旭、刘庆华、杨胜峰:《岭南南拳运动风格及其技理技法形成的文化社会学研究》,《广州体育学院学报》2009年第1期,第49~52页。

多从文化、历史、教育等视角对少林武术进行研究,将少林武术视为登封的一部分,研究其在社会存在的原因、发展的动力以及发展趋势的较少。文化社会学是研究文化产生、发展规律及其社会学性质与功能的一门学科。近些年一些学者已经开始运用文化社会学理论分析武术文化现象,但从整体上运用文化社会学理论对武术文化进行的个案研究不足。因此,整体运用文化社会学理论对武术在登封存在的原因、发展的动力与发展的趋势进行深入研究是有待填补的空白。

第三节 研究目的与意义

一、研究目的

1. 将武术视为一个独立的社会系统,分析其在登封得以存在的原因。
2. 伴随着中国社会的转型,包括武术在内的中华民族传统体育文化都面临着不同程度的危机。在这样的大环境下,武术却在登封这一地级城市得以繁荣、壮大,以此研究当代武术在登封繁荣、壮大的动力。
3. 研究登封武术作为个案对新的社会背景下中国武术存在与发展的启示。

二、研究意义

1. 本研究从微观层次对武术在登封的历史起源、演进、发展现状及特征进行全景式描述,有助于推动我国区域武术文化的基础性研究。
2. 从文化社会学视野,运用实地调查的方法,深入分析武术在登封存在的原因及其功能、发展的动力、发展的趋势以及由此引发的对中国武术发展的思考,对武术在登封的发展以及我国武术的发展有较大的实践意义。

第四节 研究对象与方法、内容

一、研究对象

以登封地区的武术现象为研究对象,研究武术在登封的起源、演进、现状、功能、动力与发展。

二、研究方法

(一)实地调查法

实地调查法是一种质性研究方式,在文化社会学中得到了广泛的运用。

笔者先后于2008年5~6月、2008年7~8月、2009年2月在登封进行了3次为期50多天的实地调查,收集并整理相关文献资料10余万字,录音采访40多个小时,为本研究奠定了坚实的基础。由于笔者与调查对象没有语言交流的障碍,加之对调查区域社会背景比较熟悉,因此较容易与调查对象沟通交流,能够较快地融入研究对象的生活世界。

（二）访谈法

通过深度访谈法对登封教育局、文化局、旅游局、体育局等与武术相关的管理部门负责人,登封武校的一些管理者,少林寺的管理者,武校学生及其家长,市民,民间武术习练者等进行了访谈。

（三）参与观察法

对登封的武术馆校、武术表演、社区武术、民间武术等文化现象进行了参与观察。

（四）问卷调查法

本研究运用问卷调查法对武术馆校的300名学生进行了调查。调查的主要内容为学生的性别、年龄、专业、来源地、家庭背景、择校目的以及毕业后的计划等。

（五）文献资料法

查询中国期刊网、国家体育总局信息中心、超星图书馆等网络资源,利用学校图书馆、上海图书馆,通过学校馆际互借渠道在复旦大学图书馆、同济大学图书馆,笔者广泛收集相关文献并对重要文献进行细致的分析性研究。文献资料包括书籍,报刊,学术论文,博硕士论文,相关课题研究成果,政府公告及发展纲要,登封各武校网站,登封市政府网站以及河南省旅游局、文化局、统计局网站。

（六）逻辑分析法

作为文化社会学的重要研究方法,逻辑分析法是利用事物的各种已知条件,根据事物之间内在的相互关系,对未知事物的结果进行推理判断的一种科学分析方法。本研究运用逻辑分析法对武术在登封的起源、精神特质、功能、动力等进行了研究。

三、研究内容

（一）武术在登封发展的自然历史文化背景

首先从登封的地理、历史、文化背景剖析登封武术发展的环境,其次分析武术在登封起源的原因,在此基础上梳理武术在登封的历史演进过程。

(二) 武术在登封的现状

从社会武术、学校武术、竞技武术、少林寺的武术以及武术的国际交流等方面描述武术在登封的现状、特征及问题。

(三) 武术在登封的精神特质

从文化社会学的视角总结武术在登封的精神特质。

(四) 当代武术在登封的功能

分析武术在登封的娱乐、经济、教育与社会等功能。

(五) 当代武术在登封得以繁荣、壮大的动因

从当代影响武术在登封发展的内外部因素入手,解析武术在登封繁荣、壮大的原因。

(六) 武术在登封的发展

根据武术在登封存在的现状和问题,研究武术在登封的发展。

(七) 登封武术对我国武术存在与发展的启示

登封武术虽然是个案研究,但是毕竟是武术整体的一部分。其存在与发展的规律一定会对中国武术起到一定的借鉴作用。立足登封武术的经验,笔者首先分析武术的功能开发,其次研究武术的发展动力及趋势,最后对武术文化的传承与保护提出思考。

第五节 研究假设、难点及创新点

一、研究假设

1. 当代武术在登封的繁荣不是偶然的,它与武术在登封的自然历史文化传统密切相关。

2. 武术在登封有其自身的存在价值。当代武术在登封的功能和发展动力是多元的,其中个人与组织的需求是直接动力,精神文化是内在动力。

二、研究难点

对登封武术过去和现在形式多样的存在形态的描述,以及武术与登封其他部分之间关系的分析是本研究的关键和难点所在。

三、创新点

1. 总结了武术文化在登封发展的精神特质:朴实无华、严谨实干,兼容并

蓄、开放融合，敏于适应、勇于创新。

2. 认为武术在登封的发展是对武术最好的保护，多样化是武术在登封发展的趋势，社会应注重少林寺的品牌建设，登封武术发展的根本在于国家与社会利益的兼顾，应拓展登封青少年传承武术文化的路径。

3. 武术在登封的存在与发展与登封厚重的文化传统、优越的地理位置、改革开放提供的大环境、丰富的社会资本、个人与组织发展武术的需求等因素紧密相关，正是由于登封具备了这些因素，武术才得以在登封存在与发展。

第一章 武术在登封的自然历史文化背景

文化社会学认为文化虽然不是无机的自然现象和有机的生物现象,然而它的产生和发展是与一定的自然历史文化背景密不可分的。因此,本章在描述登封自然、历史、文化、经济背景的前提下,分析武术在登封的产生及演进过程。

第一节 登封概况

文化社会学认为任何类型的文化总是生成于一定类型的文化土壤中。内陆性地理环境,北方旱地小农经济,社会组织上的家族血缘宗法制度,中国政治军事斗争的焦点和地域,就是登封武术产生发展的背景。

一、背依嵩山、地处中原的自然地理环境

（一）地理位置优越

登封市位于河南省中西部的中岳嵩山南麓,东临省会郑州,西接古都洛阳。全市面积不大,东西长56千米,南北宽35.5千米,总面积为1220平方千米。地处中原咽喉,使得文化便于交汇、融合。嵩山山势挺拔,层峦叠嶂,文化灿烂,既是风光秀丽的旅游胜地,又是中原历史上的战略要地。春秋战国时期,郑国与滑国、秦国与韩国曾在嵩山下的阳城、负黍摆开战场。秦汉隋唐时期,轩辕关、阳城关、洛口（今唐庄乡范家门村）等地也都是兵家必争之地。现在,登封市隶属河南省省会郑州市,地处郑州市和洛阳市之间,是河南省三点（郑州市、洛阳市、开封市）一线（黄河）精品旅游线路的重要支撑点,以及连通南太行山、伏牛山两大旅游区的重要节点。登封市位于河南省高速公路网的核心地带,距新郑国际机场和洛阳机场半小时车程,地处正在建设的郑州市、洛阳市、许昌市三大铁路客运专线站点的中间地带,享有空地对接的交通优势。

(二) 矿产资源丰厚

登封矿产资源十分丰富。全市已探明的矿产品种达37种,具有储量大、品位高、易开采等优点。其中煤炭探明储量15.8亿吨,远景储量30亿吨,1991年被确定为全国15个重点开发区之一,被能源部定为全国100个商品煤基地之一;铝矾土储量2.4亿吨,是河南省两个铝矾土基地之一;石灰石储量30亿吨;现代装饰材料花岗石储量30亿吨,品种齐全,质量上乘;硅矿储量8亿吨;被明代大药物学家李时珍誉为神奇的"嵩山药石"——麦饭石储量2亿吨。目前已初步形成了矿产品开采、加工、销售的综合性生产经营格局。

登封电力充足,交通通信便捷。全市现有发电装机容量42.8万千瓦,除满足全市生产和人民群众生活需要外,还向大电网供电。郑州、洛阳航空港和京广、陇海、焦枝三大铁路干线近在咫尺,与陇海、焦枝线接轨的登封准轨矿区铁路即将铺通。207国道和豫03、豫31线省道三干线公路贯穿全境。自动电话可直播国内外各大城市,移动电话、无线寻呼、电报传真方便快捷,信息高速公路网站建设日新月异,邮电通信设施居全国市(县)前列,并达到省会城市水平。

(三) 自然风景独特

登封旅游资源得天独厚,有人文景观150处,自然景观30余处。全市现有国家级文物保护单位13处,省级18处,市(县)级123处,已发掘各类文物珍品6700多件。其中"天下第一名刹"少林寺、道教洞天中岳庙、儒学圣地嵩阳书院驰名天下。雄倚市境的中岳嵩山,是国务院首批公布的国家级重点风景名胜区和国家级森林公园之一。嵩山地质具有"五世同堂"的地质构造,被地质学家誉为"天然地质博物馆",1991年被联合国教科文组织首轮通过为"世界地质遗产保护单位"。①

二、三教合一、开放融合的厚重历史文化传统

登封有悠久的历史背景,其有文字记载和实物可考的历史,可追溯到远古时期。当时已有人类在登封生活。夏代的时候,登封隶属古阳城(今告成镇)和古纶国(今颍阳镇)。到了秦代,政府设置了阳城县和颍阳县,这时登封隶属颍川郡。汉朝时,政府在今颍阳镇设置了纶氏县。晋朝时,在登封地区分设了阳城、纶氏、緱氏三个县,整体隶属河南郡。北魏时期则在登封地区设置了阳

---

① 汪爱英、于广志:《二七区名景名居名人集》,河南人民出版社2009年版,第320页。

城郡,管辖阳城、颍阳与康城三个县;并设置中川郡,管辖湮阳和颍阳两县。武则天在中岳嵩山封禅后,改嵩阳县为登封县,改阳城县为告成县。五代时期,登封隶属河南郡。宋朝时则设置颍阳和登封两个县,共同归属河南府。金代时将颍阳县并入登封县,都归属河南府。元、明、清三朝登封县都隶属河南府。民国时期政府将江左以西原属登封的江左、吕店等地划归成自由县(今伊川县),这个地域划分从此再未改变。在新中国成立前,登封隶属洛阳专区。新中国成立后,其隶属郑州专区,后来则归属开封专区。1983年,登封实行市代县,改属郑州市。1994年,登封撤县为市,仍属郑州市管辖。

登封是五千年华夏文明的重要发源地之一,包括仰韶文化、裴李岗文化等都在此分布。嵩山在古代一直是祭祀封禅、观光游览的重要场所。各个朝代的帝王将相、高僧名道、文人墨客在此留下了弥足珍贵的寺、庙、宫、观、楼、台、亭、阁、阙、坛、词、塔、墓等文物古迹。登封是中国著名的"文物之乡"。至2005年,登封有全国重点文物保护单位13处,河南省级13处,郑州市级8处,登封市(县)级163处,其他不可移动的文物930处,共计1127处。其中,少林寺、中岳庙、嵩阳书院、观星台、嵩岳寺塔、汉三阙、少林寺塔林、春秋战国阳城遗址及夏代都城王城岗遗址的文化价值在全国乃至全世界均属罕见。登封地处中原,又是多个朝代的畿辅之地,历史文化积淀尤为深厚,同时得到外来和本土宗教文化的浸润。东汉初年,佛教文化开始影响嵩山。北魏著名道士寇谦之长期在嵩山活动,使道教文化扎根登封。北宋四大书院之一的嵩阳书院地处嵩山,使传统的儒教文化有了更广阔的发展空间。三教文化汇聚嵩山,使登封文化更具有包容性,从而也更加丰富多彩。登封古代的文化设施,具有宗教色彩和封闭性质。寺、庙、宫、观主要传播佛教、道教文化,嵩阳书院、存古书院、颍谷书院、少室书院、南城书院则传播儒学文化,农村戏楼、古刹庙会、集镇等聚集地,主要表现经久不衰的民间文艺,如舞狮、旱船、高跷、吹歌等。新中国成立后,大众文化的传播途径和形式多种多样,尤其是改革开放后,政府举办的武术节、擂台赛、经贸活动等,成为宣传嵩山、让登封走向世界的平台。中原文化实际上既是汉文化的代表,又是中华文化的龙头。

三、工业为主、旅游为辅的经济环境

由于登封市地形以山地丘陵为主,因此耕地面积相对较少,只有3.7万公顷。全市总人口为61万人。登封市是全国经济百强县(县级市)之一,在2009年公布的全国百强县(市)排名中,排在第65名。2008年,登封城镇居民家庭人均可支配收入为12426元,农民居民家庭人均纯收入为6546元;河南省城镇居民家庭人均可支配收入13231元,农村居民家庭人均纯收入4454元①。而2008年全国城镇居民家庭人均可支配收入15780.8元,农村居民家庭人均纯收入4760.6元②。可见,登封的农村居民家庭人均纯收入略高于全国水平,这也是其成为全国百强县的主要原因。相对而言,登封的城镇居民人均可支配收入则略低于全国和全省的标准。登封属于典型的资源型经济城市,煤矿、铝土、水泥等资源企业是其主要经济来源。但近几年,其第三产业特别是旅游业和武术教育业的发展较为迅速。登封是国家优秀旅游城市,2008年全市共接待中外游客650万人次,旅游总收入达25亿元,同比增长13.6%。从整体来看,虽然登封拥有少林寺和嵩山旅游风景区,但旅游业在全市总体经济中所占份额并不大,只有20%左右。登封的私营企业、个体工商业并不发达,在全市经济整体中所占比重不足10%。

第二节 武术在登封的起源

　　文化社会学认为在关于文化现象的分析中,有关文化生成的研究是最困难的事情,它既是引起极大争议的问题,也是影响理解文化其他问题的关键。据登封地方志所载,武术在登封最早出现在汉代,当时主要的形态是宫廷的乐舞。从武术在登封的存在和发展来看,虽然少林武术很难说是最早出现在登封地区的武术形态,但它确实对武术在登封的发展产生了巨大的影响。因此,有必要对少林武术的起源进行分析,才能进而对登封武术的起源、发展进行分析。而关于少林武术这一登封特有的武术形态的起源,则颇有争议。文化是历史地凝结成的,在特定时代、地域、民族或人群中占主导地位的生存方式,这只是道出了文化的本质规定性,是文化范畴的最高抽象,但若要对文化有更深刻的理解,必须回到活生生的文化现象,通过对文化的发生或起源、功能和社会历史定位、形态构成等方面的描述和深入解析,才可能得到一个具有丰富的、多样性内涵的文化范畴。因此,研究武术在登封的起源是分析武术在登封存在与发展的逻辑起点。因为只有将起源问题分析清楚,才能对武术在登封

---

① 河南省统计局、国家统计局河南调查总队:《河南统计年鉴—2009》,中国统计出版社2009年版。
② 中华人民共和国国家统计局:《中国统计年鉴—2009》,中国统计出版社2009年版。

发展的历史、形态以及功能进行进一步的研究。本节将从文化社会学的视角对少林武术的起源进行分析。

传统武术是我国民族传统体育的精华,是中国传统文化的重要组成部分,其中蕴含着我国古代极其丰富的思想。少林武术是中国武术文化的杰出代表,是中国武术文化的象征。2006年5月,少林武术入选第一批国家级非物质文化遗产名录①。少林寺创立于北魏孝文帝太和十九年(495年),至今已有1500多年的历史。少林武术是指在嵩山少林寺这一特定佛教文化环境中,由少林寺历代僧人在1500多年的历史过程中,汲取、创造、传承而发展完善起来的独特的武术形态。少林武术作为古老的文化事项,对其起源问题进行深入的探讨和研究是很有必要的。可以从两种不同的视角进行研究:首先可以从历史学的视角,主要研究武术产生的时间和创造者;其次可以从文化社会学的观点切入,重点研究武术起源的原因、方式。总的来看,现有研究大都试图回答少林武术的发明者和发明时间,如"达摩创拳说""僧稠创拳说""隋唐创拳说""明清创拳说""集体创拳说"②等。从历史学的视角探究少林武术的创立人、创立时间是有必要的,但研究不能仅仅停留在这一层面,而应向武术起源的原因、条件等领域继续拓展。人类为何要创造文化、怎样创造文化,正是社会学家试图解决的根本问题。本节将从文化社会学的视角,研究少林武术起源的原因、条件,以期做出符合逻辑的解释。

一、需要——少林武术起源的直接动力

一个文化中的每一个特质和制度都行使着一个特别的任务,使社会体系凝合在一起;一个社会的结构是由特质和制度实现社会的需要决定的③。文化社会学功能学派强调社会结构对文化的制约,认为文化如果脱离了社会的结构则无法被了解,只有从社会体系的视角才能加以理解。关于文化起源的研究,其代表人物马林诺夫斯基(1884~1942年)更强调人类需要对文化起源的影响。他认为离开了人类的需要,任何文化都不可能被创造出来,而人类的需要却受制于社会的自然、历史环境。从此视角出发,只有把少林武术置身于

---

① 王龙飞、虞重干:《非物质文化遗产视野下少林功夫的保护》,《武汉体育学院学报》2008年第4期,第58~60页。
② 朱永光、林群勋、蔡宝忠:《少林武术起源五种"创拳说"评述》,《北京体育大学学报》2004年第12期,第1628~1630页。
③ 陈华文:《文化学概论》,上海文艺出版社2001年版,第93~94页。

整个社会背景之中,研究社会各个子系统对少林武术产生的不同作用,才能对少林武术的起源有深入、全面的理解。适应自然、保寺护院是少林寺僧的安全需要,属于基层需要。少林寺僧只有在基层需要得到满足后才能产生类似于娱乐修行、维护统治阶级统治的中层需要,进而产生作为禅宗宣传工具的高层需要。

(一) 适应自然

少林寺创立之后,适应自然环境是寺僧开始习武的一个重要原因。地处嵩山深处的少林寺,山上森林茂密、生机盎然,环境清静优雅,但山势险峻,常有猛兽出没。为了适应所处地域的自然环境,出于自身安全的考虑,寺僧不得不通过习武来增强他们抗御猛兽的能力①。习武健身成为寺僧必不可少的需要,这为少林武术的诞生提供了主观能动性。按照马林诺夫斯基的观点,适应自然环境的需要属于生存需要,直接制约着少林武术的产生。武术在中国早已有之,少林寺创建以后,寺僧来自天南海北,其中不乏身怀武艺之人。他们来到少林寺的目的当然不会是传播武艺,而是一心向佛。例如,在跋陀主持少林时,许多身怀武艺者入寺为僧,跋陀的弟子惠光、僧稠就是其中的代表。据《高僧传》载:跋陀在洛阳时,看见年仅12岁的惠光在天街井栏上反踢毽子,一连踢了500个。在此危险的地方反踢毽子,惠光高超的技艺可见一斑,这其中当然含有武术的成分。而跋陀的另一个弟子僧稠,更是一个武术超群的僧人。他"幼落发为沙弥"于邺下寺院,苦练武功,成了一个"拳捷骁勇"的武僧,青年时投巨鹿景明寺等寺院和深山中禅修②。客观环境赋予了寺僧习武的需要,像惠光、僧稠这些擅长武艺者就将武术传授给少林寺僧,满足了他们适应自然环境的需要。文化的对象是"人们",而不是个人,只有当少林寺僧产生整体的习武需要时,少林武术才得以产生。而从需要的层次分析,马林诺夫斯基把需要分成三种:一是个人机体的生物需要,这是人类最基本的生存条件;二是个体与社会保持和谐的需要;三是个体实现精神价值的需要,这是人的最高层次的需要,人有赖于这一需要来实现自己的文化价值。人类只有在基层需要得到满足之后,才能逐渐追求更高的需要③。适应自然是少林寺僧的安全需要,属于基层需要。

---

① 登封市地方志编纂委员会:《登封市志》,中州古籍出版社2008年版,第312页。
② 赵宝俊:《少林寺》,上海人民出版社1982年版,第72~78页。
③ 郭齐勇:《文化学概论》,湖北人民出版社1990年版,第57~63页。

(二) 保寺护院

少林武术起源于登封少林寺。登封因为地处中原,是通往东西南北的交通要道,所以古往今来便是军事重地。春秋战国时期,诸侯国多在嵩山下的阳城、负黍摆开战场。秦汉隋唐时期,轩辕关、阳城关、洛口等地皆为必争之地。有学者认为少林武术起源于两晋、南北朝时期,这段时期正是中国历史上剧烈动荡的时代,也是中华各民族大融合的时期。两晋时期,较短时间内就爆发了"八王之乱"。匈奴、鲜卑、羯、氐、羌等西北民族纷纷进入中原,相互混战,并先后建立了十余个政权,史称"十六国"[1]。可见,不仅少林寺所处的登封地域自古是军事要地,少林寺起源的时代更是动荡不安。此外,隋王朝建立后,文帝颇重佛教,开皇时特赐少林寺田地100顷(约667万平方米),从此少林寺成为拥有大量田产的庄园,寺僧也成了庄园主。隋末,天下大乱,战争频起,饥民四野,少林寺这个拥有庞大田产的庄园,自然会成为由饥民组成的农民起义军攻取的对象。当时,强大的农民军曾一度攻入少林寺,把少林寺烧得只剩一座孤塔。[2] 战争使得少林寺僧产生了习武的需要,促进了武术在少林寺的传播。少林寺组织武僧保寺护院,后来发展到训练僧兵武装,为日后昙宗等十三人辅佐李世民战胜王世充,为唐朝立下赫赫战功提供了可能。正如明代傅梅诗中所云:"地从梁魏标灵异,僧自隋唐好武名。"[3]战争威胁了寺僧的生命,战争的需要在层次上仍然属于安全需要。

(三) 修行娱乐

在满足安全需要的基础上,少林寺僧逐渐产生了追求修行娱乐的需要。僧众的修行方式以静坐顿悟为主,必然对身体健康造成威胁。跋陀之后,随着禅坐在少林寺的逐渐流传,寺僧在长期打坐后,由于身体困倦,静坐后起来活动筋骨或习武强身也是可能的。加之修行的枯燥单调,寺僧自然会产生健身娱乐的需要。他们在茶余饭后以武为乐、以武健身,也可以说武术是作为当时少林寺的一种体育活动,以强身娱乐为目的得到开展的。例如,《朝野佥载》记述了僧稠及僧众习武的情况:"僧稠幼落发为沙弥时,辈甚众,每休假,常角力腾跃为戏。"一些由寺内组织的武术活动也促进了少林武术的发展。比如,在宋代,方丈和尚福居为提高众僧的武艺,曾邀请全国十八家武林高手会集少林

---

[1] 国家体委武术研究院:《中国武术史》,人民体育出版社1997年版。
[2] 登封市地方志编纂委员会:《登封市志》,中州古籍出版社2008年版,第312页。
[3] 韩雪:《中州武术文化研究》,人民体育出版社2006年版,第149~153页。

寺,交流武艺①。随着时间的推移,僧众的习武活动逐步深入化。据少林方丈释永信《少林功夫》所载:"少林僧人的生活与其他佛教徒相比还有一点比较特殊,他们还要根据各自的练功习惯,在处理好上述事务的间隙中,根据情况安排每天修习少林功夫的时间。"②而且,至今习练少林武术仍然是少林寺僧闲暇时间的必要修行、娱乐活动。修行娱乐属于寺僧较高层次的需要,根据文化社会学的观点,高层次需要的产生必须基于基层需要的满足。寺僧只有在生存和安全得到保障之后,才能有条件进行修行娱乐。

（四）维持统治

作为"禅宗祖庭",少林寺自然深受中国传统文化的影响,而且由于其历来与皇家保持一致,因而备受皇家恩宠,拥有大量的土地和财产,"寺夺民舍,三分且一"③。统治阶级对少林寺的需要更多的是源自少林寺的禅宗思想,禅宗思想是中国化的佛教,融合了儒家及道家的思想,因其世俗性及宽容性较易被统治阶级接受。少林寺僧为满足自身基层需要与武术结缘之后,客观上拥有一定的战斗力,国家自然也会对其产生军事需要,当然这种需要必定是为了维持其统治的。换句话说,统治阶级允许少林寺僧兵的出现,可以说是为了少林寺自身的安全着想,但与此同时不能否认也有出于维护自身统治的需要。这样,少林寺为了自身的发展有时不自觉地被统治阶级利用,当然有时不免成为镇压农民起义的暴力工具,但更为突出的是在民族危亡的关键时刻表现出的"国家兴亡,匹夫有责""忠君报国""奋勇杀敌,血染沙场"的崇高爱国主义精神和民族主义精神。因此,维持统治阶级的统治是少林武术起源的又一因素,但这种需要是建立在满足基层需要的基础上的。

（五）传播佛教

宗教文化环境是少林武术起源的重要文化背景。佛教虽是外来宗教,但由于其旨在培养有较高信仰素质和理论素养的教徒,并在其传播过程中表现出相当的适应能力,因而能在中国文化环境中立足并对各阶层产生广泛影响。佛教进入中国始于东汉。相对于当时以儒学和道术互补的中国本土上层文化来讲,这是一种外来的陌生文化。产生于与中国文化完全不同的南亚次大陆

---

① 申怀松:《少林武术起源考辨——僧稠创拳说》,《河北体育学院学报》2007年第1期,第82~84页。
② 释永信:《少林功夫》,华龄出版社2007年版,第22~24页。
③ 赵宝俊:《少林寺》,上海人民出版社1982年版,第72~78页。

文明的佛教是在印度上层婆罗门教的反动的背景下形成的。佛教理论非常注重对人的现实行为的严格规范。从本质上来讲,这是与武术的宗旨相悖的。因此,在古今中外众多佛教宗派、成千上万佛教寺庙,以及无数佛教僧侣中,同武术发生关系的是不多见的。而禅宗是典型的"中国化"的佛教,少林寺是禅宗祖庭。其创始人就是讹传为少林武术创始人的南天竺僧菩提达摩。达摩创立的禅宗由于其特殊的世俗的宽容的宗教特点,无意中给少林寺僧习武提供了保护伞。其主要特点和学说是"直指人心,见性成佛,教外别传,不立文字"。这种学说至唐代慧能发展到极致,成为唐以后影响最大的佛教宗派之一。禅宗宣扬"见性成佛"和"顿悟成佛",认为人人心中自有佛性,只是出于迷惑而未能成佛。禅宗的这套学说使深奥烦琐的印度佛教从严格的戒律和修行中解脱出来,摇身一变成为适合中国传统思想习俗的、市俗化的、简易的中国化佛教。正是禅宗的宗教宽容特点,使得武术这样的行为和技艺得以在宗教内部产生。但少林武术对禅宗不只是被动的,它对禅宗的发展也有一定的促进作用,例如,少林武术中有许多关于神助、神授的故事,如僧稠学艺、边澄学艺以及紧那罗王护寺等。这些故事出现的初衷可能各不相同,但毫无疑问在宣传少林武术的同时也加强了人们对佛教禅宗的了解。作为佛教中国化的禅宗在创建初期在社会中的影响是有限的,而武术作为中华民族传统体育文化项目却植根于民间,再加上发生在少林寺的有关武术的一些传说,禅宗很有可能产生借助于武术进行宣传的需要。

二、个人及事件——少林武术起源的间接原因

(一)个人的贡献

文化社会学"心理人类学"学派强调文化因素与个人因素或由个人产生的心理事件存在着密切的联系,认为人们在客观的自然、社会环境中不是被动的、无能为力的,而是能动的、具有选择的[①]。根据文化社会学心理学派的观点,少林武术作为一种文化现象,其起源的原因不能仅仅是人们的需要,个人因素在其中也起着至关重要的作用,在肯定社会需要对少林武术产生制约的同时不能忽略个人能动性在这个过程中的作用。

马克思主义文化社会学认为:"生产生活就是类生活。这是产生生命的生

---

① 王海龙:《人类学入门——文化学理论的深层结构》,广西教育出版社1989年版,第7~88页。

活。一个种的全部特性、种的类特性就在于生命活动的性质,而人的类特性恰恰就是自由的有意识的活动。"①可见,创造性是人存在的本质属性,个人能动性在文化起源过程中起着至关重要的作用。现有学者在这个方面进行了大量的研究,集中在对少林武术的创始人的探讨。例如,少林武术起源于达摩。他采用"壁观""坐禅"的办法修道养性,主张用静坐修心去除一切杂念。但这种办法却在精神和肉体上给人带来了过度的萎靡和疲困。静后欲动达摩始悟健躯壳之重要,乃教人于久坐之后,做一些肢体活动,以强身健体。最初还只是简单的尚无定型的肢体活动,称为《达摩动功活身法》。达摩久住嵩岳丛林,窥察山林各种鸟兽之间的争斗,习仿虎跃猴攀、鸢飞鹰翻、猫穿狗闪、鸡立兔滚、虫爬蛇缠之动作,逐渐演成一套心意拳的雏形,并将它刻成壁画,令僧徒演习,这就是少林武术的起源。② 又如,北魏孝文帝太和十九年,少林寺创建后,我国古老的武术技艺便落迹寺院,并成为寺僧经常演练的一种业余活动。僧稠、惠光等一批懂武术者聚集于少林寺,说明寺院创立之后,中华传统武术已在此落迹,这为少林武术的形成奠定了基础③。少林武术的开创与形成是对中华武术的继承和发展,同外来佛教高僧无关,少林武术起源于稠禅师。类似的关于武术起源的研究还有"明清创拳说""集体创拳说"等。少林武术到底由谁所创,现在仍难有定论,本书的目的是研究少林武术起源的原因,无意就此深究。就少林武术起源的原因而言,不能低估和忽视达摩、跋陀、慧光等僧人的影响,他们确实对武术在少林寺的传播做出了巨大的贡献。但是,文化的属性强调的是整体,而非个人。C·恩伯和M·恩伯认为文化有为整个群体共享的倾向,或是在一定时期中为群体的特定部分所共享④。因此,少林武术应该也是被一定人群所普遍享有的、通过学习得来的观念。个人偶尔的行为,或者只被某个人所运用而不为群体认可的行为方式构不成少林武术。这样,在研究少林武术的起源时就不应将少林武术起源的原因单单归结于个人的努力,而是应该在肯定个人能动性的基础上,结合具体的地理、历史、文化背景进行分析。

---

① 中共中央马克思恩格斯列宁斯大林著作编译局:《马克思恩格斯选集》第一卷,人民出版社 1995 年版,第 46 页。
② 赵宝俊:《少林寺》,上海人民出版社 1982 年版,第 72~78 页。
③ 张国臣:《中国少林文化学》,河南人民出版社 1999 年版,第 403~408 页。
④ C·恩伯,M·恩伯:《文化的变异——现代文化人类学通论》,辽宁人民出版社 1988 年版,第 47~49 页。

（二）事件的作用

马克思主义文化社会学指出，一切认识都是相对与绝对的辩证统一，我们所知的任何事物的发展都具有一定的必然性，而这种必然性又往往体现在许多偶然性之中，因而偶然性因素在事物发生、发展中起着重要作用。用这种思维方式去考察少林武术的起源，我们就会发现，武术文化的形成和演化是在特定历史必然基础上一系列偶然性因素作用的结果。有学者认为少林武术初创时期是北魏至隋唐①。如果少林武术起源于这一时期，一些偶发的事件对少林武术的起源无疑起到了巨大的推动作用。隋末唐初，原隋大将军王世充拥兵洛阳称帝，派其侄王仁则率重兵驻守少林寺封地柏谷庄，并侵占了少林寺大量田地。驻守在那里的少林武僧志操、昙宗等十三人因为不满王仁则霸占其田地，所以率众一举生擒王仁则而献之于唐军，为唐王朝平定王世充立下了赫赫战功。战后，李世民对少林武僧的义举大加封赏，赐地40顷（约267万平方米），水碾一具。少林寺由于受到李唐王朝的封赏，因此获得了无上的荣耀，少林武僧的武功也名扬天下。武僧助唐受嘉奖的行动是对慈悲为怀的僧人以武来捍卫自己利益的充分肯定，这为寺僧习武之风的形成提供了有力的保障。事件的主体仍然是人，归根到底是个人的能动性。人从本质上具有内在的自由性和创造性，应肯定事件在少林武术产生过程中的作用。与此同时，也不能将少林武术的起源单单归结于个别事件的影响，毕竟这些事件是有一些偶然性因素的。

三、实践——少林武术起源的本质原因

功能主义者将文化的起源归结于社会制约着的人类的需要，而心理学派则强调个人能动性在其中的作用。两者都有理论依据，但往往也存在自身的一些弊端。比如文化社会学功能学派将文化的起源归结于社会的需要而忽视个人在文化产生过程中的作用②，显得有些僵硬；而心理学派在强调个人在文化产生过程中的作用的同时却忽视了社会需要的制约性。造成此分歧的原因在于文化本身的复杂性。若想认清少林武术起源的问题，必须从文化的本质入手。从本质上来讲，马克思主义认为人类创造文化是认识和改造客观与主

---

① 夏建中：《文化人类学理论学派——文化研究的历史》，中国人民大学出版社1997年版，第158~160页。
② 王海龙：《人类学入门——文化学理论的深层结构》，广西教育出版社1989年版，第7~88页。

观世界的一种活动。马克思主义文化社会学不是一个严格意义上的文化社会学流派,但它在社会学发展的历史上具有十分重要的意义,而且对当代西方社会学产生了巨大的影响。马克思在他生活的时代汲取了人类文化的宝贵遗产,创立了以辩证唯物主义和历史唯物主义为基础的马克思主义学说,这是他的不朽贡献。马克思主义文化社会学理论更强调实践的观点,认为文化的起源是人类行为方式和生活方式历史积淀的结果,是人类生存活动和实践方式对象化的结果,文化产生于主体与社会互动的实践过程中。正是由于文化与自然组合关系的多样性和丰富性,人类的生境同样也充满多样性,因此人类文化才是多样性的存在①。根据马克思主义文化社会学的观点,自然与文化的相互作用所形成的特定生活环境内在地规定了少林寺僧众的生存方式,进而内在地规定了少林武术在物质文化、制度文化和精神文化方面的特征。少林寺僧通过实践与外部环境互动,进而产生少林武术。少林寺创建之后,一些寺僧将武术带入少林,初期自然环境恶劣,社会战乱纷纷,武术作为满足少林寺的安全需要而存在;进而,随着基层需要得以满足,少林寺僧逐渐开始产生修行娱乐以及政治需要,在这个过程中不能忽视佛教禅宗的宽容性特点对武术发展的重要性,当然少林武术也成为佛教中国化的一个手段。在这个过程中,个人的能动性不容忽略。例如,跋陀师徒好武以及隋末唐初少林寺僧拒"贼"参战对少林武术的起源都有一定作用。正是在这种种因素的共同作用下,少林寺才和武术结下不解之缘。

  本节从文化社会学视角对少林武术的起源进行了探讨。在分析社会结构对少林武术产生的影响时运用了功能主义学派的观点,而在强调个人能动性的影响时则借助了文化社会学心理学派的理论,在分析少林武术起源的本质原因时则运用了马克思主义文化社会学的理论。尽管不同的文化社会学流派在研究假设、方法上各有不同,但它们都有可取性与局限性,毕竟没有最好的理论,只有合适的理论。综合运用以上文化社会学各派的理论,可以认为少林武术是中国文化系统的一个子系统,少林武术的起源绝非单一因素所致,而是受到中国特定历史、文化背景等多种因素的制约。从本质上讲,少林武术起源于少林寺僧在特定需要支配下的创造性实践活动。

---

① 蒋立松:《文化人类学概论》,西南师范大学出版社 2008 年版,第 35～38 页。

第三节 武术在登封的历史演进

因为文化社会学是将文化视为一个独立的社会系统进行研究的,所以对具体文化的研究首先要明晓该文化的起源与演进历程,这样才可以分析文化在当代社会的发展形态、功能与动力。在上一节对武术在登封的起源分析的基础上,本节将研究武术在登封的历史演进,解析武术在登封从古至今是采取什么样的形式演进的以及这个演进过程有什么样的内在联系和规律。文化社会学认为在任何社会,任何文化现象的兴衰盛亡无不受到来自社会环境的影响。武术作为一种与社会息息相关的文化现象当然也不例外。武术的历史发展如同社会的影子,随着社会环境的变化而呈现出波浪式的发展轨迹。社会政治稳定,经济文化繁荣,人民生活富裕,武术就兴盛。反之,社会政治动荡,经济萧条,民不聊生,武术就衰微。总之,宏观社会环境作为一个重要的影响和制约变量是武术发展中无法摆脱的问题。

一、军事武术

军事是武术的重要形态之一。作为中原地区通往东西南北的交通要道,登封古往今来都是军事重地。春秋战国时期和秦汉隋唐时期,登封一度成为必争之地。明朝,农民起义军李自成率部往来登封,登封农民李际遇、申靖邦等举旗造反,屯兵少室山。清兵镇压捻军,多次在登封激战[1]。可见登封地区自古就是军事要地,自然要有驻军。但是现在无法获得登封古代军事武术开展的确切资料,根据相关文献记载,可以比较确定的是,军事武术在古代社会早期就已经存在,而登封自古就是战略要地,各个朝代在登封地区都有驻军,这样存在于当时社会的军事武术在登封存在是有可能的。

二、社会武术

社会武术指以休闲、娱乐、健身为目的的武术活动。随着社会的发展,武术从隶属军事的形态中逐渐独立出来,其自身的健身、娱乐功能得到了发展,其中很多形态在古代登封地区都可以找到。

(一)剑舞与娱乐性武术

娱乐性武术在汉代已经出现。在登封有据可循的是汉代太室阙中记载的

---

[1] 登封市地方志编纂委员会:《登封市志》,中州古籍出版社2008年版,第4页。

剑舞。剑舞是汉代主要流行于宫廷及官方的休闲、娱乐活动。当然,太室阙记载着剑舞并不能表明汉代登封地区就肯定有剑舞这种武术形态,只能根据推断,剑舞有可能在登封的官方开展。太室阙位于河南省登封市嵩山南麓中岳庙前500米处,距市区约4000米。它始建于东汉安帝元初五年(118年),原是汉代太室山庙前的神道阙,石阙为当时的阳城长吕常所建,与少室阙、启母阙并称为"中岳汉三阙"。太室阙分为东西两阙,为凿石砌成,通高3.96米,两阙间距6.75米,其中东阙通高3.92米,西阙通高3.96米。阙身用长方石块垒砌,四壁除刻有铭文外,其余均以石块为单位饰剔地浅浮雕画像。保存较好的画像有50余幅,内容为车骑出行、马戏、倒立、斗鸡、舞剑、龙、虎、犬逐兔、熊、羊头、人捉鸮鹗、鲸、龙穿璧等。太室阙再现了汉代贵族的生活场面,为今天的研究提供了很好的实物材料。很难说汉三阙上所记载的剑舞是否是在登封地域开展的,但由于汉三阙的建造者是阳城长吕常,至少反映了当时登封地区的生活面貌。娱乐性武术是以娱乐为主的武术活动,其在登封存在已久。中国武术源远流长。早在先秦时期,便由远古的萌生发源,发展为武术形态的雏形。这一时期指从原始蒙昧时代经夏、商、周以至春秋、战国时代,即秦汉形成统一以前的时期。秦收天下之兵,在民间实行禁武的方针。在汉代,社会政治、经济、文化各方面都得到了飞速发展。在这样的大环境下,武术文化自然也得到了发展。匈奴不断骚扰,战争频繁,政府对军事尤为重视,这更促进了军事和民间武术的发展。由于汉朝政治宽简,人民得以休养生息,出现了政治稳固、经济文化发展的文景之治。汉代雄厚的物质基础,使得宫廷和民间的娱乐性体育活动丰富多彩,名目繁多。其中有关体育的项目有角抵(包括角力和摔跤等),杂技(其中有侧立、爬绳、爬竿、柔术等动作),舞蹈(剑戟舞、踏鞠舞)以及秋千,舞龙,耍狮,高跷等活动①。

(二)少林寺中武术的开展

少林寺开展的武术主要是少林武术。少林武术是指在嵩山少林寺这一特定佛教文化环境中,由少林寺历代僧人在1500多年的历史过程中,汲取、创造、传承而发展起来的独特的武术形态。作为与宗教结合的武术形态,它历代都是登封武术的代表。少林武术的发展历程是登封发展的一个缩影。从少林寺及登封的发展历程来看,少林寺是以武显名,而登封则更是以少林寺为世人

---

① 全国体育学院教材委员会:《体育概论》,人民体育出版社1989年版,第40页。

所知晓。传统社会中制约文化发展的因素主要是政治与经济。从少林武术的发展历程来看,政治的影响则更为明显。比较的视角是文化社会学的主要研究方法,可以将历代政府支持与压制时期少林武术的发展进行对比,来分析政治对它的影响。

1. 政府扶持与少林武术的发展

(1) 政府崇佛与少林武术的产生

我国历史到两晋、南北朝时期,出现了混乱、分裂的局面。统治集团内部争权夺力,使劳动人民生活极端困苦,阶级矛盾十分尖锐。加之唯心主义的神学,如道教、佛教思想,还有玄学的影响,不重视身体运动,而迷信仙丹仙药,形成纵欲、清淡之风。时至南北朝末期,社会更为动荡,战乱愈加频繁,尚武已成为社会的一种需要。而因统治者崇佛,对寺庙多有赏赐,以至寺院拥有大量财产。因此,较大的寺院大都有自己的武装,用来保护寺院的财产。其中,少林寺是最典型的。[1] 北魏太和十九年,少林寺创建后,我国古老的武术技艺便落迹寺院,并成为寺僧经常演练的一种业余活动[2]。这一时期的少林武术只是初创阶段,它的影响范围基本在少林寺内,并未在全国范围内产生太大的影响,而且规模不大。少林武术的产生主要是少林寺僧自发的行为,但这和政府因崇佛而对少林寺提供的外部支持不无关系。

(2) 十三棍僧救唐王与少林武术的发展

隋末,天下大乱,战争频起,加上饥荒,少林寺这个拥有庞大资产的庄园,成为由饥民组成的农民起义军攻取的对象。本来就习武的僧人自然不会袖手旁观,于是组织武僧拒之,后来发展到训练僧兵武装,最后导致昙宗等十三人辅佐李世民战胜王世充,为唐朝立下了赫赫战功。战后李世民对少林武僧的义举大加封赏,并准许习战阵弓马之术。此事件不仅使少林寺获得无上荣耀,也使少林武僧的武功名扬天下。少林寺因此才以武显于世,并成为中国武术的一个重要"集散地"。由唐太宗李世民执政时的"贞观之治"到唐玄宗当权的"开元盛世",共百余年,全国统一,政治、经济、文化的发展都达到了鼎盛时期,为少林武术的发展提供了良好的环境。

---

[1] 体育史教材编写组:《体育史》,高等教育出版社1998年版,第66页。
[2] 吕宏军、滕磊:《少林功夫》,浙江人民出版社2005年版,第2页。

(3) 明代抗倭战争与少林武术的繁荣

明代是少林武术发展史上的一个辉煌时期。这期间不仅少林寺繁荣,寺僧练武、演武、传武也很兴盛。明朝的少林寺僧普遍习武,习武活动开始向纵深发展,并已形成大规模、有规律的演武活动。明人王世性在《嵩游记》中说:"寺僧四百余,武艺俱绝。"演练时,"拳、棍搏击如飞"。这些演武活动不仅向世人展示了少林武功,同时也促进了少林武僧技艺的提高。正德年间(1506～1521年),少林寺僧武艺已"以搏名天下"。在参加江南御倭之战中,"骁勇雄杰",履立战功。可以说,到了明代,少林寺僧在经历了长期习武之后,通过少林武僧们的不断演练、综合和提高,少林武术形成了一个内容相当广泛的完整的体系①。

(4) 新中国成立后的重建

1949年新中国成立后,我国的国家性质发生了变化。社会环境的改变,使得武术的发展也发生了改变。武术日益受到政府的重视。少林武术被列为宝贵的文化遗产而得到了国家和社会的重视,其功能也发生了巨大的变化,由过去的以格斗、搏击为主,转变为强身健体的体育运动,并得到了广泛的普及和推广。少林寺所在地登封县,在1954年就把少林武术当作体育项目在郑州体育运动会上亮相。在少林武术的推广方面,1958年成立了登封县业余武术体校,专修少林武术。少林武术业余体校自创办起所培养的少林武术人才,为后来少林武术的中兴起到了重要的作用②。

2. 政府压制对少林武术的冲击

(1) 辽金西夏元清时期政府禁武对少林武术的影响

辽金西夏及元代等民族政权建立之后,政府为巩固其统治,也曾吸取汉族的某些制度,以提高其军事武艺技能和增强崇尚武功的观念,如采用武举制以选拔军事人才等。最突出的是金朝设武举,仿宋朝制度,分府试、省试和殿试。金元时期,政府为了巩固自身的统治地位、强化民族压迫,在强调自身军事建设的同时,对民间施行禁武政策。他们制有禁律,有"民习角抵、枪棒罪"之规定;还制定了禁止民间练摔跤、武术,对违犯者加以治罪的办法③。清代是少林武术的衰落时期,少林武术发展道路曲折。清初之后武僧练武由公开变成

---

① 吕宏军、滕磊:《少林功夫》,浙江人民出版社2005年版,第8～13页。
② 德虔、德炎:《中国少林武术大全(上卷)》,北京体育大学出版社2006年版,第9～13页。
③ 习云太:《中国武术史》,人民体育出版社1985年版,第140～141页。

隐蔽,表面上看演武活动销声匿迹,直到清末。清朝建立后,少林武术在社会上的声誉更加卓著,流传更加广泛。少林武术在清代出现这样的局面,与清廷禁止民间秘密结社性质的宗教组织有着极其密切的关系。面对汉族地区有组织的秘密反清活动,清朝一开始就予以严厉镇压。清顺治三年(1646年),世祖下令:"如遇各色教门,即行严捕,处以重罪。"(《清实录》)但是在清初之时,清廷虽有禁止民间宗教组织的法令,但当时民间的反清教会、教门并不大明显,力量相对比较薄弱,而且这些初兴民间宗教组织与少林寺及少林武术并没有什么关系。所以清初时,清廷并没有把少林武僧的聚众习武等同于民间秘密的反清组织,也没有采取限制和禁止措施,相反,清廷对禅宗祖庭少林寺还是相当支持的。由于战争的重创,少林寺走向衰弱。清康熙初进士王无忝《少林寺》有诗云:"寺破山僧少,人来夏涧幽。"由于寺僧的大量减少,清初武僧习武规模虽小,却是公开的。清朝康熙中后期,随着民间宗教组织利用少林寺反清后,清廷对少林寺的态度发生了巨大的变化。清康熙五年(1666年)海宽去世后,清廷终止了对少林寺主持的任命。之后,在清廷的压制下,少林寺出现了相当混乱的局面,以致"法堂草长,宗徒雨散"(见张思明《重建慈云庵碑记》)。到清朝雍正时,在清廷的压制下,少林寺败落更加明显,面对赫赫禅宗祖庭的凋零,河东总督王士俊感慨道:"登封少林,乃系东土初祖道场,九年传冷坐之心,五叶启宗门之绪。法灵普覆,慧日光涵,缘自历代相沿,迄今实多颓圮。"(《河东总督王士俊檄》)为此,王士俊奏请皇上重修少林寺。① 从雍正开始,在清廷及官府禁止少林寺僧聚众习武和传武的情况下,为了保全自己、避开清廷的追查,少林寺僧开始从公开变成秘密进行习武活动。清朝后期,随着社会的动荡,清廷已自顾不暇,雍乾时期禁教的高压政策到道光已大大削弱。但寺僧仍惧怕清廷追究,只能秘密习武,到道光初仍沿袭不变。道光之后,由于清廷腐败,社会更加动荡,禁教习武的法令已形同虚设。清末,不仅寺僧习武没有顾忌,俗家弟子到寺院公开学武也很普遍。

(2) 民国时期石友三对少林寺的破坏

民国时期虽然少林寺已没落,但少林寺僧仍保持着习武的传统。此时少林武术在社会上进一步流传,尤其是登封、偃师等地,少林武术已经植根民间,并成为其重要的传播地。清末,少林武术已失传大半,虽然在近代文化思想的

---

① 释永信:《少林功夫文集》,少林书局2003年版,第77页。

影响下，武术开始向科学化、规范化演进，但是，其间军阀割据，社会动荡不安，特别是民国战乱，军阀石友三火烧少林寺，文物古迹、经书、拳谱毁于一旦，僧众具多流落民间①。中华民国十七年（1928年）三月，建国军樊钟秀乘冯玉祥的国民军后方空虚，夺占了巩县及偃师县，但不久被冯部将领石友三夺回。樊钟秀南撤，转攻登封县城，其司令部即设在少林寺内。石友三部向南追击，至辗辕关（十八盘），少林寺僧助樊狙击，石友三部终不敌而溃。三月十五日，石友三追至少林寺，遂纵火焚法堂。次日，驻防登封的国民军（冯玉祥部）旅长苏明启，命军士抬煤油到寺中，将天王殿、大雄殿、紧那罗殿、六祖殿、阎王殿、龙王殿、钟鼓楼、香积厨、库房、东西禅堂、御座房等处，尽付一炬，以泄厥愤。至此，千载少林寺之精华，悉遭火龙浩劫！豫西地区，多灾多难。中华民国十一年（1922年）直奉战争以来，迄无宁岁。火烧少林寺后，接着是蒋冯大战（1929年）、蒋阎冯大战（1930年）。连年战乱、灾荒，民生凋敝，少林寺之破落可想而知。此后的少林寺当家和尚淳朴（巩县回郭镇人），贞绪（1893～1955年，巩县鲁庄乡南村人，俗姓李）等人，只在维系山门而已。

（3）"文化大革命"的冲击

"文化大革命"时期，少林武术运动再次跌入低谷。与封建社会的辽金西夏元清时期的禁武政策相类似，这一时期的政策给武术在登封的发展带来了巨大的冲击。当时"左"的思想泛滥，除社会秩序、政治思想、经济建设领域遭到极其严重的破坏外，少林武术运动也同样地受到冲击和摧残②。

（三）登封民间武术的发展

民间武术是古代武术的重要形态。登封地方志载："少林武术是登封县特有的体育，不少村庄青少年自发组织武术班，传授各类武术知识，进行训练活动。少林寺附近的塔沟及磨沟、阮村、庄王、大金店、书堂沟、雷村、白村、文村、券门、骆驼崖、宋村、栗村南沟、告成、八方等村，自唐以来，各代传练少林武术不断。"民国时期少林武术在社会上进一步流传，已经植根民间。由于武术在民间的传播早在汉代，因此可以推测登封民间自汉代很可能已经开始存在武术形态，只是到了唐代以后作为大众的武术形态才逐渐被少林武术代替。之前有所论及，传统社会武术的发展受到政治和经济的制约比较明显，少林武术

---

① 习云太：《中国武术史》，人民体育出版社1985年版，第215页。
② 杨建营：《20世纪武术发展总体走势的研究》，《体育文化导刊》2004年第7期，第44～45页。

的发展则受政治的影响比较显著。但登封民间武术的发展则表现得与少林武术的发展不同,它受到政治与经济双重因素的制约。政治影响表现在登封自古是战略要地,战乱不绝。战争的频繁使得人民的生活难以稳定,稳定的生活是人民习武的保障。而经济影响表现在,在古代和近代,由于地理条件的限制,登封经济以农为主,工商为辅,财政收入主要靠天赋,经济十分落后。就是在中华人民共和国成立后,登封经济虽然有了很大发展,但在河南省仍处于落后地位,1978年前还是全省的贫困县①。登封历史上是小县,人口不多。经济落后及战乱纷繁使得从古代一直到新中国成立前,登封人口的变化呈现出高出生、高死亡、低增长的态势②。人口数量少直接制约着民间武术的发展,使得改革开放前民间武术的发展规模一直相对较小。

三、学校武术

学校武术是指以教育为目的的武术活动。教育功能是武术的重要功能之一。武术教育组织古已有之,主要有官方的武术教育组织与民间的武术教育组织两种。在古代,从夏、商时期,武术已进入了官方教育的体系,到西周后更是形成了以礼为中心,以射、御为主要内容的六艺教育体系。但由于对儒家思想的推崇,整个封建社会中官学教育都以儒家经典为主要教育内容,除了射箭伴随射礼而存在外,没有武术教育内容。具体到登封,在古代由于登封的行政级别较低,官方很少在此开设教育组织。而登封却有开办私学的传统。私学是私人延师开办的学校,也叫乡学。私学与武术教育有着紧密的联系,特别是私学的师徒传承方式一直是中国武术的传统。现有资料很少记载登封地区与武术有关的私学。但是关于私学的发展的记载较多。战国时期,为适应"尚贤"的要求,私学随之兴起,楚国贵族鬼谷子王诩在箕山阴设坛讲学,这便是登封私学的起源。汉代名儒李膺(河南襄城人),因遭宦官之祸,隐阳城山下,居纶氏讲学,学生常达千余人。唐玄宗年间,谏议大夫卢鸿乙隐居嵩山卢崖寺,广招天下才子,主持讲学,名传后世。以后各个时期登封均有私学,不过佚名而已。③ 可见,私学在古代登封是一种重要的教育形式,而根据体育史的记载,武术与私学自汉代就有结合。因此可以推测在古代登封就有在私学中开展的武术形态。民国之后,登封地区开始出现接近现代性质的学校武术教育。

---

① 登封市地方志编纂委员会:《登封市志》,中州古籍出版社2008年版,第6页。
② 登封市地方志编纂委员会:《登封市志》,中州古籍出版社2008年版,第347页。
③ 登封市地方志编纂委员会:《登封市志》,中州古籍出版社2008年版,第1222~1223页。

中华民国二十八年（1939年），部分中小学开展武术训练，积馨山、凌斗任少林中学武术教练；雷村人张八、张少岭分别任客籍武陟中学、陕县中学武术教练；李丙寅任大金店负黍完小教练。李根生、李金重也在县中队当武术教官。大冶人吴志敬在县城各学校任巡回教练。武术教育一时在登封蓬勃开展。

改革开放前，武术在登封的发展形态集中在社会武术、学校武术、军事武术以及少林武术，其中学校武术、军事武术及少林武术的发展与政府的政策直接相关，政府的支持与发展直接影响了武术自身的发展。相比较而言，民间武术在登封的发展同时受到政治与经济因素的制约，但无论在辽金西夏元清的禁武时期，还是在民国军阀混战时期、"文化大革命"的冲击时期，民间武术都得以传承、发展，武术的健身、娱乐功能在民间恒久的生命力可见一斑。

第二章 武术在登封的现状

文化社会学认为只有对文化形态与特征进行清晰的认识,才能真正把握文化由简到繁、由不稳定到稳定的真正原因。本章将在之前对文化生成理解的基础上,进一步展开关于文化存在形态的探讨。文化社会学研究文化形态往往有两种视角:一是历时的角度,即从历史的视角,纵向梳理文化的形态;二是从共时的视角,研究在一定时间内文化的发展形态。关于武术的形态,上一章已经从历时的视角分析了武术在登封不同时期存在形态的异同,本章将从共时的角度描述当代武术在登封的存在形态。

第一节 社会武术

社会武术是为了娱乐身心、增强体质、防治疾病和培养武术后备人才,在社会上广泛开展的武术活动的总称。从总体看,社会武术在登封的发展主要包括武术节庆活动、民间武术、城市社区武术、武术表演、武术旅游、武术用品、武术场地服务等形态。

一、武术节庆活动

(一)历史背景

图 2-1 第一届中国郑州国际少林武术节

节庆活动是在固定或不固定的日期内,以特定主题的活动方式,约定俗成、世代相传的一种社会活动。武术文化节是一种以武术为主题的节庆活动。登封最具影响力的武术节庆活动是"中国郑州国际少林武术节"。1991年第一届中国郑州国际少林武术节(见图2-1)由中国武术协会主办,河南省人民政府及郑州市人民政府承办。这一届少林武术节形成了集武术竞赛、武术表演、文化交流、经贸活动、观光旅游为一体的举办模式,之后几届一直沿用。而郑州和登封是国际少林武术节的两个活动地点。中国郑州国际少林武术节从1991年创办至2001年结束共举办了7届。此外,2004年,国际武术联合会和中国武术协会在郑州和登封举办了世界上规模空前的"世界传统少林武术节"。每两年一届的世界传统少林武术节,以其丰厚的文化底蕴、独特的东方魅力、独有的中华神韵,聚集了世界的目光,吸引了众多中外嘉宾。每届武术节吸引中外游客几十万人,直接经济收入达上千万元,带动了登封市的旅游、交通、餐饮等相关服务业的发展,使登封市的财政收入不断增加。

(二) 组织形式

登封的武术节庆活动,尤其是中国郑州国际少林武术节,其主要的组织特点是协会和政府联办。例如,1991年举办的第一届中国郑州国际少林武术节,具体由中国武术协会主办,河南省人民政府及郑州市人民政府承办。中国郑州国际少林武术节在第二届后升格为国家级武术节,由河南省及全国武术协会联合举办。2004年的世界传统少林武术节基本也沿袭了这个模式。

(三) 活动内容

1. 武术竞赛

(1) 中国郑州国际少林武术节

1988年9月,在嵩山少林寺武术馆开馆时,河南省旅游局在此举办了首届国际少林武术表演邀请赛。来自日本、美国、新加坡、瑞士等8个国家和地区的50多名少林武术爱好者参加了此次国际少林武术盛会。本次国际赛事的举办揭开了国际少林武术节的序幕。1989年,国际少林武术表演邀请赛又在嵩山少林寺武术馆举办了第二届,来自世界11个国家和地区的少林武术健儿参加了本次盛会。1990年,国际少林武术节表演邀请赛又在嵩山少林寺武术馆举办了第三届,来自世界13个国家和地区的近百名武术健儿参加了此次国际武术大赛。前三届国际少林武术表演邀请赛的举办,虽然在一定程度上促进了少林武术的国际交流,但由于此项赛事属邀请赛性质,因此参加人员较少,竞技技术不太高,远远不能适应少林武术的发展和国际交流的需要。于是规模更大的国际少林武术盛会——中国郑州国际少林武术节应运而生。[1] 中

---

[1] 登封市地方志编纂委员会:《登封市志》,中州古籍出版社2008年版,第336页。

国郑州国际少林武术节规范了武术比赛内容与规则,比赛项目主要包括少林拳、太极拳、南拳、枪术、棍术、刀术、剑术及六个级别的散打比赛。1991~2001年,中国郑州国际少林武术节的具体参赛队伍与人数见表2-1。

表2-1 1991~2001年中国郑州国际少林武术节参赛队伍与人数

届数	时间	国家(个)	代表团(个)	运动员(名)
一	1991	14	24	317
二	1992	22	37	392
三	1993	21	37	379
四	1995	27	48	620
五	1997	26	49	567
六	1999	21	48	—
七	2001	26	71	400

资料来源:登封市地方志办公室。

1995年第四届是郑州国际少林武术节发展的一个转折时期,这届的参赛队伍和人数都超过了前几届,而且之后几届也一直稳定在这个程度。

(2) 世界传统武术节

世界传统武术节,又称"世界传统武术锦标赛",是国际武术联合会、中国武术协会主办的世界传统武术大赛,也是目前世界武术界规模最大、规格最高、影响最广的大型体育盛会,被誉为"武术界的奥运会"。郑州于2004和2006年举办了前两届,而第三届世界传统武术节则于2008年在湖北十堰举行。其中,第一届世界传统武术节于2004年10月16日在郑州开幕,由国际武术联合会和中国武术协会主办,郑州市人民政府和河南省体育局承办,吸引了来自62个国家、地区的160多个团体、2100多名运动员参加。第二届参赛队伍和人数基本与第一届持平。

2. 武术表演、文化交流、经贸活动

(1) 开幕式武术表演等文化交流活动

从登封市的武术节庆活动内容来看,武术表演等文化交流活动是少林武术节庆活动中重要的一环。其中,发展较为完善、影响较大的是中国郑州国际少林武术节。在"武术搭台,经贸唱戏"思想的指导下,少林武术节期间的文化交流活动可谓是红红火火。第一届文化宣传方面编印了《少林功夫》《登封少林风光》和《中岳嵩山》画册,举办了嵩山风光、书法、美术、摄影展和少林电影节。第二届编写了《登封投资指南》《登封旅游简介》,还协助拍摄了《登封武术节活动》《武术之乡》《武术之家》三部电视片。其中,每届武术节的开幕式上都有大型的武术表演,这也是登封少林武术节的亮点。例如,第一届中国郑州国际少林武术节的所有代表团成员及中外宾朋来到登封,政府在中岳大街组织了由 1000 名民间文艺表演队和 2000 名少林武术队员参加的盛大的武术和民间文艺迎宾仪式。由 2000 名武术队员表演的精湛的少林枪、刀、剑、棍、拳受到中外来宾及参加国际少林武术节来宾的高度赞扬。第二届国际少林武术节的来宾和运动员来到登封,观看了由 4000 多名武术队员在中岳大街举行的精彩的迎宾表演和沿街少林武术表演。第四届开幕式表演首次采用来宾行进,表演队伍在原地表演,由 6000 人组成的欢迎队伍,分 10 个民间文艺表演方阵、25 个武术表演方阵。迎宾仪式结束后,参加武术节的所有来宾前往少林寺演武场观看了《情满嵩山·魂系少林》大型文体表演。第五届迎宾仪式在新落成的登封迎仙公园举行。在通往主席台的阳城路、中岳大街上,用鲜花编织成的花环,搭成了数百米长的彩门,两边站满了盛装的迎宾少年。迎宾仪式结束后,领导和来宾又前往少林寺演武场观看大型文体表演《少林魂》。第六届迎宾仪式在登封迎仙公园举行,迎宾队伍由 5000 名盛装少年组成,1 万名武校学员进行了盛况空前的武术表演。第七届郑州国际少林武术节,在通往郑州大学体育学院的北环路 2500 米长街上,由 8000 名武术队员组成一个个演武方阵,进行了刀、枪、剑、棍、拳等表演,让人目不暇接。由数百名盘鼓、民间文艺、花束队等队员组成的民间文艺方阵表演,使得整个场面雅俗共赏、文武交融。①

(2) 经济交流

登封武术节的开幕式之后往往会组织参加人员参观登封的旅游景点,主要包括少林寺、中岳庙、嵩阳书院等景区。在文化与经济交流方面,登封提出"武术搭台,经贸唱戏"的指导思想。以郑州国际少林武术节为例,少林武术节期间,政府都会安排商贸洽谈活动。而且随着郑州国际少林武术节发展规模的扩大,商贸洽谈活动的成交额也逐渐增加。从图 2-2 可见,第一届少林武术节的经济成交额只有 0.015 亿元,而到第二届则增至 2.1 亿元,第三届为 2.63 亿元。与少林武术节参赛队伍的发展趋势相同,经济成交额的发展趋势也是在第四届发生了转变,第四届少林武术节的成交额猛增至 19.13 亿元,而到第

---

① 登封市地方志编纂委员会:《登封市志》,中州古籍出版社 2008 年版,第 337~339 页。

五届更是增长到34.39亿元,之后的第六、第七届稳定在23亿元左右。

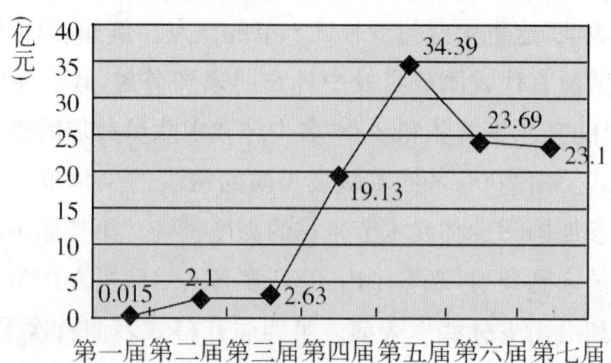

图2-2 郑州国际少林武术节交易额

二、民间武术

武社作为传统民俗组织有着辉煌的历史。但随着经济发展,作为传统文化的武社势必面临现代社会的冲击。这表现在人们生活方式的改变、乡村人口的流失等方面。但是,从武社在登封的发展来看,面对冲击,不同村庄采取的态度迥然不同。有的固守青山任其自生自灭,有的则积极适应、谋求发展。文化社会学认为一个有生命力的文化必须具有很强的适应力,面对冲击,积极适应、融合、创新。只有这样,文化才能薪火相传、生生不息。

（一）发展现状

社,是传统节庆日里登封人对农民自发组织起的在村与村之间交流巡演的民间文艺活动的统称,有文社、武社之分。在中原大地普遍流行的旱船、高跷、小黑驴等表演形式被称为文社,其他地方虽然也有舞狮、舞龙等武社项目,但登封武社表演更多的是少林寺流散出来的拳术、器路及其对练,形成了独具特色、自成体系的登封武社。在漫长的封建社会里,由于登封人民生活相对贫困,加上社会对当时的群众体育缺乏管理,群众出于健身和娱乐的目的,自发组织了狮子、猩猩怪(见图2-3)和旱船等社团。这些社团往往在每年正月期间在附近各村举行活动。少林寺附近的塔沟及磨沟、阮村、庄王、大金店、书堂沟、雷村、白村、文村、券门、骆驼崖、宋村、栗村南沟、告成、八方等地,自唐以来,各代传练少林武术不断。而武社是登封民间武术开展的主要组织形式。登封市体育局一位相关负责人介绍道:"在登封,社会体育和竞技体育中与武术相关的项目主要是少林武术和太极拳。雷村、阮村、磨沟、大金店都有练习武术的老传统,乡民一般在农忙时期聚在一起演绎少林武术,形式都是自发的。现在习练武术的没有以前多了,以前我们小的时候是相当普及的。"

市场经济改革前,登封乡村民间武术的发展是相当普及的。以磨沟村为例,村内的每一座老房子都印证着村庄的悠久历史,村里现有1200多人,八成以上的人姓范。"范家人习练武功代代相传,老人们习练时,孩子边看边学,等孩子们有了一定基础后老拳师们加以指点,见得多、练得多,

图2-2 武社的猩猩怪表演

慢慢就会了。"磨沟村84岁的老拳师范拴紧介绍了磨沟的习武传统。与代代相传的功夫相结合的是磨沟人习武的热情,"那时候村里人都习武,村子的空地上、拳房里,甚至村周围的荒山上,都可以看到习练的人"。老拳师们提到的拳房是磨沟范姓人的祠堂,后来慢慢成了习武的拳房。而阮村少林武术的发展更得益于其宽松的传承标准。只要心诚,移居阮村的非李姓人也可以学,甚而外村人来学,也照样传授。阮村人练拳不分时间,不分场合,随时随地都可在田间地头习武。而位于村中的拳房则是村人们集中演练的场所。现存拳房是坐南朝北的五开间大瓦房,仍属村中的公有财产,由拳师们直接管理。市场经济改革后,村民的生活方式发生了巨大的变化,少林武术在乡村的开展遇到了困难。青少年对武术的兴趣淡薄、外出打工、传承标准过于严谨等因素都制约了武术在乡村的传承与发展。

(二) 登封民间武术与少林武术的不解之缘

自古以来,在少林寺里看打拳一直是登封农民闲时的一大乐事,而向少林寺的武僧学习武术也是比较常见的事情。另外,从少林寺的发展历史看,每当少林寺遭到打压的时候,少林武术就会向民间扩散,就会有少林武僧避祸于民间。自然,为了报恩,武僧们往往会以少林武术相传。这样,就使得大量的少林武术散佚在登封民间,少林武术传承者在其中培养出了一批又一批武术人才,当地俗称"教师"。这些少林武术的传承者将武术文化传于本村年轻人,以便其防身、娱乐、保家、卫国。和平时代,在农闲时,各村的老拳师把少林武术与舞虎、舞狮及登封独有的猩猩怪等表演形式相结合,在各村进行武术表演,逐渐演变成武社形式。从民间说法与官方报道的分析,少林武术流向民间大致有以下两种情况:一种情况是少林寺给登封带来的习武传统,很多人自发前往少林作为俗家弟子习练少林武术。因为对个人而言,习练少林功夫可强身

健体，用作防卫。而学成后回民间传承村人子弟，村庄整体习练少林武术可以抵抗土匪抢劫。这种情况在兵荒马乱的年代尤为突出，清初更为明显。另一种情况则是少林寺僧人因各种原因出山，到各地定居后向当地人传授少林武术。以磨沟村为例，磨沟人世代习武，村里人对习练的武术源于少林并无疑问。长期关注民间少林武术的登封市文联副主席常松木说："磨沟人习武大概自元末明初始，他们习练的少林功夫来自少林寺内的一位烧火僧，这位僧人在寺内习练少林功夫数年后走出山门，来到磨沟后不愿回寺，便开始在此地传授少林武术。"与他的说法相佐证的是，磨沟人将这位少林武僧尊称为"挪挪爷"，在村北的山上为其立庙，并称其为磨沟功夫的"祖师爷"，遗憾的是此庙后来未能保存下来。与磨沟情况相似的还有登封市石道乡阮村。据阮村中年拳师李雷阳、李天西、李随和等回忆，李姓先人到少林寺学过武术，后来有一个少林武僧翻过梯子沟往西南方向化缘，路过阮村时病卧村头，被村人发现后抬回阮村救治，治疗月余后痊愈，出于感恩，他就在阮村传授少林拳。可见，登封民间武术与少林武术有着不解之缘。

三、城市社区武术

登封是一个县级市，其城市化发展与一些大中型城市相比还有一定差距。在城市化发展滞后的前提下，登封城市社区体育的发展自然也不容乐观。根据登封市体育局的资料显示，登封市现在习练少林武术的人数为8万人左右，而除去民办武术馆校和中小学的学生，普通市民所占比率无几。登封市还没有健全各社区的体育组织和体育设施，这样，登封社区武术的发展基本属于自发状态，活动场地大都集中在城市的各大广场。清晨和晚上，人们会在这里进行武术锻炼。活动内容有少林拳和太极拳。但是据实地调查，较之熙熙攘攘的跳健身舞的人群，习练少林拳和太极拳的人却寥寥无几，而在这些习练武术的人群中，老年人还占大多数。这明显和登封武术之乡的身份不是很相符。当然，在市中心也出现了社区武术俱乐部的形式。在登封迎仙广场的实地调查过程中，笔者看到一个有20多人规模的太极拳习练团队，他们是由一个太极拳俱乐部（见图2-4）组织起来的。他们在日常运营之外，为了扩大自身的影响，促进太极拳在社会中的普及，专门在迎仙广场组织太极拳的免费晨练活动（见图2-5）。该俱乐部负责人是登封市太极拳协会的副会长，据他介绍，太极拳在登封的发展也是近十几年的事情，之前学习太极拳的人比较少，后来一些太极拳爱好者开始组织起来进行太极拳的习练、比赛和表演等活动，起初是在嵩阳公园，后来规模逐渐扩大，现在基本覆盖了登封的几个比较大的社区广场，而且从 2007 年开始组织团队参加一些太极拳的比赛。总体来看，登封的社区武术近几年虽然有所发展，但组织化程度较低，基本处于自发状态，还没有形成像样的规模。

图 2-4　现代化的太极拳俱乐部　　　　图 2-5　迎仙广场太极拳晨练

四、武术表演

体育竞赛表演是体育产业的主体产业。近几年，登封市武术表演产业的经济效益逐年提高。截至 2007 年上半年，登封市所有演艺团体累计演出 2500 场，超过 2005 年全年的演出量，实现经济效益 2300 万元，是 2002 年全年的 2.3 倍①。登封武术表演业的成功之处不仅在于其可以提供高质量的表演，还在于其可以提供多样性的表演产品类型。其新创的产品包括《禅宗少林·音乐大典》实景演出（见图 2-6）、连续多年的中央电视台春节文艺演出、2008 年北京奥运会开幕式等。其中，最具影响力的是少林塔沟教育集团的武术表演团，他们连续参加了 2003～2009 年的七次春节联欢晚会的演出，其经典节目《功夫世家》《英雄小哪吒》等至今还被全国人民津津乐道。2004 年，武术表演团的 28 名学生参加了雅典奥运会闭幕式的中国文化展示的演出，给全世界人民留下了深刻的印象。2008 年，少林塔沟教育集团的 5200 名学生参加了北京奥运会开闭幕式的演出，为北京奥运会的成功举办做出了贡献。巨大的市场需求，加之高水平的武术表演水平以及类型多样的产品供给，使得武术表演产业在登封得以发展、壮大。从登封地区的发展来看，武术演艺产业的发展是在武术教育产业发展之后。这也说明体育产业发展的先后与产业性质并无必然的相关性。

---

① 《对登封武术演艺产业发展情况的调查与思考》，《郑州日报》2007 年 7 月 20 日。

(一) 发展规模

近年来,登封市武术演艺团体规模不断壮大,数量由 2002 年的 23 个迅速增加到 2007 年的 72 个,增长了 3 倍多;2007 年演出人员规模达到 2800 人,是 2002 年的 4 倍多。各演艺团体队员人数多则上百人,少则十几人。①

(二) 组织形式

武术表演组织可分为三类:一是少林寺自身的武僧团,二是省旅游局开办的少林寺武术馆,三是民办武校组建的表演团。例如,少林塔沟教育集团、少林鹅坡教育集团、少林寺小龙教育集团等较为成熟的表演团体以及少林武术研究院、德成武馆、棋盘山武校、武僧文武学校等中等实力表演团体,以及其他长期以零星组团方式出国表演的小武校。

(三) 运营方式

登封市武术表演团体的表演活动主要通过接受邀请、媒体推介、中介介绍与主动寻找四种途径进行运作。少林寺小龙武院是武术表演开展较好的武校之一,在专访该武校校长时,他介绍道:

"武术自身有表演性,这样就能够和舞台结合了。我们办得比较早,成立了小龙艺术团,1998、1999、2000 年都参加了河南卫视春节联欢晚会,后来一些社会活动都请我们去表演。国内表演基本都是与旅行社合作,导游带人来少林寺旅游,之后介绍其到我们学校来看表演,并进行简单的武术指导。国际表演一般都是演出商联系的,中介公司对国外的情况比较了解,对国内也比较熟悉,谈好条件就可以运作了。一般通过合同规定演出多少天,一天演出多少场,也有我们自己直接谈的。护照、签证都是自己办理。对方邀请我们出去表演,从学校一出发,吃、住、行都是对方出,我们都形成了这样的模式。我们带器材或者对方出器材,如果对方对我们的服装不满意,他们可以提供服装。现在登封几个比较大的武校都有专门的表演队,武术表演这个业务基本成规模的武校都有,旅行社一般都是联系我们这几个大武校,因为游客也要求看比较好的演出啊,大武校从硬件、环境来说都是比较好的。"

---

① 《对登封武术演艺产业发展情况的调查与思考》,《郑州日报》2007 年 7 月 20 日。

（四）《禅宗少林·音乐大典》个案

1. 项目背景

利用文化来发展旅游、繁荣经济，已成为世界旅游发展的大趋势和主潮流①。《禅宗少林·音乐大典》是一种以实景演出为主体的武术文化旅游项目。（见图2-6）其演出地点在距嵩山少林寺7千米的待仙沟。这里原本是一个偏僻的峡谷，但经过主创人员的设计，如今却变成了"峡谷实景剧场"。著名音乐家谭盾受厚重的少林文化的启发，在这里创作了以自然为乐器、以流水为琴弦的"有机音乐"和"绿色音乐"。大典分为《水乐·禅境》《木乐·禅定》《风乐·禅武》《光乐·禅悟》《石乐·禅颂》五大乐章。②

图2-6 禅宗少林

2. 现状

《禅宗少林·音乐大典》于2006年10月17日试演，2007年4月26日正式演出，至今共演出200多场，海内外观众20余万人，票房收入300多万元，初步显现出推广期良好的市场前景。在第二届世界传统武术节、丁亥年黄帝故里拜祖大典和第二届中国中部投资贸易博览会等活动期间，来自世界和全国各地的嘉宾、客商观看演出后，对其独特的艺术魅力给予高度评价。社会各界普遍认为，《禅宗少林·音乐大典》是对嵩山文化、少林文化的推陈出新，是目前国内实景演出的扛鼎之作，是继电影《少林寺》之后对嵩山文化旅游的又一次强力拉动。③ 据分析测算，登封2007年游客已达到320万人的规模，《禅宗少林·音乐大典》以半小时至一小时高速公路圈的重点城市客流和接待商务等高端客户为目标客源，分流登封入境游客，门票收益将在3000万元左右，每年递增1000万元，由于生产要素较为固定，费用支出平稳，前4年平均投资收益率可达38%以上。

3. 组织

经协商，河南省兆腾投资有限公司、北京天人文化传播有限公司、广西维尼纶集团有限责任公司（《印象·刘三姐》项目控股公司）、中国嵩山少林寺联

---

① 戴松成、李同昌：《河南文化产业发展报告》，河南大学出版社2008年版，第208页。
② 桂娟：《〈禅宗少林〉的创意由来》，《瞭望》2007年第31期，第62页。
③ 焦锦淼、赵保佑：《河南文化发展报告（2008）》，社会科学文献出版社2008年版，第338页。

合组建了郑州市天人文化旅游有限责任公司,具体负责《禅宗少林·音乐大典》项目的开发。由4家股东组成的郑州市天人文化旅游有限责任公司于2005年6月注册成立,注册资本3000万元。河南兆腾投资有限公司占60%的股份,北京天人文化传播有限公司占25%的股份,广西维尼纶集团有限责任公司占10%的股份,中国嵩山少林寺占5%的股份。郑州天人文化旅游有限责任公司为项目执行公司,实行董事会领导下的总经理负责制。在广西桂林制作了《印象·刘三姐》而成为"中国山水实景演出第一人"的梅帅元任董事长,具体负责《禅宗少林·音乐大典》项目的开发。一期工程投资1.15亿元,河南兆腾投资有限公司投资1.1亿元,广西维尼纶集团有限责任公司投资500万元,全部由股东自筹。公司现有职工230人,合约演员400人。公司围绕剧目生产,实行全员合同制管理,并把演员细分为艺术团、少林寺武僧团及由75位农民组成的嵩山表演队三支队伍。公司负责办理失业保险、养老保险和医疗保险。公司成立了工会组织,负责保护员工权益和承办员工福利。围绕剧目生产,公司实施精细化管理,建立了高效、灵活的演员管理机制,把演员分为艺术团、少林寺武僧乐僧团及嵩山表演队三支队伍,细化梯队,实行目标管理。艺术团演员均毕业于专业舞蹈学校,平均年龄19岁,与公司签订劳动合同,工资能上能下,人员能进能出。少林寺武僧乐僧团及嵩山表演队均为外聘演员,按演出场次付酬。武僧乐僧团由少林寺武僧团培训基地学员组成,以实习形式参加演出,培训基地成立演员部,负责演员统一管理。公司为了增加征地农民收入,组建了一支由75位农民组成的表演团队——嵩山表演队,实行与公司结合的自治化管理,到剧组做群众演员已成为村民致富的"第二职业"。[①]

4. 内容

在《禅宗少林·音乐大典》策划论证中,主创人员以嵩山风景名胜区丰富的旅游资源和少林寺成熟的旅游市场为依托,运用创意、整合等手段,大手笔、大场景、大制作打造嵩山少林文化旅游的标志性品牌。该项目在艺术创作上的定位是,以风景如画的世界地质公园嵩山为背景,运用精美的音乐、舞蹈艺术和先进的声光手段阐释禅宗文化和少林武功,努力做到自然美、艺术美和精神美相辉映。就旅游市场而言,该剧目既是演艺产品,也是一种全新概念的旅游产品。在旅游发展上的定位是,以《禅宗少林·音乐大典》实景演出为起点,

---

① 焦锦淼、赵保佑:《河南文化发展报告(2008)》,社会科学文献出版社2008年版,第340页。

带动禅宗、地产、酒店、商业、餐饮、讲学等系列产品,推广独特的"禅武休闲旅游"新理念,形成"禅宗文化产业＋武术产业"的新模式,从而较大地改变现有的中原旅游业市场格局,解决以往旅游由于缺乏夜间大型演艺项目而形成的"白天看庙,晚上睡觉"的问题,把嵩山旅游提高到一个新的境界。实践表明,演艺业与旅游业以市场为纽带的联姻,实现了从演艺产品到旅游产品、从观众到游客的有机对接,演艺业发展是旅游业发展的助推器,旅游业发展则是演艺市场繁荣的发动机。① 项目内容突出了两个主题:

(1) 和谐文化

少林寺有一幅石刻画像,它把儒、释、道三教合成了一个人,形象地体现了中国文化"和合"、和谐的理念。这种核心价值观念经过几千年的历史积淀,已经融入中国人的血液中。"我认为,中国人不管他处在哪个阶层,都有吉祥、圆满、宁静、和谐的心理需求,"梅帅元说,"特别是当今社会,工作的压力、快节奏的生活,人们需要找到心理慰藉,中原的和谐文化正好对应了现代人内心的需求,这就是我们最大的潜在市场。"当中国的和谐文化、谭盾的无形资产和少林寺的巨大资源都被整合到一起时,这个产品就占领了市场的制高点。这种整合的好处在后来的演出中得到了充分的印证。

(2) 全世界最大的峡谷实景剧场

"用嵩山来做演出舞台,这是一个方圆 5 千米的超级剧场,让观众坐在蒲团上观看演出,此山此水是禅宗和少林武术的发祥地,充满了神圣的意味。"梅帅元说。一样的是演出,有音乐、灯光、舞蹈、歌唱,不一样的是在这里演出,所有艺术元素因为有了实景的存在而变得不同凡响。这是独一无二的体验。

武术表演产业是武术产业的主体产业。近些年我国旅游表演业如《印象·刘三姐》实景演出、《印象·丽江》、《印象·西湖》、《渔歌还珠情》、《东京梦华》等项目的火爆,激发了旅游业与武术表演业的良性互动、有机结合的产业发展动力,而旅游观光业、武术表演演艺业携手发展带来的登封新兴武术表演市场的勃兴,已经成为文化产业以及体育产业引人注目的新景观。该项目把高雅文化与大众娱乐完美结合,雅俗共赏,打造了一场视觉盛宴,适应了当代观众的审美需求和休闲需求,填补了游客晚间旅游生活的空白,开发了晚间旅

---

① 焦锦淼、赵保佑:《河南文化发展报告(2008)》,社会科学文献出版社 2008 年版,第 338~339 页。

游文化市场,为延长游客的逗留时间、完善旅游产业链增加了极大的可能,将改变登封、郑州乃至河南的旅游业态,从而开创河南旅游业的新局面。

五、武术旅游

自然景观和人文景观是旅游产业发展的基石。对于登封而言,武术旅游产业的发展除了依托于其壮丽、秀美的自然景观外,还源于其独特的武术人文文化。可见,武术旅游无疑是武术发展的又一路径。

(一)背景

登封兼有自然与人文风景,自古就是旅游胜地。加之 20 世纪 80 年代电影《少林寺》的放映,登封更成为海内外游客的首选。随着旅游业的发展,旅游产业逐渐成为登封的重要经济来源,而武术旅游则是登封旅游乃至中国旅游的特色。

(二)现状

据不完全统计,登封市 2004 年各类武术馆校为中外游客进行少林武术表演 8000 余场次,接待中外游客 30 余万人次,武术表演创造经济收益 700 多万元;少林武僧表演团常年进行国际巡回演出。少林寺景点(见图 2-7、图 2-8)的旅游是登封武术旅游的重要组成部分,据市场调查,每年因少林武术的巨大魅力来登封的游客占登封旅游人数的 40% 以上。

图 2-7 少林景区的演武厅

图 2-8 少林寺

(三)组织形式

旅游公司是武术旅游的重要组织。在登封,武术旅游往往是旅游公司的业务之一。而旅游公司也有民营和国有两类,但运作模式基本相同。民营旅游公司的组织较为简单,基本是按照现代化经济组织的模式运营。它们往往与武校直接进行经济合作,组织游客去武校购物、观看表演、培训。而国有旅游公司则要兼顾经济效益与市场效益。例如,市委市政府有一个少林旅游集团总公司,主要是运作登封几大景区的门票。武术是登封市对外宣传的一个主要窗口,文化局负责管理武术相关的文化市场,旅游局主要涉及的是武术与旅游相关的事务。对于旅游局而言,各地一般都要成立旅游发展委员会,它是一个政府机构。因为旅游中涉及的很多事情不只是旅游局能解决的,在需要政策配合时,旅游局有时没有权利决定,旅游发展委员会则可以行使这样的权利,协调各部门之间的管理。登封也不例外,在旅游局之上设有专门的旅游发展委员会。关于旅游局的管理职责,登封市旅游局的尚主任认为:

"现在旅游局和武术有关的管理活动有两种:一种是出国活动,主要是联系少林塔沟武术学校(以下简称塔沟武校)和少林鹅坡武术专修院(以下简称鹅坡武院)去表演;另一种是根据游客需要安排表演。关于出国表演,武校对旅游局的发展还比较支持,一般出国来往路费、器材运输费都是旅游局出,之外还会付给武校一定的报酬。除了通过官方,武校自己也会组织去国外表演。基本上都是外地的一些中介组织主动联系武校并谈好条件以促成活动。这些运作离不开河南省人民政府外事侨务办公室及国外部门的签证办理。此外还有与旅游相关的出国比赛,但是出国比赛的数量比较少,国内的相对较多。从文化市场来讲,直接和武术相关的活动不多,登封部分武术学校成立的有少林武术表演团,有的小学校则是专门做表演的,它既是一个培养学生的学校,也是一个专门的表演团。武术的发展直接吸引了外地的游客,他们到登封观光旅游的同时也带动了文化市场的发展。"

(四) 内容

1. 武术观光旅游

登封拥有众多的武术自然风景。其中最具代表性的就是少林寺,少林寺景点由常住院、初祖庵、塔林、二祖庵和达摩洞等建筑群落组成①。当然,现在的少林武术城也成了登封的一大特色景观。对武术自然风景的观赏是登封武术旅游的重要组成部分。例如,登封组建了嵩山少林武术旅游公司,开辟了少林武术旅游热线,先期重点开发了四条线路,第一条为南北少林热线:以少林寺为轴心,经武当山、黄山、莆田至南少林;第二条为中岳、东岳线:从少林寺、开封相国寺、山东曲阜、梁山、泰山至蓬莱山;第三条为西北线:从少林寺、洛阳白马寺、华山、五台山至河北沧州;第四条为豫川线:从少林寺、洛阳白马寺、华山、九寨沟至峨眉山。据登封体育局的资料显示,每年来登封旅游的武术爱好

---

① 阿德、谷文雨、周亚非:《走进少林》,河南大学出版社 2006 年版,第 202 页。

者都在 50 万人次以上,形成了武术景点观赏、武术购物、武术住宿、武术餐饮、武术表演欣赏、武术培训的一条龙产业。

2. 武术节庆旅游

武术节庆的内容涉及武术表演、武术竞技、圣地参观、文化交流等,具有综合性特点。如中国郑州国际少林武术节的活动内容,除少林传统拳法、器械及散手搏击的比赛和表演以及登封市的迎宾活动外,还涉及观光游览、经贸洽谈活动。在世界传统武术节期间,主要内容还增加了科技文化交流、论文报告会。中国郑州国际少林武术节影响较大,"武术搭台,经贸唱戏",吸引了大量的外地游客来登封进行武术旅游和经贸洽谈。例如,第一届少林武术节有来自美国、意大利、新加坡、日本等 10 多个国家和我国台湾及香港地区的 200 多位游客观看了表演。另外,郑州首届世界传统武术节期间,郑州市共签订对外合作项目 20 个,其中,境外合作项目 10 个,项目总体投资 9.3 亿美元,合同利用外资 3.9 亿美元,投资者来自美国、法国、日本、新加坡及我国台湾和香港地区;国内合作项目 10 个,项目总投资额 40.4 亿元,利用境外资金 29.8 亿元,投资者来自北京、上海、天津、厦门等地。登封市签订合作意向 13 个,总投资 100 亿元;签订合同项目 7 个,总投资 60 亿元[1]。可见,武术节庆是武术旅游的另一个主要形式。

六、武术用品

体育用品业是指以体育用品为主要生产、销售的行业。武术用品业属于体育用品业。目前,体育用品制造业是我国体育产业的主力军,但其提供的产品集中在西方运动项目上。改革开放前,大部分武术用品的生产基本处于自给自足的状态。究其原因在于需求量不足,使得自然的手工生产即可满足供给。而随着市场经济的改革,社会(特别是登封地区武术馆校的发展)对武术有了更大的市场需求,例如习练武术的刀、剑等器材的需求量较大,这样武术器材制造业在登封应运而生,随着市场的进一步壮大,逐渐向产业化发展。在登封,武术套路器械、散打护具、武术服装、武术印刷、武术刊物、武术影视制作、武术表演道具、武术药品、武术健身器械、武术旅游纪念品、武术奖品等生产加工和销售的厂商已达 200 余家,直接经济收入 6000 万元以上[2]。从武术

---

[1] 登封市地方志编纂委员会:《登封市志》,中州古籍出版社 2008 年版,第 340 页。
[2] 《登封倾力打造"世界功夫之都"》,河南省人民政府网,发布日期:2008 年 10 月 29 日,http://www.henan.gov.cn/bsfw/system/2008/10/29/010103425.shtml。

用品业分布的区域来看,一是由政府在少林武术城中规划的武术购物城(见图2-9),一是在其附近自然形成的武术用品一条街(见图2-10)。从发展来看,自然集聚产生的武术用品一条街经营效益较好,而武术购物城中商铺的生意则相对冷清。不过,从总体来看,登封的武术用品产业的发展水平还是比较发达的。当然,登封地区武术用品产业的发展与地区武术教育产业、武术表演产业及武术竞赛产业的发展不无相关。

图 2-9 武术购物城

图 2-10 武术用品一条街

七、武术场地设施服务

场地设施服务是体育产业的主体产业,相应的武术场馆服务也是武术产业的主体产业。武术基础设施建设是一个地区武术事业发展状况的标志。在登封,相对于武术教育产业、武术旅游产业以及武术表演产业的发展,武术场馆服务业的起步较晚,不过近几年发展速度惊人。目前登封市武术基础设施面积已达 200 万平方米,建筑面积达 60 万平方米,其中绝大多数是民办武术馆校的基础设施。比较有代表性的是 2001 年由登封市委、市政府规划建设的可容纳 5 万人的"少林武术城"。从目前来看,民办武术馆校的场地设施主要还是用作自身的日常教学,对外运营的比较少。当然,也有一部分武术馆校利用自身的场地设施开展武术表演等业务。其中,比较有规模的是少林鹅坡教育集团开发的中国嵩山少林武术文化博览中心(见图 2-11、图 2-12)。该中心集武术文化展览、住宿、餐饮、演艺、娱乐、购物、会议接待于一体,总面积近 3 万平方米。一期工程计划投资 808 万元,其中,国家体育总局投资 200 万元,鹅坡武院投资 600 余万元。在运营期间,取得了良好的社会和经济效益。从近几年武术场馆服务在登封的发展来看,武术场馆服务完全可以成为武术产业的重要组成部分。

图2-11 少林武术文化博览中心近景

图2-12 少林武术文化博览中心远景

第二节 学校武术

学校体育是一个发展身体,增强体质,传授锻炼身体的知识、技能,培养道德和意志品质的教育过程①。学校武术也是对人体进行培育和塑造的过程,是教育的重要组成部分,是培养全面发展人才的一个重要方面。

一、普通学校的武术

普通学校指的是国家办的全日制学校。为推动少林武术教育的普及,登封市根据少林武术的风格和特点,结合青少年、中老年人的身体条件,创编了适合青少年、中老年人练习的少林武术操,并把少林武术操的内容制成 VCD 光盘,在全市发行。登封市举办了少林武术操培训班,全市共有 17 个乡镇(区)60 多个居委会 180 余人参加了培训。同时少林武术操被列入登封市首届运动会比赛项目,极大地提高了各单位习练少林武术操的积极性。另外,登封政府从各武校选派了优秀武术教练员深入各单位传授少林武术操。由郑州市体育局和郑州市教育局组织、登封市体育局武管中心主任郑跃峰创编的简化少林拳,在郑州市所有中小学得到普及。2007 年秋季,登封市把少林武术列为全市中学生的必修课。少林拳在登封市中小学普及的过程基本分三个阶段:

（一）尝试期

起初,只是登封某个学校自发地开设少林武术课程。后来登封对少林拳进入学校的呼声越来越大,登封市的人大代表就此还专门提交了相关的申请报告。在这样的背景下,2004 年 12 月下旬,登封市决定对市区所有体育教师进行少林拳培训。塔沟武校为这次培训无偿地提供了技术支持。据相关教育

---

① 于海军、张洪波:《身心健康(上册)》,高等教育出版社 2010 年版,第 3 页。

局负责人介绍,第一次培训持续 10 天,培训对象主要是市区中小学体育教师;培训内容是少林拳的基本功,包括五步拳、少林连环拳、塔沟武校传统拳中的七星拳;培训之后还进行了严格的考核。

（二）推广期

第一次培训后,登封市决定在市区所有学校推广少林拳,2005 年上半年,市区学校学生反应都不错,于是就在此基础上进行了第二次培训,培训地点在竞技学院,培训时间是 2005 年 7 月 17 日,培训对象是全市中小学体育教师(见图2-13)。市区是快班,农村是慢班。市区培训的内容又增加了少林棍,这期培训持续了两周,培训结束后要求在全市推广七星拳、少林连环拳。教育局在培训后负责检查效果,市区基础比较好的学校还将少林拳与音乐相结合编成了课间操。例如,南街小学、嵩高路小学、市直一附中都开展了课间操。学生反应比较好,家长对这种做法也非常认同。

图 2-13　登封市暑期体育教师武术培训留念

（三）正式普及期

在前两阶段的基础上,2006 年暑假,登封市又对中小学体育教师进行了一次培训,这次培训地点在登封市一中,为期 10 天。培训的内容在以往的基础上增加了少林小洪拳,在学习棍的基础上学习了剑,而且所有培训都由塔沟武校免费提供技术支持。这一次也是对全市培训,结束后为了验收 3 年来的培训效果,登封市举行了全市班级武术比赛,在全市随机抽取班级,报了 36 个队,比赛的组织和反响都很不错。2007 年,登封市规定全市运动会必须加入少林武术操比赛。据教育局相关负责人介绍,2008 年 3 月,郑州市在全市小学开设少林拳简化 24 式和少林武术操课程。郑州市只达到了在小学开设少林拳课程的要求,而登封市则是在中小学进行了全面开展。其中,武术课间操在登封市区也得到了普及,在农村的开展接近 20%。武术课间操的开展主要受到教师和场地条件的约束,特别是场地的限制。因为市区教师和场地条件都较优越,所以能得以全面开展,而农村教师和场地条件较落后,因而开展比例不高。

普通学校的体育教学中开设的本来就有武术,少林拳进入中小学体育课程进一步丰富了普通学校的武术教学内容，它作为登封本土文化的象征，对调动学生积极性、传承弘扬传统文化具有较强的实际意义。

二、民办武术学校的武术

武术馆（校）属于基础教育阶段的一种社会力量办学机构，是我国社会武术的一个重要组成部分①。在登封，武术馆校在改革开放中发展，并大步登上经济舞台，在扩大内需、拉动经济增长方面发挥着越来越强大的作用，呈现出底蕴深厚、用之不尽的资源潜力。经过多年的发展，登封市武术馆校规模从小到大，数量从少到多。至2005年，登封市共有各类武术馆校76所，在校学员5万余名，成为中国、亚洲乃至世界上最大的武术训练基地。文化具有多层次的特性，纵观近几年武术在登封的发展，不仅其竞赛、表演功能具有开发的潜力，教育功能也有较大的拓展空间。武术馆校发展的成功之处正是在于寻找到了传统教育与现代教育的结合点，这无疑是值得其他民族传统体育项目借鉴的。

（一）背景

武术学校是以培养武术专业人才为目的，在学好文化知识的同时，根据武术专业人才业务规范的要求，系统学习武术理论，进行武术技术训练，并具备颁发学历文凭资格的武术教育机构②。1979年，登封第一所正规的武术学校在第十五中学创立，使武术教育正式走进课堂。20世纪80年代，电影《少林寺》使少林武术享誉海内外，掀起了习练少林武术的热潮。20多年来，众多国内外武术爱好者相继到登封——少林武术的发源地习武健身，专门从事武术培训的武术馆校如雨后春笋般应运而生。

（二）发展历程

改革开放后武术馆校在登封的发展具体可以划分成五个阶段：

1. 萌芽期（1978～1982年）

这一时期，武术馆校多是沿用传统发展模式。具体来讲，其组织形式以农村家庭为主，教学形式以民间小规模的分散教学为主；学生多因仰慕拳师的名望而来拜师求学，教师也不以赢利为目的，而是重视武术文化的传承，对师徒的礼节要求很严；教师往往不收学费并且提供食宿，学生在学习期间帮教师家庭做些农活。由于是沿用传统模式，因此发展规模较小。这个时期，由县内老

---

① 曾凡鑫：《我国武术馆（校）师资现状与发展对策》，《体育学刊》2006年第5期，第61～63页。
② 李萍、姚丽华：《河南省武术学校学生状况调查》，《体育文化导刊》2004年第6期，第5～7页。

拳师自发组建的登封县第十五中学业余武术班为日后登封武校的蓬勃发展培养了后备人才。登封的一位武校校长介绍了这一时期武术馆校的发展：

"当时前来习武的学生，有的已经有一定习武基础了，来这里学习是希望进一步提高技艺；有的则想通过练武术达到以后不被别人欺负的目的。当时少林寺周边的武校还不像现在这么规模化，还都是家庭式的武校，如塔沟武校（见图2-14）和小龙武院（见图2-15）等。当时离少林寺比较近的一些人就开始办武校，他们的教学也不是多么标准，都是白天干点农活，晚上学武，学生有钱的话会给些学费，学费都是很少的。随着习武人数的增加，这种方式逐渐不能满足学生的日常教学和生活，于是武校应运而生，并逐渐正规化，进而代替了家庭模式。少林寺周边会一些武术的都办起了武校。20世纪80年代初，一些家里本来和少林寺有一定关系的就办起了武校，像塔沟武校的刘老师，其父亲是少林寺的；鹅坡武院（见图2-16）梁老师是当时的初中老师；我们校长的父亲也是少林寺的。武校刚办起来的时候，体育局是非常支持的，审批很容易，体育部门只收取管理费，没有纳入教育系统的管理，因为纳入教育系统就要受到一些束缚。如此，武校规模越来越大。"

2. 成长期（1982～1999年）

1982年，以电影《少林寺》的上映为转折点，少林武术名噪全球。加之人们对少林武术的好奇，一时间慕名而来的海内外习武者如潮水般涌入登封。（见图2-17）以

图2-14 塔沟武校

图2-15 小龙武院

图2-16 鹅坡武院

图2-17 塔沟武校学生习武远景

前学习武术是免费的,住宿是由教师提供的,学生只是在学习期间帮着做些农活。但这种以家庭为基本形式的发展模式无法满足对大量学生的教学。改革势在必行。于是开始出现现代武校。起初,创建现代武校的初衷更多的是更好地发展少林武术,满足更多学生的习武需求。但随着习武人数的增多,教师逐渐无法承受相关的负担,办武校也逐渐成为一种赢利方式。在这个阶段,林林总总的武术馆校遍及登封城乡。少林寺景区出现了"五步一馆,十步一校"的现象。社会上一些不懂武术的人,在经济利益的驱动下也开始广收门徒。"武校热"无疑对少林武术的发展起到了推动作用,但同时也出现了鱼龙混杂、管理混乱的问题,武术馆校的多口审批、管理体制混乱,新闻媒体不时曝光,严重损害了少林武术的声誉。在册馆校迅速增加,最多时达45家。这一时期最大的特点是社会力量广泛参与办学,而政府的管理相对不够配套。在介绍这一时期武校发展的时候,一位武校的校长这样说道:"1999年,原公安部部长贾春旺因为武校的一些负面效应,专门到武校考察,发现武校管理还是比较正规的,而且硬件很好,他不忍心制止这样的民办教育,就没有对武校进行限制。"随着办校热的发展,出现了不具备办学条件、教学质量差,有的甚至是滥竽充数等不良现象,严重影响了少林武术的健康发展。

  1985年,《中国青年报》就登封县乱办武校问题进行了负面报道。为了规范少林武术的发展,登封县政府成立了由体委、教委、公安三家单位参与的少林武术工作管理办公室,对登封境内的武术馆校进行全面整顿,取缔不具备办学条件的武术馆校49所,保存武校5所,之后制定了严格的审批程序,严把办校质量关,成熟一个审批一个。1985年前所建立的武术馆校基本上都是只传授武术,而不教文化课,通过这次整顿,文化课被列入各校必修课,初步纠正了乱办、滥办之风。1988年以后,随着习武人数的急剧上升,乱办之风又有抬头之势。1990年,县政府下发了《关于加强武术馆校管理的通知》,明确了由体委对武术馆校统一审批、统一管理的规定,并制定了办校的"六条标准",武术馆校开始逐步走向规范化。从1991年第一届郑州国际少林武术节的举办到1999年底为少林武术快速发展阶段。武术馆校的发展已基本纳入制度化、规范化、法制化轨道,九年义务教育在武校中得到贯彻执行,文武并重、崇武尚德成为武校中的一种新时尚。武术馆校得到了快速有序的发展,由第一次整顿后的5所发展到58所,在校学生由1983年的4500人发展到了1.2万人。

3. 成熟期(2000~2005年)

武术馆校从本质上来讲属于武术社会组织在一定社会规范下通过一定方式获取资源进而谋求自身发展的活动。如果规范不明确,势必在其发展中造成混乱现象。这也是之前发展阶段出现无序现象的原因。登封政府是怎样来明确、完善对武术馆校的规范呢?首先,他们建立了馆校严格的审批制度,比如,2001年,登封市政府出台了《关于加强少林武术涉外管理的通知》;2004年,登封市体育局进一步修订和完善了《登封市武术工作管理办法》。其次,政府还通过宏观规划对武术馆校的发展进行引导,2001年筹建"嵩山少林武术城"、登封市少林景区首批拆迁工程等。这些规定和措施明确了成立武校的规范,使得一些不符合标准的武校被淘汰,而一些比较规范的则得以保留。经过几年的发展,登封武术馆校的总数和增长趋于稳定。以小龙武院为个案:2001年,小龙武院从少林寺景区搬出,并于2002年投资5000万元在少林武术城征地10万平方米。在武校建设期间,他们搬到政府安排的3间废弃的厂房里。地址搬迁以及条件较差使得小龙武院在这期间生源流失严重,据校方称"损失了几百万元"。2002年,招生人数上出现低谷,随后几年,逐渐恢复。到2005年,登封市的武校已发展到80所,其中民办79所,公办1所;国家承认学历的大专6所,中专4所;学员总人数近5万人,而且来自全国各地。此外,这些学校每年还接收10多个国家的武术爱好者学习少林武术。登封少林武术学校不仅培养了大批少林武术人才,而且成为少林武术的传播中心。(见图2-18)

图2-18 塔沟武校校队的练功房

4. 新时期(2006年至今)

2006年后,登封武术馆校的发展出现了新的情况。武术馆校的数量呈现下降的趋势,而武术馆校的招生规模也受到了冲击,武术馆校管理制度的改革也不彻底。总体来看,登封武术馆校的发展进入了新的时期。

(1)生源年轻化

学费是武术馆校的主要收入。近几年,登封武术馆校的生源出现了新特征。这主要表现在学生年龄的年轻化倾向。以前武术馆校的学生集中在16岁左右,近几年14岁以下的学生日益增多。根据2009年的调查,15~24岁的学生占总体学生的68%,而14岁以下的则占27%,25~44岁的学生占5%(见图2-19)。近几年,各武术馆校纷纷开设了少儿班,其专业基本还是套路、散打、拳击、综合等。一些武术馆校更是根据学生年龄偏小的特点开设了少儿全托班,为小学员配有专门的管理人员,这种专业费用相对较高,但市场前景看好。而且,以前学员的年龄大,学费基本都是自己工作挣来的,而现在由于学员的年轻化,他们的学费基本都是由家长提供的。家长支持孩子前来学习的目的,除了对武术的热爱、锻炼孩子的自主能力之外,自身工作忙、无暇顾及孩子的管理是主要原因。孩子在4~10岁的家长,正是事业发展时期。特别是外出打工的家长,更没有时间管理孩子。武校的管理较为严格,特别是全托班更是可以让家长放心让孩子在武校生活。这样,全托班的发展态势迅猛,武术馆校的生源呈现年轻化趋势。

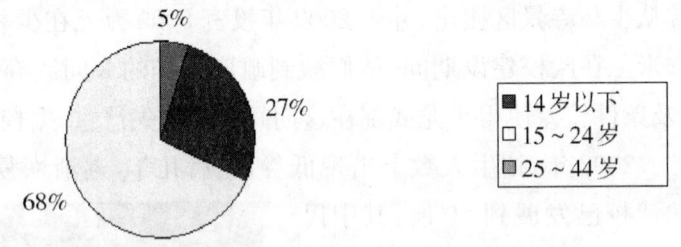

图2-19　2009年武校学生年龄结构图

(2) 就业多元化

由于武术馆校的民办性质,其生存和发展与市场休戚相关。武术馆校的主要收入来源是学生的学费。就业涉及每个学生的切身利益,是影响学生选择学校的重要因素。这样武术馆校的生存与发展就与学生的就业状况息息相关。因此,能否为学生提供更多的就业机会,是武术馆校发展的核心问题。在市场经济改革初期,社会分化程度较低,社会对武术馆校的需求主要是武术教练。当时,全国各地武校比较多,武校培养出的大部分人才走向各地武校做教练。而随着我国社会经济的发展,社会分化程度进一步增强,特别是随着人们经济水平的提高,对武术馆校的需求已经从初期的武术教练人才,向武术表演、大专院校、企业保安、商务助理、汽车驾驶、国家治安、交刑警、个体等分化。据2009年对登封武术馆校的调查发现,学生毕业后打算直接就业的占17%,计划进入高校读书的占27%,而准备参军的则占34%,没有计划的占22%(见图2-20)。而从对武术馆校的实地研究来看,从事武术表演和进入大专院校读书的毕竟是少数,武术馆校的多数毕业生主要还是从事企业保安、商务助理和个体等行业。总体来看,武术馆校的就业情况是不容乐观的。一位武校领导感慨道:"目前学校的发展最担心的是学生的出路。"据他介绍,该校 2006 年有 1000 名毕业生,仅有 69 名考上大学,20 多名去各地当教练,大部分学生还是去当保安或者回家自找出路。

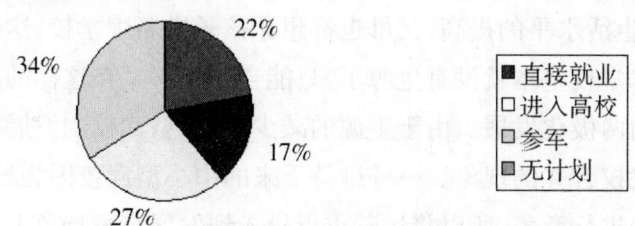

图 2-20 2009 年登封武校学生毕业计划类型及占比

(3) 运营多样化

以前武术馆校的发展主要是集中在武术教学,而教学活动多集中在中专或中小学。现今,武术馆校的运营开始向多样化发展。新时期使武术馆校的发展环境发生了很大的变化,特别是农村免费义务教育政策的实施给武术馆校的发展带来了巨大的冲击,因为武术馆校的学生有很大一部分来自农村。2005 年以来国家各地区相继免除农村义务教育阶段学生的学杂费,河南省政府出台的《河南省人民政府办公厅关于进一步做好当前我省减轻农民负担工作的实施意见》规定,从 2007 年春季开始,河南全部免除农村义务教育阶段学生的学杂费。由于武校学生大都是来自农村义务教育阶段的适龄青少年,以前同样收费的情况下,家长觉得学武是个出路,现在义务教育免除了学杂费对他们无疑是个诱惑。因此,近几年登封武术馆校的生源出现了下降趋势。由图 2-21 可见,根据 2009 年对登封武术馆校的调查发现,武术馆校的学生来自城市和农村的比率基本持平,来自农村的学生占总人数的 53%,而来自城市的学生则占 47%。

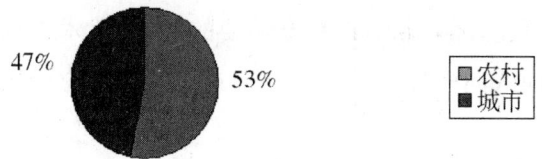

图 2-21 2009 年登封武校学生来源地结构

另外,由于生源问题的冲击出现了武校合并的现象,这是符合经济发展规律的。当市场稳定的时候,集聚在一起的产业容易走向联合的产业集群。在这种情况下，2007年至今，登封地区的武校基本按每年10所的速度在萎缩。于是出现了大、小学校进行合并的现象。对此，一位武校的校长说："在武校发展饱和的情况下，就要比管理、比办学条件、比教学条件了，市里每年都有比赛，省里有武术馆校赛，成绩好了就可以参加省里的锦标赛，随着人们思想的进步、物质和生活水平的提高，父母也都想让孩子进名牌学校，这样家庭式的、作坊式的武术学校基本就没有生源了，只能自生自灭。"在这样的前提下，武术馆校的运营向两极化发展。由于生源的减少，中小型武校的发展举步维艰，各地都产生了武校合并的现象。一些维持下来的中小型武校因为软硬件条件无法与大型武校进行竞争，所以将运营重点投入到发展自身特色上。其中，很多中小型武校往往都将武术表演作为发展重点，反而忽略了对学生的日常教学。与中小型武校在艰难中前进相比，一些大型的武术教育集团开始在各地出现。它们的运营范围向多元化拓展，除了中专教育外，还开设了小学、初高中、武术表演、武术高等教育、武术用品制造、武术场馆服务等业务。据郑跃峰介绍，登封市体育局在武校饱和的情况下提出了以四大武术教育集团为主的发展思路。其中以少林塔沟教育集团为龙头，其下设六个教育系统；少林鹅坡教育集团下属鹅坡武术专修院、武术超市、武术博物馆；小龙武院包括小龙武术学院、少林寺武术学院、影视公司；武僧团培训基地集团涉及影视、教育、中介、武术培训、出境演出、保安培训、演员培训、教练培训等业务。少林塔沟教育集团的探索值得推荐，特别是塔沟武校在原有武术教学的基础上，创建了嵩山少林武术职业学院，这是武校向高等教育迈进的第一步。嵩山少林武术职业学院是2004年经河南省人民政府批准成立、国家教育部备案的培养应用型、复合型、外向型高技能性人才的民办普通高等院校。学院现设置有四系两部（中文系、外语系、体育系、管理科学系、本科部和五年制专科部）共两个本科专业和十四个专科专业，招收高中（中专）起点国家统招本专科学生和初中起点五年制国家统招大专生。可见，随着新时期社会需要的变化，武术馆校的发展也开始由之前单一的运营模式向多样化转变。

（三）分布

登封武校发展早期，慕名来少林寺习武者众多，少林寺附近区域具有建立武校的良好条件，于是武校在此集聚，表现出以少林寺为极核的增长极模式。至2002年拆迁之前，少林寺景区范围内已集聚武术馆校25家，学生1万多人。这个时期的运行模式主要表现为极化作用。极化作用是指经济活动有向某些区位条件优越的地点集聚的倾向，并在一定的地域范围内形成极核。而且，这种极核一经形成，就具有一种自我发展的能力，它可以不断为自身的进一步发展创造条件，甚至在原来赖以发展的优势已经丧失的条件下，仍然可以适当发展。但由于这个时期缺少规划，武校布局更多的是一种无政府管制下的任意行为，发展到后来，少林寺景区内武校以及相关产业过分集中，带来人员拥挤、交通拥堵，给景区发展带来负面影响，景区整治迫在眉睫。2002 年开始，政府依据少林景区规划，要求景区内武校、商铺、居民进行搬迁，并对武术城进行了规划。在政府干预下，登封武校从少林寺景区扩散开来，并集聚于某个区域且沿交通线路分布，呈现点轴布局模式。目前登封武校的点轴布局区域主要分为两大块：一是武术城范围内，沿 207 国道分布，这里主要集聚了登封市内较大规模的武校，包括塔沟武校、鹅坡武院、小龙武院等；二是郑少高速出口至市区沿主干道分布，这里集聚的是一些规模稍小、竞争力稍弱的武术馆校。

（四）组织形式

武术馆校的核心领导层大都由家庭成员构成。从 2005 年在册 75 所馆校的创办人身份分类看，可以划分为武术世家、习武出身、少林僧人、资金注入请人教学四种。规模排名前十位的馆校的现任校长，三位生于武术世家，三位习武出身，三位原为少林僧人，一位则是投资人。规模最大的三所武校均为民办性质，校长的共同特征包括武术世家出身、具有相当的业内地位、本地人。目前，三大武校采取的主要是家庭式制。学校主要管理者由家庭成员构成，分工协作各当一面。如塔沟武校，创办人刘宝山，其子刘海超、刘海钦、刘海科分任副校长、校长、常务副校长兼总教练。刘海超，郑州大学外语学院英语专业，语言学学士，1984 年派赴伊拉克任翻译；后回国在焦作无线电厂和陶瓷厂任翻译兼销售科长；1992 年返乡，任塔沟武校副校长、少林武术国际教学中心主任，主要负责武校外事工作。刘海钦，校长，负责学校管理。刘海科，武术八段，兼武校总教练，着重于武术教学与竞技。鹅坡武院，创办人梁以全，中国十大武术名师，享受政府津贴。其子梁少宗担任校长。小龙武院，校长陈同山，总教练陈同川，二人为亲兄弟①。据小龙武院的校长介绍，小龙武院现在业务

---

① 中国嵩山少林寺武术学校：《中国嵩山少林寺武术学校志》，天马图书有限公司 2000 年版，第 1～4 页。

上一般是四块:招生办(人不多,但非常重要,是学校上传下达的中心地带,是学校的核心);武教处(表演部、散打部、套路部);文教处;后勤部。

(五) 内容

武术馆校的招生一般分春夏两季,也可随到随学。学制一般是3年,少儿班是5年。武术课开设套路、散打、跆拳道、摔跤、影视表演等专业,兼学硬气功等少林传统功夫,并开设汽车驾驶培训班。文化课开设幼儿班、小学、初中、高中、中专等阶段课程,毕业生由教委统一颁发毕业证书,高中、中专毕业后可参加高考或体育单招考试。各校武术教材一般由本校编写,而文化课所有武校都一样,采用九年义务教育课程,文化课和武术课教学时间基本上各占一半。

(六) 个案

少林塔沟教育集团是目前我国乃至世界规模最大的武术教育单位,号称"世界第一武校"。2007 年,少林塔沟教育集团发展成为占地面积 140 余万平方米、建筑面积 56 万余平方米、在校学生 20000 人、教职工 2000 人、旗下拥有从幼儿至高等教育乃至国际教育的完整教育体系。如图 2-22 所示,少林塔沟教育集团下设塔沟武校、嵩山少林武术职业学院、少林武术国际教学中心、少林中等专业学校、少林中学、金塔汽车驾驶学校、塔沟武校青少年体育俱乐部 7 个教学单位。

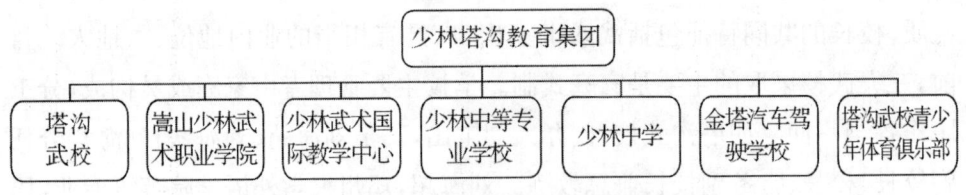

图 2-22 少林塔沟教育集团组织结构图

刘宝山是少林塔沟教育集团的创始人,他出生于武术世家。在这个与武术结缘的家族里,曾经培养出了一位少林方丈与四位武僧教头。1977 年因"文化大革命"被禁练武的刘宝山,在下地回家的路上遇到一个年轻人非要拜师学艺,他本身不想再收徒教学,但最终还是被该学生挚诚的学武热情打动了。于是,这一师一徒,白天下地干活;晚上习练武术,其乐融融。后来,慕名来拜师习武的人越来越多,于是他就在 1978 年成立了登封第一家民办武校——塔沟武校。如图 2-23 所示,在刚创立时学校只有 5 人习武,1984 年发展到 90 人,至 1988 年更是突破了 1000 人,在 1998 年则突破 5000 人,2001 年突破万人,2007则为22000人。少林塔沟教育集团的发展较之其他武校显得更加平稳,逐渐呈增长趋势。小龙武院等其他几个较大的武校在少林寺拆迁的影响下,那几年受到不同程度的冲击。而少林塔沟教育集团则是唯一留在少林景区的武校,这对它的发展大有裨益,目前除拥有景区内的老校区外,还拥有位于少林武术城的新校区,规模可谓空前。除了地理位置的影响,塔沟武校的发展及其武术人才的培养更得益于其严谨的办学理念。少林塔沟教育集团无疑是登封武术馆校最典型的个案。

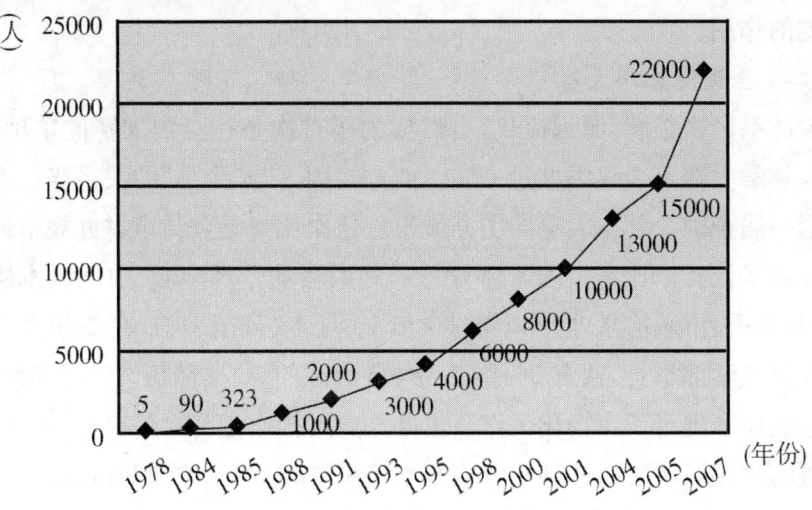

图 2-23　塔沟武校历年招生规模

第三节　竞技武术

竞技运动指为了最大限度地发挥个人、集体在体格、体能、心理、运动能力等方面的潜力所进行的科学的、系统的训练和竞赛。竞赛活动是武术活动的主要形式,竞赛产业也是武术产业的主体。但从登封武术的发展来看,其武术竞赛业呈现出这样的态势:一方面武术竞赛成绩斐然,武术竞赛活动蓬勃开展;另一方面却没有形成自身的武术联赛。

一、武术竞赛活动蓬勃

武术赛事是武术竞赛的载体。登封除拥有较高的武术竞赛水平外,还举办多种武术竞赛活动。这主要包括2005年全国武术之乡武术比赛、2000年全国少林拳大赛及每年一度的登封市武术馆校赛等。

（一）全国武术之乡武术比赛

全国武术之乡武术比赛至 2009 年共举办了九届。其中第五届全国武术之乡武术比赛在登封举行。该比赛冠名为"嵩山少林杯"全国武术之乡武术比赛，由国家体育总局武术运动管理中心、中国武术协会主办，登封市委、市政府承办。比赛时间为 2005 年 10 月 8 日至 12 日。这次比赛，参赛队伍达到 82 个，而参赛队员为 855 名，观看者和游客人数则达 10 多万人次。第五届全国武术之乡武术比赛在登封的成功举办，起到了宣传少林武术和提高登封城市知名度的作用。

（二）全国少林拳大赛

少林拳风格独特，源远流长，自然成为了首次举行全国大赛的单项拳种。全国少林拳大赛至今仅举办过一届。而登封因为与"少林"的关系当仁不让地成为第一届全国少林拳大赛的主办城市。这次比赛是登封市举办规格最高的全国性武术比赛。比赛由国家体育总局武术运动管理中心、中国武术协会主办，登封市委、市政府承办，并于 2000 年 10 月 15 日至 18 日在郑州大学体育学院登封教学部举行，共有 26 个省、市、自治区的 58 支队伍、797 名运动员参赛。这次比赛进行了市场化运作。主办方通过拍卖竞赛冠名权、广告权、门票销售、社会赞助等形式，达到了收支基本持平、略有盈余的预期目标。

（三）登封市武术馆校赛

登封常年举办的武术比赛是登封市武术馆校赛。比赛由登封市体育局主办，设置社会组、甲组、乙组三个组别，主要比赛项目涵盖拳术一项、自选短器械一项、自选长器械一项、对练一项、集体基本功一项。一年一度的武术馆校赛为登封武术馆校的学生提供了比赛平台，也为武术馆校的竞技水平提供了保障。登封武术馆校比赛还是停留在单纯的比赛层次，与武术联赛相差甚远。而健全的武术联赛是竞技武术发展的保障。但武术馆校赛毕竟为武术联赛打下了坚实的基础，在此基础上进一步拓展比赛领域、吸纳参赛人员、创立职业联赛、建立从业余到职业的健全的武术联赛应该是登封今后努力的方向。

二、武术竞赛成绩斐然

武术竞赛指提供有观赏价值的高水平比赛以满足观众观赏需要的活动。武术产业得以发展的重要前提条件就是竞技体育有较高的水平，比如篮球产业在美国的发展、足球产业在欧洲的发展。武术产业在登封得以发展壮大可以说与其较高的竞赛水平有关。由于历史原因，登封地区自古是习武圣地，集聚了大量的武术人才。到了当代社会,更是在竞技武术方面取得了骄人的成绩。例如,2007年上半年,登封组织参加了三级武术比赛六次,共获奖牌284枚,其中金、银、铜牌分别为115、83、86枚。在郑州市武术锦标赛中,登封市共夺得奖牌109枚,金、银、铜牌分别为45、28、36枚;在第六届全国武术之乡武术比赛中,登封市夺得奖牌12枚,金、银牌分别为10、2枚;在山东举行的"将军杯"2007年全国男子武术散打锦标赛中夺得奖牌4枚,其中金牌3枚,铜牌1枚。据登封体育局主管武术的领导介绍,登封市的竞技武术成绩基本上依靠塔沟武校。在登封市武术竞赛取得的成绩中,塔沟武校占八成。塔沟武校的成功则在于其拥有强大的师资力量以及众多的优秀生源。

第四节 少林寺的武术

从武术在登封的存在和发展来看,虽然少林武术很难说是最早出现在登封地区的武术形态,但它确实对武术在登封的存在和发展产生了巨大的影响。

一、发展规模

1949年至土地改革前,少林寺常住院有82名僧人,之后仅有16人。特别是"文化大革命"期间,僧人改造还俗,少林寺更加衰落。至20世纪80年代初,政府颁布了新的宗教政策,寺院宗教生活恢复,这时少林寺只剩13个老僧人,少林武术更是衰微。改革开放后,少林寺恢复由年老僧人向年轻僧人传授少林武术的传统,少林武术得到传承、发展。目前少林寺僧人总数在200人左右,其中武僧有120人。

二、开展形式

(一)普通僧人

自古以来,僧人的主要活动还是佛事而非武术。现在,少林寺普通僧人有80多人,他们习武完全出于自愿,少林寺的经典和戒约中都没有对僧人习武的规定。在日常生活中,他们每天4:30起床上早课,7:00吃早饭,之后就上殿。可见,佛事一直是他们的主体活动,只是,他们要在处理好佛事的间隙,根据各自的习惯,自觉安排每天修习少林武术的时间。习武属于业余活动,完全隐含在他们的日常生活中。

(二)武僧

在古代,少林寺就拥有武僧。当时,设置武僧的目的是保寺护院。1986

年,随着我国改革开放的进一步深化以及全球化的冲击,少林寺为了宣传自身禅武合一的文化,从僧人中间独立出来了武僧团。成立初期,武僧团的活动主要是满足基层民众的武术审美需求。随着交流的日益频繁,武术的无国界性、无语言性、无民族性的优势就凸显出来了。20世纪90年代之后,武术上升到国事交流的阶段。国家将少林武术看作中国文化的代表,经常带着武僧团参加国事活动。这对少林文化是一种提升,同时也对武术表演水平提出了更高的要求,武术表演向专业化发展。现在少林武僧团有120人,有三个梯队,其中一线队员从事文化交流传播、武术教学;二线、三线队员主要是训练、学习,对他们的要求和僧人是一样的,只是他们的主要任务是武术训练,训练的时间是上午、下午各3个小时,其余时间参与佛事活动。

第五节　国际交流与传播中的武术

当代登封武术不仅在本地、国内繁荣发展,而且已经在世界上生根发芽。登封武术文化的国际交流以少林武术为主。少林武术自明代起已经开始向海外传播。1978年改革开放之后,随着国际交往的加强,登封武术以前所未有的速度向世界各地传播,并成为中外文化交流的纽带。登封的武术国际交流活动主要通过国际武术表演、国际武术教育、出外访问等形式开展。

一、国际武术表演

现在,登封各武术学校、登封市旅游局以及少林寺都拥有专业的武术表演团队。2007年登封市拥有72个武术演艺团,各演艺团体队员人数多则上百人,少则十几人。而出国表演是他们的主要业务之一。单就少林寺的武僧团而言,自成立以来就在世界范围内进行了几百场表演,得到了广泛的赞赏。出国表演无疑促进了武术文化的国际交流。

二、国际武术教育

国际武术教育主要指针对国外学生的武术文化教育,它是登封各武术馆校的主要业务之一。特别是由于武术国际教育的利润较高,因此很多小武校都将其作为主要业务进行发展。目前登封可以正式招收国外留学生的武术学校有塔沟武校、鹅坡武院、小龙武院三家。其中开办最早和最具影响力的是少林塔沟教育集团的少林武术国际教育中心。据该中心负责人介绍,少林武术国际教育中心成立于1998年,发展到2008年已经10年了。当时随着塔沟武校的影响日益扩大，国外来塔沟学习少林武术的人越来越多，于是他们就开始创办国际教学的中心。1998年向省教育厅申请办国际教育中心，省教育厅同意后报国家教育部，教育部同意塔沟武校招收国外学员，塔沟就成为全国当时第一个招收外国留学生的武校。少林武术国际教育中心的第一批学员来自南斯拉夫，只有几个人。之后前来学习的人日益增多，从开始的5～6人/年发展到200～300人/年，无论是学习几年还是几个小时的，一年下来总共有900多人，这个数据每年都差不多，比较稳定，10年来累计有9000多人。该中心的宣传途径主要是出国表演、比赛、网站和口口相传。少林塔沟教育集团有自己的中英文网站，国外的习武爱好者可以通过网站了解到该中心的具体信息。而且塔沟武校参加的国际比赛比较多，获得国际比赛冠军的有140多人，这无形中加大了他们在国际上的宣传力度。另外，塔沟武校艺术团参加国际上的文化交流活动，比如参加希腊奥运会闭幕式，随国家领导人到国外出访进行文化展示，也是一个扩大宣传的途径。口口相传也是一个重要的宣传途径，由于该中心拥有较好的教学质量，因此很多学员回国后会通过口口相传的形式对其进行宣传。再者就是国外如美国、英国等出版的介绍中国的书籍，这些书籍不收任何赞助费，不做任何广告，里面在介绍河南少林寺的时候，介绍了塔沟武校，这是官方资料，很多学生都是拿着书与该中心进行联系的。国外学生在该中心学习的时间一般分为短期和长期。短期的如几个小时的学习，这些人一般以旅游为目的，在旅游的同时想体验一下少林武术，由导游介绍来中心学习。对长期学习的学员，学校管理较为严格。学员要先拿到该中心的邀请函再办理相应的手续。而这个邀请函要通过登封市公安局、省教育厅、省出入境管理机构的认可才能办理，就像国外录取学生一样。据该中心负责人介绍，国外学生学习武术的目的很单纯，大都是想学习少林武术，对于学习之后回国要做什么他们一般不做考虑，也有一些是学一两套少林武术里面的拳种进行健身。他们一般一天进行6个小时的武术练习。如果他们想学汉语的话，中心会安排汉语教学。

三、其他国际文化交流

（一）文化交流

武术也是国际文化交流的重要途径。文化交流的形式多样，其中有登封的武术习练者去国外开办武术馆校进行武术培训，还有例如孔子学院这样的民间文化组织，从国外组织学员与我国汉推办合作来国内进行武术旅游。孔子学院是推广汉语和传播中国文化与国学的教育和文化交流机构,是一个非营利性的社会公益机构。笔者在2008年8月在登封调研期间,参与了孔子学院与武术馆校交流的活动。这次活动由美国的孔子学院与我国汉推办组织,共有150名国外学员,他们来登封之前与登封的塔沟武校进行联系,希望在登封一周的旅游期间,塔沟武校可以负责武术教学。而塔沟武校的职业学员设有汉推专业,这个专业就是为国际武术交流设置的。期间,汉推专业的学生负责国外学生的武术教学,学生反映很好。但是因为2008年来的学生大都有汉语基础,所以如果外国学生汉语不错的话尽量用汉语,但是仍然有些学生为了锻炼自己的英语讲英语较多,这有点违背武校汉推专业学生的初衷。多让外国学生讲汉语才是他们组织活动的真正目的,在七天的时间内两国学生结下了深厚的友谊。(见图2-24)

图2-24　2008年塔沟武校汉推活动现场

(二) 出外访问

自改革开放以来,特别是1980年少林武术代表团访问日本之后,少林寺武僧、少林武术馆及相关武术学校不断到国外传授少林武术。据统计,少林武术代表团自1980年到2005年先后出访过50多个国家和地区。① 而少林寺作为佛教的宗教实体,本身就是中外文化交流的产物。现在,少林寺也是中外文化交流的中心。之前介绍过,少林寺的武僧团经常作为中国文化的代表随国家领导人参与国事活动。同时,少林寺也经常作为中国文化的代表,接待来访的国外领导人。而观赏少林武术是接待活动中的主要内容。其中最具影响力的事件就是2006年3月俄罗斯联邦总统普京的来访。普京总统是少林武术的爱好者,少林寺武僧团专门在方丈室门前为其表演了少林武术。

第六节　当代武术在登封的发展特征

武术在登封的发展过程中,形成了自身的文化特征。把握这些文化特征,

---

① 登封市地方志编纂委员会:《登封市志》,中州古籍出版社2008年版,第342页。

有利于人们了解当代登封武术的本质。本节从形态多样、发展多层次性、力量多元、中原传统文化特色浓厚、重视教育、注重"少林"品牌的弘扬几方面分析当代登封武术的特征。

一、形态多样

改革开放为武术在登封的发展带来了前所未有的机遇。市场经济更加强调商品本身的价值。在这样的大环境下,武术在登封走向了市场化、产业化、国际化、社会化的道路。从文化形态上来讲,由过去单一的以少林寺为主体向社会武术、学校武术、竞技武术分化。社会武术内部也出现了如武术表演、武术用品制造、武术场馆服务、武术旅游等形态。而从传统和现代的视角,目前武术在登封的发展表现为传统与现代模式的共存,呈现出多样化趋势。

二、发展多层次性

武术在登封当代的发展呈现出多样化的态势,而从发展的结构看,其发展呈现多层次性。武术馆校是武术文化的主体,社会武术基本依附于武术馆校的发展。而从国内外体育发展的经验来看,学校体育与社会体育协同发展是较为适宜的体育发展模式。毕竟社会是一个更大的群体,而学校则主要是青少年,一个国家或地区体育的强大,更应基身于社会体育的发达。因此,对登封而言,社会武术与学校武术发展不均衡。就是具体到学校武术内部,也存在着发展失衡的现象。学校武术是现今青少年传承武术文化的主要途径,中小学武术教育是学校武术教育的主体。作为传统文化的缩影,尽管武术早在1916年就开始进入学校,不同时期又不断地被编入大纲、列入课程、制定教材,但时至今日在学校中并没有实现根本的普及,甚至在许多学校"名存实亡"。据调查,有70.3%的学校没有开设武术课,有些学校不仅没有增加武术内容,反而削减武术以增加跆拳道等域外武技项目①。与此同时,传统的师徒传承的民间武术教育形式,由于受到传统模式的制约,其发展规模一直难以扩大,甚至有萎缩的趋势。与普通学校武术教育面临尴尬局面、传统师徒传承教育遇到窘境不同的是,武术馆校在登封得到了迅猛的发展,甚至促进了登封的繁荣。总体而言,学校武术教育虽然是主体,但发展效果不理想。民间师家传承方式虽然得到沿袭,但却难以改变逐渐萎缩的命运。民办武术馆校虽然有

---

① 《关于学校武术教育改革与发展的研究》课题组:《我国中小学武术教育状况调查研究》,《体育科学》2009年第3期,第82~83页。

一定的发展,但其模式却难以普及,特别是在城市中。作为武术文化另一构成部分的竞技武术则基本沿袭三级运动训练体制发展,而且虽然登封有很多竞赛活动,但并未形成产业化。从西方体育的发展来看,竞赛表演产业是体育产业的支柱。登封的竞赛成绩多来源于各武校。因此,登封竞技武术的发展相当滞后。总之,从整体来看,武术在登封的发展呈现出多层次性。

三、力量多元

从发展动力来看,社会多方力量都参与了武术在登封的发展。其中,学校武术是官方倡导的教育组织,国家是其发展的主要力量,这是一种自上而下的发展模式。而武术馆校和民间师家的发展则更多依靠民间力量的参与,是一种自下而上的发展模式,特别是武术馆校更是伴随着中国市场经济的改革得到发展。伴随着体育市场化改革、民间组织以及一些亦官亦民的组织的出现,武术馆校就是各个地区结合自身特点创新出的武术教育组织,在市场经济的浪潮中展现出了较强的活力。而少林武术节与《禅宗少林·音乐大典》的发展更得益于政府与社会的共同参与。因此,总体而言,武术在登封的发展,国家已不是其唯一发出者和组织者,民间发起的活动越来越多,其发展的社会化倾向十分明显。

四、中原传统文化特色浓厚

河南是广义中原的主体,是狭义中原的全部,中原传统文化是中华传统文化的主干和根源①。从历史的发展来看,中原文化的精神特质体现在原生性、包容性、开放性等方面②。多种文化融合共生而成的中原文化,以其强势的特征得以世代相传并向周边辐射,这是文化优胜劣汰、社会选择的结果,更是民族传统文化得以可持续发展的动因。武术在登封的发展具有浓厚的中原文化特色。登封武术拥有悠久的文化传统,这些传统文化在当代仍然在传承、发展,特别是少林武术至今已经有1500多年的历史,它不仅拥有辉煌的过去,在当代的发展也是熠熠生辉。这些传统武术文化的现代发展是登封的特色,具有很强的原生性。因为中国武术文化博大精深,所以在一些地方,本地的武术文化很排斥外来武术文化的发展。而在登封,各种武术文化在此实现和谐共生。这充分体现了登封武术文化强大的包容性。登封武术文化在继承传统的

---

① 戴松成、李同昌:《河南文化产业发展报告》,河南大学出版社2008年版,第44页。
② 河南文化产业发展研究课题组:《论中原文化的精神特质》,《中州学刊》2007年第1期,第153页。

同时,并没有畏首畏尾,而是勇于适应、积极创新。其创新出了民办武术馆校、武术表演、武术旅游、武术餐饮等多种文化形态,这又充分体现了登封武术文化的开放性。而原生性、包容性和开放性正是中原文化的特质,因此,登封武术文化的发展具有浓郁的中原传统文化特色。

五、重视教育

中国幅员辽阔,各种地域文化异彩纷呈,争奇斗艳。有的地方有悠久的革命传统,有的地方有重商的传统,有的地方则有重视教育的传统。登封属于后者,它是中原文化交汇之地,汉朝时期,佛教文化影响了这个地区。到了北魏时期,道教文化也扎根于此。而被称为四大书院之一的嵩阳书院也坐落于登封,这使传统的儒教文化也在此有了广阔的发展空间。三教合一,是登封文化的重要特色。而这三种文化无不强调教育。武术教育在登封拥有悠久的传统,在当代,武术的教育功能更是得到进一步发展,特别是武术馆校的发展。武术馆校是传统武术教育组织的现代转型,它成功地将班级授课制引入了武术教育之中,有效地提高了武术教育的效率。武术馆校的发展构成了登封武术文化发展的主体。武术馆校能在登封得以发展、壮大的原因和登封重视教育的传统不无相关。而登封能在全国率先将少林拳列入普通学校的必修课,也和登封本地的重教传统密不可分。

六、注重"少林"品牌的弘扬

登封武术的又一特征是非常注重"少林"品牌的弘扬。在登封,各种武术形态都非常注重"少林"品牌的利用。登封大部分武术馆校的名字都含有"少林"二字,例如少林塔沟武术学校、少林鹅坡武术专修院、少林寺小龙武院、嵩山少林武术职业学院、嵩山少林寺武僧团培训基地。除此之外,影响比较大的《禅宗少林·音乐大典》也是高举着"少林"的旗号,很多武术用品企业、武术旅游公司、武术表演团体也都冠以"少林"的名号。少林寺曾经质疑过对"少林"品牌的滥用,并注册了"少林""少林寺"等与少林有关的商标。但是,少林寺的反对似乎主要是针对登封之外的地区,对登封本地少林寺则持特有的宽容情怀。据说登封与武术相关的组织均与少林寺保持着良好的关系。他们在日常运营时借助于"少林"品牌,少林寺予以默许,但当少林寺需要帮助时他们也会倾力而为,这似乎已成为本地的一个传统。

第七节　存在的问题与不足

市场经济改革后至今,武术在登封得到迅猛发展的同时,也存在着诸多不足。在描述了登封武术的发展现状和特征之后,有必要对登封武术发展过程中存在的问题与不足进行分析。本节将从民间武术、城市社区武术、武术馆校、少林寺品牌建设、武术联赛的建设等方面对其进行研究。

一、登封民间武术的发展有下降趋势

登封民间有习练少林拳的传统。本地人将乡村习练少林武术的地方叫作"教师窝"。改革开放之前,出于练武防身以及休闲娱乐的目的,少林武术已经成为村民日常业余生活重要的组成部分;而乡村中以社为组织形式的民俗活动也渗透着少林武术的内容。每逢节庆,武社都要组织各种形式的活动。但随着改革开放,人们的生活方式发生了改变,外出打工的村民增多,青少年对习武的兴趣也不像以前那样浓厚。用农民的话说:"不想再白搭那功夫了。"现今各村习练少林武术的都是以中老年为主,且人数在逐年减少,登封民间武术发展形势不容乐观。猩猩怪和舞狮是登封武社的主要内容,由图2-25可见,与1985年相比,2005年猩猩怪与舞狮的队伍都有所减少。与电视上和各武校的对外表演不同,武社表演的均是传统少林武术,更多地保留了其原有风貌,这正是登封武社的可贵之处。20世纪80年代至90年代初,由于人们重视经济发展,渐渐忽略了武社的存在,因此登封武社的规模大为缩小,人数大为减少,这直接影响了许多少林绝技的传承。先是一些老拳师恪守"传男不传女,不传无德之人,不传无根基之人"原则,不将武功轻易传人。后是年轻人都把精力放到打工挣钱上,老拳师想把功夫传给后人也无计可施。目前,武社在大金店镇雷村、东金店乡骆驼崖村、唐庄乡磨沟村的发展面临危机,很多地方至今已经凑不齐足以撑起武社场面的人马。这不禁让一些老拳师黯然神伤、空自嗟叹。在磨沟村,看到的只是拳房坍塌过后留下的几堵土墙。所谓的拳房坍塌也就是五六年前的事情,"坍塌后村里人一直想重新修起来,但因为缺钱,所以一直没有重修"。从此,磨沟人习武少了一个去处,多了一些遗憾。几个阮村的老拳师为此甚是感伤,认为自己可能要"带走"少林武术了。他们认为传承的困难在于寻觅理想徒弟。

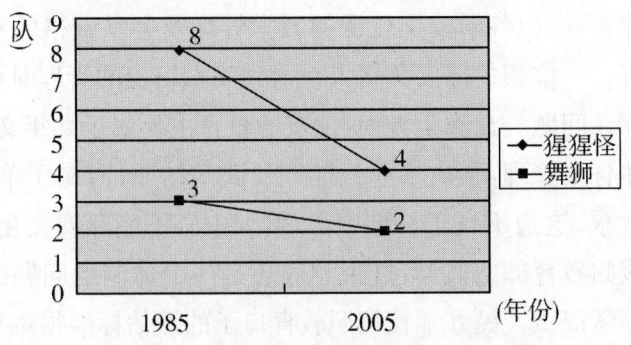

图 2-25　1985 和 2015 年登封民间武社数量

常松木多年来一直致力于登封民间武术的研究,据他介绍,以前登封各个村都开展武术,现在仅剩 4 个。现存的民间武术节庆活动有舞狮等,时间大都在重大节庆日,比如正月十五,市里往往会组织汇演。登封民间的舞狮不是抢绣球,而是抢武器,民间的尚武精神可见一斑。常松木认为现在登封民间的传统武术生存空间非常恶劣,很多传统武术面临失传的窘境。一些老的武术家宁愿让传统武术失传也不愿屈就传人。自古以来,徒弟找老师易,老师寻一个好徒弟却很难。以前他们为选人才烦恼,现在却为无人才可寻而担忧,这更凸显了民间武术发展的危机。

二、登封城市社区武术需要进一步普及

城市社区体育是城市体育发展的基础。因为只有社会体育强大了,学校体育和竞技体育才能有更好的发展。武术也如此,其整体的发展离不开社会武术的发展。作为社会武术的重要组成部分,城市社区武术自身的发展对于武术整体发展的重要性更是不言而喻。但是,在武术馆校以及少林寺风风火火发展的同时,登封城市社区武术的发展却相对滞后。清晨,在登封市几个较大的市民广场,与健身舞蹈的热闹场面形成鲜明对比的是,习练武术的场景显得冷冷清清,登封城市社区武术的发展可见一斑。当然,登封拥有许多武术馆校,武术馆校的发展会分流一部分习武人群,对登封城市社区武术的发展起着一定的制约作用。但城市社区体育毕竟是城市体育发展的重要基础,今后登封城市社区武术还应有较大的发展空间。

三、登封武术馆校的管理仍需规范

1999 年,登封全市所有武术馆校把文化课纳入教学范围,要求学生学习武术的同时,必须完成九年义务教育文化课内容。由于少林武术学校的特殊性,其主管部门一直是体育局,办学由体育局审批。2000 年以后,主管部门仍

然是登封市体育局，但各学校文化课的教学管理及办学资格的年审则由登封市教育局负责。一位相关部门负责人在谈到武术馆校的管理时认为登封武术馆校的制度存在问题。在教学方面，武校的教育主要属于九年义务范围，登封市将其划归体育局管理，学生毕业只能颁发武术结业证，属于单方认证。"按照公安部的要求，这边不属于培训中心，培训中心不能开展文化课教学，开展文化课就应该归教育部门监管，这说到底还是一个体制的问题。武校现在还没有这样的办学资质。民办学校按照教育口子的评估标准很难符合教育系统的标准，学生就是因为无法受到标准化的教学管理，所以文化水平滞后"。从经营上看，武校自身也遇到了发展瓶颈。目前在登封，体育局对武术馆校收取一部分管理费，而九年义务教育应该是免费的。可见，登封武术馆校并没有按照正规学校的标准经营。在教学质量、教师招聘等方面，教育局都有一定的要求，如要有教师资格证，但是现在武校的教练很多都没有教师资格证。体育局管理武校的技术教学和文化课教学，职能产生了交叉，管理就不清晰。体制问题导致教育局现在想管管不了的局面。将来武校想走得更长久，必须和教育局合作，文化课教学由教育局监管。民间力量参与办学，政府本应给予政策扶持。加之武术馆校确实为登封做出了巨大的贡献。但政策扶持的目的是求得繁华一时，还是要可持续发展？武术馆校目前面临的规模缩小、生源萎缩等困境，根本原因还在于武术馆校自身的标准化问题。由于一些政策上的优惠，武术馆校游离于体育局、文化局、教育局的管理之间，规范的不明确势必影响实践的发展。

四、登封武术高等教育在困难中挺进

（一）生源不足

成教授是学俄语的，以前在开封大学任教，据他介绍，嵩山少林武术职业学院2004年开始招生，大专刚开始是两年制的，从2008年开始变成三年。职业学院设有11个专科专业，生源很差。很多人认为职业学院冠以武术职业学院影响了自身的招生。据说该校是河南省录取率最差的大专院校。报到率也很低，有些学生还是来过渡的。学生主要是高考毕业生，2007年计划招1400人，最后只录取了1000人，现在在高校扩招的情况下，算非常少的。学校加上五年制学生也就1300多人。五年一体化专业多是武校的初中毕业生考过来的，报考的人不少，真正达到录取标准的却寥寥无几，他们从小练武，学习成绩不好。学生若考不上，就继续上职业高中或中专，或者自己专门练武，或者回

家,考上了也很苦恼,因为学习跟不上。而职业学院的本科是自 2007 年开始招生的。本科学生前两年在塔沟武校学习,后两年则在华北水利水电大学就读。本科招生以本省为主,而且因为外语专业的专业性质,学生以女生为主。2007 年这一届有 94 人。2008 年要招第二届,有英语专业汉推和汉语汉推两个专业,两个班级,预计各招 150 人,开始没报够,后来降了 20 分。河南省大概有 24 所专科学校降分录取,即使降分,学校也有可能录不够,后来学校想办法招到了 400 人。这边学习环境相对于其他大专院校有一定的差距。那些通过高考进入职业学校的学生来校后就淹没在专科五年一体化及武校其他专业的学生之中,他们入校后思想压力往往比较大。学生被录取后,很多家里有条件的就开车过来看看环境,还有一些来这上了一段时间就转学了。

(二)就业堪忧

嵩山少林武术职业学院培养学生的主要目的就是推广汉语。对汉语推广而言,英语是桥梁,武术是手段,目的是吸引外国青少年学习汉语和中国传统文化。现在职业学院开展的活动大部分是与国家汉推办合作开展的。学习汉语专业的学生,英语相对不好,职业学院会强化英语教学。华北水利水电大学对联合办学非常重视,要求塔沟武校这边学生的外语课必须由华北水利水电大学亲自教授,领导宁愿多招几个外语教师,也不愿让学生与本部的水平拉开。他们要求两语一武,在登封主要学习基础课,特别是武术。武术课教师由塔沟武校的优秀教练担任。比如 2007 级 90 多个学生,30 个人一组,现在已经学完了两三个套路。他们一般每周学习三个下午,每次时间大概一个小时。学校管理人员认为将来本科毕业生就业会好一些,不过现在就业压力大,情况也不容乐观。教师也会鼓励学生做好考研和找工作两手准备。

(三)师资匮乏

民办学校要留住人才必须在待遇方面高于普通高校。现在教师来这工作不用签订合同,这样教师来去不受约束。目前教师大都是把这里当成一个过渡,要么考研,要么借机寻找更好的工作。比如现在评职称,教师必须发表论文,版面费比较贵,这点工资根本就无法支付,职业学院自己有个内部刊物,不算省级期刊。目前评助教还比较容易,评讲师就很难了。教师都是干着走着,对职称概念很模糊,在这边待几年和普通高校教师的差距就拉开了。今后民办学校在师资方面必须加大投入力度,不然很难维持师资。这个学校还有一个困境是它的地理位置,虽然登封自然风景不错,但这个县级市却限制着学校的发展,专科院校培养应用型人才,需要专业培训,在登封很难找到行业专家,而在郑州这样的大城市就很容易找到,这就影响了学校的教学质量,限制了学校与社会的结合。华北水利水电大学的教师来这边代课的费用是一节70元,这样的标准教师都不想来,因为在郑州也是这样的待遇,而且来这里上课路途遥远,往返既占用时间,又承担风险。

五、"少林"品牌建设有待统一规划

少林武术是武术文化在登封的重要代表,也是登封、河南乃至中国文化的代表。少林武术本身就是一个文化品牌。随着少林武术被列为世界非物质文化遗产,登封各界都开始重视对少林武术文化品牌的开发,纵观这几年的发展,虽然取得了一定的成绩,但社会各界对少林武术的品牌开发缺乏统一规划,并没有形成合力。首先,少林寺虽开始注重对自身品牌的保护,例如少林寺对"少林""少林武术"商标的注册以及成立现代化的公司对少林寺进行企业化运营等,但是这些商业化的手段在社会上也引起了非议,这对少林品牌的建设会产生较大的不利影响。登封武术馆校众多,而且纷纷打着少林寺的旗号,但是在实际的教学内容中,少林武术所占分量却很少。很多学生来登封习武都是冲着少林武术的名气而来的,但是武术馆校的教学却以竞技武术为主,这无疑对"少林"品牌有较大的影响。对于政府而言,他们更加看重的是少林武术文化的平台作用。早期,政府借助于少林武术节的举办,对城市进行了宣传,也促进了文化和经济交流。随着登封的发展,政府逐渐淡化了对少林武术节庆活动的兴趣,在举办过两届世界传统武术节之后,登封就没再举办过少林武术节庆活动,这对少林武术文化的品牌建设也产生了巨大的影响。因此,登封社会各界对少林武术文化品牌的开发缺乏统一规划,未形成合力。

六、登封的武术联赛体系尚需进一步完善

体育赛事活动或体育比赛是体育的基本表现形式。从登封武术竞赛的发展可见,随着市场经济的发展,体育比赛与其他社会公共产品一样,从过去单纯地由政府或民间组织向社会提供无偿或公益性的服务,而逐渐成为一种商品。但相比武术教育、武术旅游等产业的发展,登封的武术竞赛业发展相对滞后。登封拥有较大的武术竞赛市场,今后应从组建业余武术联赛入手,逐步健全职业武术联赛,进而促进武术竞赛业的发展。健全的联赛体系是武术竞赛业得以发展的基础。通过对登封武术竞赛业的分析,可以看到其竞赛水平和举办的赛事活动都在一个很高的层次,却没有形成各级别的武术联赛。这也

许是登封武术竞赛业没有得以市场化的根本所在。联赛一般包括业余、半职业以及职业比赛,可以分为本地域和全国联赛。而参赛队伍多以俱乐部的形式。登封竞技武术的主体多为武术馆校而武术赛事活动的参加主体则更加多样。登封本地拥有较大的武术竞赛市场,完全有基础形成各级别的武术联赛。但是由于武术馆校的发展重点多在竞技武术方面,缺乏举办业余与职业武术联赛的兴趣,因此登封武术联赛一直没有得到发展。现今,很多大城市如上海、北京、南京都有自己的业余体育联赛,其发展主要以兴趣爱好为基础,是非赢利性的。登封今后应注重武术业余联赛的建设,因为登封民间自身拥有厚重的武术积淀,而武术馆校则有众多的学生,登封完全有能力和条件发展好业余武术联赛。业余武术联赛的发展、壮大则为职业武术联赛的发展打下了坚实的根基,进而促进登封武术竞赛业的发展。

第三章 武术在登封的精神特质

文化社会学认为,在文化诸层次中,精神文化是对人类影响最近、最直接的因素。武术是中华民族传统体育的精华,是中国传统文化的重要组成部分,被视为中国的"国粹"。在登封,武术不仅在传统社会声名显赫,在现代社会更是发展迅猛。武术在登封发展的精神特质无疑是研究中国传统精神文化现代转型的典型个案。武术在登封的发展植根于登封地区乃至中原地区丰厚的文化土壤,其精神特质体现在朴实实干、兼容并蓄、敏于适应等方面。

第一节 朴实严谨:登封文化的实学精神在武术中的显现

武术是一种纯粹的民间文化形态,保留着原始古朴的风貌和浓郁的地域特色①,武术所在地的文化对其发展影响巨大。武术在登封的发展离不开中原文化这个大环境。登封市位于中岳嵩山南麓,东临省会郑州,西接古都洛阳。其境内的嵩山是中国古代文明的重要发祥地之一,在中原文化区中占有举足轻重的地位。区域的文化对人们的心理、性格、行为有着深刻的影响,不同区域的文化特质不仅造就了人们的特殊习性,而且一定程度上决定着人们的价值取向②。登封文化属于中原文化,其文化中的武术自然具有中原文化的特色。中原文化源远流长,实学文化是中原文化的重要组成部分。实学精神以崇尚实体并务求实际、实事、实行、实功、实用、实效为基本特征。中原文化中的实学精神是在先秦孕育,汉唐酝酿,宋元形成和发展,明代达到鼎盛并加以丰富的。先秦孕育期实学精神突出地表现在墨家学说中。汉唐时期的酝酿阶段以东汉张衡的自然科学、中唐韩愈的排佛兴儒等文化现象为代表。宋

---

① 路志峻、李金梅:《论非物质文化遗产与体育文化的传承》,《体育文化导刊》2006年第12期,第20页。
② 刘魁立:《从人的本质看非物质文化遗产》,《江西社会科学》2005年第1期,第97页。

元时期中原实学文化的形成和发展以二程洛学明确提出实学概念并力倡实学、元代许衡践行实学之风为标志。明代是我国实学思潮的鼎盛时期,也是中原文化实学思潮的辉煌阶段。至现代,中原实学精神产生了新的转型,并融入了新的时代精神之中。具体到武术文化在登封的发展中,实学精神则表现为朴实无华、严谨实干。

一、朴实、严谨是少林武术重要的技术风格

武术技术的特点是武术精神的具体体现。登封自古乃兵家必争之地,而发源于少林寺的少林武术一直是寺僧保卫寺院和国家的重要手段,其风格则更加务实、严谨,少了一些花拳绣腿的脂粉气,而多了许多大丈夫战场厮杀的朴实、豪迈,其每个动作都是根据实战的需要编成的,像黑虎拳、炮拳等。少林拳朴实无华,注重技击,立足实战,套路短小精悍,严密紧凑,突出一个"打"字,反对花架子。身之收放,步之进退,手之出入起落,一气合成,手法简洁,干脆利落,清晰明了,皆服从于"打",攻守兼备,吞吐相合,刚柔相济,虚虚实实,招招式式非打即防。

二、朴实、实干是登封民办武校的办学理念

民办武校是武术在登封发展的重要文化形态,它的一些运营特点也必然是武术精神文化的反映。以塔沟武校为个案,2008年奥运会开闭幕式上的少林小子给海内外观众留下了深刻印象,这些少林小子均来自塔沟武校。截至2008年,塔沟武校已经连续5年参加春晚演出。塔沟武校为什么能有如此发展?从它的发展历程来看,这与其朴实、实干的办学理念不无相关。少林塔沟教育集团由塔沟武校发展而来,始创于1978年,30年间从一个民办武校发展成了辖塔沟武校、嵩山少林武术职业学院、少林武术国际教学中心、少林中等专业学校、少林中学、金塔汽车驾驶学校、塔沟武校青少年体育俱乐部7个教学单位的教育集团。塔沟武校从创建以来一直秉承着朴实、实干的精神艰苦创业。塔沟武校很少进行对外宣传,坚信"酒香不怕巷子深"的理念,这体现在学生训练、学校运营等各方面。日记中有对学生训练的描述,这里不再赘述。

朴实、实干的办学风格体现在教学中就是学生过硬的技术,塔沟武校在武术竞技方面一枝独秀,已涌现出国际级比赛冠军59位、全国冠军193位。朴实、实干的日常训练是塔沟武校学生取得优异比赛成绩的保证。在竞技水平的光环下,各地学子蜂拥而至,近些年塔沟武校在稳定武校发展的同时,开始向集团化发展迈进,朴实、实干的原则则贯穿始终。

三、严谨的传承标准是登封民间武术得以世代传习的保障

"天下武功出少林",少林武术是嵩山少林寺僧长期研练成的一门武术流派,逐渐传到全国各地。少林寺附近的村庄,自唐以来,各代传练少林武术不断。据史料记载,少林武术依前人所传共有 360 余门,但由于少林寺在 1500 多年历史中频遭战火,因此武术种类散失严重,目前仅有 100 多种在少林寺保存流传。有相当多的套路和功法随着历代少林寺僧到乡间避祸而传给了俗家弟子,保存于民间。"传男不传女,传有德之人,不传无德之人,不传无根基之人",一些老拳师现在依然恪守这些原则,如果找不到合适的传承人,宁肯让功夫烂在肚子里也不愿传授。虽然严谨的传承标准使得民间武术在现代的传承遇到了一定的困境,但是也应看到也许正是由于其严谨的传承标准,才使少林武术传承人具有优良基因,才使少林武术世代相传,生生不息。登封民间武术的传承充分体现了武术文化中严谨的精神特质。

第二节　开放融合:登封文化的包容精神在武术中的彰显

兼容并蓄、开放融合是中原文化的特点。中原文化通过经济、战争、宗教等众多渠道,吸纳了周边多种文化中的优秀成分,实现了物质文化、制度文化和思想观念的全面融合与不断升华①。正是中原优越的地理位置,使她得以获取东西南北的文化百川;正是你争我夺的历史命运,使她得以映射出九州方圆的文化投影。比如,世界其他地区的宗教基本上都具有排他性,但是作为外来宗教的佛教传入中原,却被本土的儒道文化接纳,成为中原文化和中华文化的重要组成部分。登封文化是中原文化的浓缩版,是其微缩景观。登封地处中原咽喉,文化便于交汇、融合,这表现为二程在嵩阳书院的讲学,道家、释家在登封的汇通。登封地域文化可以概括为:一文一武,一天一地,一佛一道。所谓一文就是儒家学府嵩阳书院;一武指的是少林武术,已经名扬四海了;一天是指这里是天心地胆,这里有观星台,为九州之中;一地指这里是天然的地质博物馆,有很高的科学价值;一佛指的是禅宗祖庭少林寺;一道指的是道教圣地中岳庙。多元文化集中在这样一个地域,而且个个经典,这种现象在全国也不多见。

---

① 杨翰卿:《论中原文化及其精神》,《学习论坛》2004 年第 10 期,第 67~69 页。

一、从少林武术的技术形成看兼容并蓄、开放融合

从少林武术的形成来看,民间武术是其发展的土壤。一方面,少林武术在保家卫国、护院的斗争中积累经验;另一方面,少林寺作为寺庙,使得一些民间高手为躲避世俗的惩罚或逃离世俗痛苦而遁入佛门,久而久之使得少林武术在吸收了民间众多拳械技术后,在禅宗思想、修行模式和哲理的影响下发展成为内容丰富、技术全面的一大流派。这充分体现了兼容并蓄、开放融合的特点。现代社会需要与传统社会已大大不同,武术逐渐退出了战场,健身功能开始彰显。以少林武术为例,其依然秉承兼容并蓄、开放融合的风格,从以技击为主要特点,逐渐向表演、竞技、健身等多重风格拓展。例如,为了应对以奥运为主体的现代竞技体育体系,少林武术在保持原有技术特色的基础上,积极向竞技化迈进。武术表演是新兴的武术产业,其社会效益与经济效益都非常大。为应对社会需要,登封于20世纪90年代开始,塔沟武校、鹅坡武院、小龙武院等知名武校组织武术表演团队,常年在国内外进行巡回表演①。这些武术表演逐渐与文化,艺术(舞蹈、杂技、戏剧、影视、体操)相结合,实现了灯光、舞美和音效的舞台包装,形成了一道道绚丽的文化大餐。这些学校专门开设了武术表演专业,表演专业的学员平时在练习传统少林武术技术的同时,还进行专门的适用于舞台表演,经过改编的少林武术套路训练。少林武术技术向竞技化、健身化与表演化的转型充分体现了武术文化兼容并蓄、开放融合的精神特质。

二、武术形态在登封的现代转型体现了兼容并蓄、开放融合的精神

文化都离不开一定的形态。因为从本质上讲,文化创造是人类对外部世界的一种价值思维的肯定②。对于武术文化形态在登封的发展而言,改革开放后武术在登封的发展并没有像一些传统武术之乡一样按部就班地发展,而是融合了时代的气息,向多元方向发展。电影《少林寺》的热映,掀起了全球少林武术的热潮,使少林武术名噪海内外。20多年来,众多国内外武术爱好者相继到登封——少林武术的发源地习武健身。登封利用这个契机,专门从事武术培训的武术馆校如雨后春笋般应运而生。经过多年的发展,登封市武

---

① 《登封打造中国功夫之都 让少林武术文化传播全世界》,新浪网,发布日期:2008年12月5日,http://news.sina.com.cn/o/2008-12-05/041114832580s.shtml。
② 马广先:《简论中原文化人文精神的时代价值》,《安阳师范学院学报》2007年第3期,第146~148页。

馆校从小到大,从少到多。2007年,登封市有各类武术馆校76所,在校学员5万余名,成为中国、亚洲乃至世界上最大的武术训练基地①。武术在登封的发展已经向以武术馆校为主体的武术技术培训、武术表演、武术旅游、武术文化、武术教育、武术健身和武术用品制造等形态演变。武术形态在登封的转型充分体现了武术文化在登封兼容并蓄、开放融合的特点。

三、《禅宗少林·音乐大典》的运营是兼容并蓄文化精神的现实体现

事物的发展动因是社会的需要,少林武术也不例外。在其产生发展时期,动因是统治者崇佛、尚武的需要;当今进入高科技现代化武器时代,武术就自然退出了战争的历史舞台,但其健身、教育、娱乐、经济功能却顺应了社会发展。武术在登封的发展就是结合了时代需要,在保持本色的前提下进行适当的调整,使传统文化与时代需要相结合,才得以发展、壮大。其中最突出的个案就是《禅宗少林·音乐大典》的创建、运营。距嵩山少林寺7千米的待仙沟,原本是一个荒凉、险峻的峡谷,经过梅帅元的打造,如今变成了传统山水画般的"峡谷实景剧场"②。古老的少林文化激发了著名音乐家谭盾的灵感,他在这里创作了以自然为乐器、以流水为琴弦的"有机音乐"和"绿色音乐"。《禅宗少林·音乐大典》项目搭建了演艺业和旅游业共生共赢的桥梁。大量游客在夜间看演出,要在这里饮食、住宿、旅行、购物,从而形成了一个新型的文化产业链条。这个项目的策划也体现了政治、文化、旅游、体育相融合的创新模式,体现了武术在登封兼容并蓄的精神特质。

第三节 敏于适应:登封文化的自强精神在武术中的展现

登封地处嵩山脚下,居于洛阳与郑州之间,是儒释道三教合一之地,自古就是文化交流的圣地、兵家逐鹿的要塞。敏于适应、勇于创新是登封文化的精神特质,也是中原文化的核心特质。中原文化能绵延数千年,在于其自我继承的同时,又不断地创新发展,这也是其生命力之所在。回顾历史,我们可以清晰地看到,每一次华夏民族得以凝聚、统一都源于中原文化一次又一次的重

---

① 《河南功夫娱乐产业:趁着东风兴起》,商都网,发布日期:2007年9月19日,http://news.shangdu.com/category/10003/2007/09/19/2007-09-19_780790_10003_1.shtml。
② 王斌、朱雄全:《中国文化创意产业的一次"顿悟"——写在〈禅宗少林·音乐大典〉一周年之际》,《经营者》2007年第22期,第39页。

光,中原文化总能成为当时人们物质、精神生产焕发如新的内在凝聚与驱动的要素之一;我们也看到,中华民族的每一次动荡与分裂,都充分包含着中原文化与不同文化的激烈碰撞与融合,中原文化总能不断地调整好自身,选择不同的融合方式对自身加以改进。在中原文化的发展中,既有盛唐时期,作为当时高度先进文化所表现出的文化交流的繁荣,例如与中东阿拉伯文化、日本扶桑文化、中亚文化的交流,也有五胡乱华、五代十国时期,在不同文化的冲击下,中原文化的结构调整与修正所表现出的战乱与国家分裂。从整体来看,每一次社会动荡都是为中原文化的再次复兴做思想准备。[1] 勤劳勇敢、自强不息,是整个中华民族的写照,同时也是河南人民的象征。中原儿女用自己丰富的实践创造了灿烂的河南传统文化,反过来看,灿烂的河南传统文化则昭示着勤劳勇敢、自强不息的民族品格。

一、登封民办武校的发展体现了敏于适应的文化精神

登封的民办武校大都是社会力量办学,其运营不像普通学校旱涝保收,而是往往随着市场的波动而振荡。民办武校的运营怎样兼顾经济效益和社会效益是摆在民办武校领导层面前的一个重要难题。当然也可以从民办武校的运营特色看出武术文化在登封的精神特质。从20世纪80年代的重武轻文到90年代的半文半武、文武双修,再到如今的以文为主,以武为辅,可见登封民办武校根据武术发展形势和市场要求制定具体方针的原则。

市场将民办武校与社会紧密联系在一起,社会需要对民办武校的运营起到了决定性的作用。与普通学校相比,民办武校适应社会需要变化的步伐更加迅速。民办武校发展初期,社会需要集中在对武术教练的需求,随着近几年的发展,需求向多元化转变,武校就顺应时代的需求,通过开设不同专业、增加文化课的教学量、加强宣传力度、与就业单位积极沟通等手段进行大胆创新、积极适应。登封民办武校体现的敏于适应、勇于创新是武术文化精神特质的又一表现。

二、少林武术的发展历程体现了敏于适应的文化特点

武术在登封从传统社会到现代一直处在不停的变迁之中,但是,内在的精神却是连续的。以少林武术的发展为例,其发展总是能跟得上时代的潮流,总

---

[1] 马广先:《简论中原文化人文精神的时代价值》,《安阳师范学院学报》2007年第3期,第147页。

能根据社会需要进行适应、创新。产生时期政府出于崇佛的角度进行提倡,少林寺获得大量的赏赐;隋末天下大乱,少林寺训练僧兵武装。隋末昙宗等十三人辅佐李世民战胜王世充。战后李世民对少林武僧的义举大加封赏,少林寺因此以武显于世。金元统治者为巩固其政权,强化民族压迫。为防止反抗,禁止民间结社习武。但是少林寺却得到了元廷的大力推崇,使之成为拥有至高无上地位的佛教寺院。明朝朝廷经常征调少林僧兵出征御敌平叛,少林寺和少林武术再度得到恢复和发展。清初之后武僧练武由公开变得隐蔽,少林武术在社会上的声誉却更加显著,流传更加广泛。民国时期少林寺虽然已没落,但少林寺僧仍保持习武的传统,少林武术在社会上进一步流传,尤其是登封、偃师等地,少林武术已经植根民间,并成为少林武术的重要传播地①。现今社会,人文主义得到提倡,弘扬中华文化成为时代主题,武术健身、防身、修身的功能得到了宣扬。社会需要的改变给传统武术带来了巨大的冲击,少林武术并没有像一些传统武术一样故步自封,而是表现出强有力的适应性和创新性。少林武术的功能也发生了巨大的变化,由过去的以格斗、搏击为主,转变成强身健体的体育运动,并得到了广泛的普及和推广。20世纪80年代,随着电影《少林寺》的热播,国内外喜爱少林武术的人日益增多。一时间游客接踵而至,武校遍地开花。这些年,在少林寺与武术馆校发展的基础上,登封还出现了《禅宗少林·音乐大典》这样的现代化商业文化模式。而且少林武术进入了登封的中小学,还被列为宝贵的文化遗产而得到了国家和社会的重视。近几年少林功夫被列入了中国第一批非物质文化遗产名录,少林寺更是借此机会对少林功夫进行了大量的宣传。从少林武术在登封的发展历程可见,少林武术虽然从文化形态上处在不停的变迁之中,但其内在的敏于适应的精神特质却是世代相传的。可以说,武术得以在登封地域持久地保持旺盛的生命力,这种精神特质起着决定性的作用。

三、从少林拳进入登封中小学看敏于适应、勇于创新

武术是中原特有的文化之一,弘扬传统武术、让武术文化发扬光大,需要雄厚的基础,学校在这方面有着独特的优势。如果学生从小就接受武术文化的熏陶,感受武术文化的魅力,接受一定形式的武术培养,对传承和发扬中原特有武术文化、扩展武术的名牌效应有着非常深远的意义。因此,登封市教育

---

① 释永信:《少林功夫》,华龄出版社2007年版,第91~95页。

局和体育局各级领导通过认真的研究和精心准备,分阶段地将少林拳引入登封中小学教育。首先,简化少林拳,经过试点和专家论证,使得少林拳易于被学生接受;其次,制作简化少林拳的光盘、挂图和有关教材;再次,分期组织,集中培训,使全市每所小学都有一名体育教师得到先期培训;最后,分步骤进行,先在市区小学进行推广,进一步积累经验,再在各县区进行推广。在登封市成功将少林拳引入中小学之后,少林拳更是在郑州市得到了全面普及。广大青少年是国家的未来,他们的成长需要健全的体魄和民族精神的哺育,把蕴含民族精神的武术纳入学校体育课堂之中,是培养和激发青少年民族自尊心、自信心、自豪感的有效手段,是一项大胆的创新,是对现代社会的积极适应,充分体现了敏于适应、勇于创新的武术文化精神特质。

第四章 当代武术在登封的功能

"功能"是各文化要素在动态联结的整体之中的相互作用及其价值和意义。文化社会学功能学派认为文化的价值是直接或间接地满足人类的需要。马克思认为人的本质是社会关系的总和。而人对体育的需要不是由人的自然属性决定的,体育是人的创造性需要,是人有目的的自觉活动。因此,体育的产生与发展是人社会性需要的产物,受到一定社会历史经济条件的限制。武术是体育的一种,人们对武术的需要自然也受到社会历史经济条件的制约。武术在登封古已有之,它之所以能一直沿革到今天而没有被历史淘汰,必然有其存在的价值。在登封不同的历史时期,人们为了满足社会需要不断地对武术进行着创新。在封建社会,人们对武术的需要集中在军事、教育、健身等方面。在现代社会,生产力高度发达,社会环境相对稳定,在基本生活需要和安全需要得到满足后,人们对武术的需要开始向健身娱乐、教育、社会整合等方面分化。文化社会学功能学派的观点非常适宜解读武术在登封存在的功能。本章将从娱乐、经济、教育、社会等方面分析武术在登封的功能。

第一节 武术:登封居民休闲娱乐的挚爱

当代社会高度发达的生产力创造了充沛的物质资源,促进了人们生活水平的提高。交通的便捷、生活服务的自动化以及体力劳动的减少、脑力劳动的增加,致使人们与自然生活逐渐割裂开来。随着生活质量的提高,人们在满足基本需求之后,自然对休闲娱乐产生了需求。特别是当今社会,人们工作生活压力加大,在业余时间对休闲娱乐的需求更加强烈。此外,生产效率的提高也使得人们的工作时间在缩短,例如,我国自1995年开始实施每周双休制,之后开始实行国庆、"五一"及春节长假制度,虽然后来进行了些许调整,但总体而言人们的余暇时间在增多。余暇时间的增多为人们从事健身活动提供了时间保障，这也是体育运动开展的前提条件之一。而且随着我国步入小康社会，人们的生活观念也在变化，由以前"工作第一"的理念开始向现在的休闲娱乐转化，休闲娱乐逐渐成为社会各阶层竞相追捧的时尚。这时，武术的休闲功能就显得尤为珍贵。而武术活动除了具有一般体育项目的休闲娱乐功能①外，还具有自身独特的审美价值，能使观众和参与者投入其中，获得快乐。登封拥有厚重的武术传统，在现代社会仍然拥有广泛的群众基础。在这样的背景下，以休闲娱乐为目的的武术运动逐渐成为登封城乡居民的挚爱。在登封，人们主要是通过武术欣赏和参与武术活动两种方式来满足对武术的娱乐需求。

一、人们对武术的娱乐需求日益强烈

娱乐性是人社会属性的重要特征。从动物的无目的、本能的嬉戏到人的有目的、有意识的体育休闲娱乐活动，就是"人"的生物性渐弱、社会性渐强的过程②。文化休闲娱乐可能蕴涵着人在职业劳动之余可享受的另一种文化的体验与创造，是多重内容构成的生命状态与行为方式。马克思也关注到休闲娱乐对人的重要性，他在1862年完成的《剩余价值理论》中指出人们拥有用于休闲娱乐的可自由支配时间，也是有真正的财富。③ 我国体育与休闲娱乐文化相互关联，可以追溯到人类远古时期。然而，体育的娱乐功能却一直为人们所忽视。我国作为娱乐性质的武术表演早已有之，唐朝之前其发展局限于宫廷，角抵就是这一时期重要的表演项目之一。唐代之后，武术表演开始在民间普及，特别是在宋代，在"瓦舍"、闹市、街头、广场、集市，武术表演都随处可见。在明朝，"走会"的出现更是把江湖艺人的武术表演推向高潮。虽然武术表演在古代有一定程度的发展，但是其发展规模毕竟有限。因为自由支配时间、一定购买力以及自主选择的能力和休闲态度是人们进行体育休闲娱乐活动的三个必要前提④。而我国古代长期处于封建社会，农民是社会的主体，由于不发达的生产力，使得大部分农民的基础生活需要都无法得到满足，因此在古代的

---

① 全国体育学院教材委员会：《体育概论》，人民体育出版社2005年版，第97、101~102页。
② 张义飞：《从动物的嬉戏到人类的休闲——体育休闲娱乐足迹的人类学探析》，《体育文化导刊》2006年第8期，第43页。
③ 吴文娟：《娱乐经济：新世纪的经济增长点——上海文化休闲娱乐产业发展探析》，《社会科学》2005年第3期，第121页。
④ 蔡军、苏明理、张敏灵等：《西安市体育健身休闲娱乐业发展趋势研究》，《西安体育学院学报》2007年第1期，第46页。

很长一段时间里休闲被认为是少数特殊阶层的奢侈之事①。随着现代科学技术的迅猛发展,人们的生活质量得到了改善,再也不用为温饱发愁,特别是农业税的免除,大大减轻了农民的生活负担,他们可以拥有更多时间和精力用于休闲娱乐。国际上常用恩格尔系数来衡量一个国家和地区人民生活水平的状况。根据联合国粮农组织提出的标准,恩格尔系数在59%以上为绝对贫困,49%~59%为温饱,40%~49%为小康,30%~39%为富裕,低于30%为最富裕。据2007国家统计局公布的资料显示,河南农村居民家庭恩格尔系数为38%②。而据郑州市统计局官方网站公布的数据显示,郑州市县域农村居民家庭恩格尔系数为38.8%③。从恩格尔系数来看,登封已进入富裕阶段。研究表明,当恩格尔系数达到50%以下时,娱乐消费可呈现稳定的持续性增长趋势。在人们基本生活无忧的前提下,登封城乡居民对武术休闲娱乐的需求日益强烈。而物质文明和高科技的发展更是为职业娱乐体育的发展提供了广阔的平台④,武术竞赛表演业在登封更是得到了空前的发展。

二、满足登封居民武术运动的娱乐需求

身体参与是体育运动的本质特点之一。武术作为体育运动的一部分,自然也具有这个特点。人们通过参与武术运动,会在身体参与的过程中,体会突破自我、与同伴配合等独特的体育美。尤其是在现代社会,休闲娱乐成为了人们生活的重要组成部分,武术的娱乐功能更是得到彰显。从事武术运动可以让人们从繁忙的工作中解放出来,消除日常生活中的紧张感与拘束感。人们在获得娱乐的同时,精神也可以得到振奋,更能全身心地继续投入到日常工作之中。特别是一些传统武术,崇尚与自然和谐,让人们在运动的过程中舒缓心情、获得娱乐。如太极拳可以使人悠然自得、乐在其中。武社是登封的民间组织,近些年其发展虽然有下降的趋势,但是在登封的一些乡村中仍然在开展。无论是演出者还是观众,都在武社精彩的表演中挥去了日常生活的烦恼、获得了愉悦。在登封的城市社区中,居民是通过自发或者是参加体育俱乐部的形

---

① 胡小明:《休闲理论与体育的娱乐化》,《体育与科学》2005年第4期,第11页。
② 唐炎、虞重干:《论农村体育走向持续发展应树立的行动取向》,《体育科学》2009年第9期,第82页。
③ 《快速发展的郑州市县域经济》,郑州统计信息网,发布日期:2007年10月11日,http://www.zzstjj.gov.cn/tjww/tjfx/webinfo/2011/12/1323917828747498.htm。
④ 苏肖晴:《21世纪中国休闲娱乐体育发展趋势》,《中国体育科技》1999年第9期,第48页。

式,在工作之余积极从事武术运动。而在乡村,村民通过日常自发习练以及参加武社等方式从事武术休闲娱乐活动。总之,随着生活水平的提高,登封居民习武健身的热情日益高涨,而这些需求正是通过参加这些自发的或有组织的武术活动得以满足的。在这样的前提下,武术的娱乐功能得到发展。登封武术的发展很好地满足了乡村居民、城市居民和外地习武爱好者武术娱乐的需求。

三、满足登封居民武术的审美需求

武术运动具有造型、技术、节奏等方面的美,特别是武术表演更将武术的美感发挥到了极致。人们通过观赏武术运动可以获得身心享受。尤其在生活节奏加快、生活压力巨大的现代社会,武术的这种休闲功能更加凸显,武术表演业在登封得到了飞速发展。塔沟武术更是连续多年在春节联欢晚会的舞台上大展风采,并参与了北京奥运会的开幕式和闭幕式演出。近几年出现的《禅宗少林·音乐大典》更是立足武术娱乐功能开发的典范。除了武术表演欣赏以外,武术比赛欣赏也是武术审美的一种。激烈的武术比赛可以满足人们欣赏武术的需要。登封武术的竞技水平在全国首屈一指。之前介绍过,登封武术的竞技人才集中在几个大武校之中。特别是少林塔沟教育集团,近些年培养出了众多高水平的武术运动员,在全国和世界比赛中屡创佳绩。特别是在 2008 年奥运会上,其学员张帅可更是夺得了男子散打 56 公斤级金牌,为祖国争得了荣誉。观看武术比赛,可以满足武术爱好者的审美需求。登封培养出的众多武术运动员是登封市民的骄傲,他们参加的比赛,自然会吸引登封本地居民的注意。众多的观众参与,加之武术比赛创造出的松弛、自由的氛围还可以促进社会力量的结合,增强社会凝聚力。总之,近些年武术的娱乐功能发展势头迅猛,满足了人们武术欣赏的需求。

第二节 武术馆校:登封教育的重要补充

教育功能是武术的基础功能之一,无论在封建社会还是近代,都为人们所重视。当代社会武术的教育功能更是得到了社会和国家的认可。登封的武术教育组织主要是普通学校以及武术馆校。普通学校受教育的学生主要是本地青少年,而武术馆校的学生则来自登封本地、河南省其他地区以及省外。(见图 4-1)根据 2009 年对登封武术馆校的调查,来自本地的学生占总体的 25%,

图 4-1 武校全托班的小学员

来自河南省其他地区的占 64%,而来自省外的占 11%。可以说登封武术的发展,满足了登封本地、河南省其他地区以及外省青少年学习武术的需要。武术的教育功能主要体现在技能教育、传统文化教育和弘扬民族精神方面。

一、满足人们学习武术技能的需求

当代社会,武术逐渐从军事领域淡出,但习武防身仍然是武术的重要功能之一。而武术健身、娱乐等功能的开发也离不开武术技能的学习。武术教育可以满足人们的这些需求。从武术在登封的发展来看,武术技能学习的需求仍然是当代武术发展的重要功能之一。

二、提高青少年的道德文化水平

武术教育可以提高学生的道德文化水平,可以促进传统文化在青少年中的传承。一些家长送孩子来武校学习是因为武校管理比较严格。在这个宣扬个性的社会中,光靠打来教育孩子是没用的。武校对学生的管理更加强调道德氛围的营造。在武校的日常生活中他们会感到一种无形的约束力。学校主要通过日常行为规范和学生守则对学生进行约束。这些制度虽然看似和普通学校一致,但在执行力度和执行环境方面却有着本质的不同。武校一般都会要求教练与学生同训练、同生活。很多武校的教练一周至少要和学生生活在一起 5 天。这明显加大了教师的执行力。教练与学生朝夕相处也便于从生活方面入手影响学生。很多学生生活习惯的改变源自无家人依赖、榜样示范等原因。

在谈到对学生的管理时,一名武术管理人员介绍道:"现在很多学生在家行为不是很规范,来到武校,我们会采取一种长期系统的教育模式。首先进行军训,对学生的一些小毛病进行纠正,从一些训练着手,让他们融入集体,培养集体主义意识。比如叠被子,对叠得不好的学生进行通报,这就会激发学生的荣誉感。在卫生等方面也有评比。在老校区,学生在公共区域不允许穿拖鞋、袒胸露背,如有这个情况我们会在每周大集合时进行公开批评,这样反反复复进行,并且教师也会进一步对其进行教育。另外我们教育学生一定要勤俭节约。我记得以前我当教练时就教育孩子,父母供你读武校已经花了很多钱,因此不应该当父母千里迢迢来看自己的时候好好吃一顿或是让父母多拿些东西，而是应该多体谅父母，譬如，在食堂随便吃一些，这样父母也觉得孩子比较体谅他们。如果有些孩子做得不错，我们还会公开表扬。还有以前我带的孩子，父母一来看他们，他们就要请假去和父母睡在一起，我就教育他们，你现在已经是大人了，自己应该独立睡。有一次我带的一个学生父母来了，父母让孩子和他们一起睡，孩子不同意，父母问孩子是不是经常不见面不想父母了，孩子说自己长大了，可以自己睡了，父母很是感动，觉得孩子确实长大了。"这就是通过潜移默化的方式来纠正他们的行为习惯。可见，道德观念并不是通过教条的说教就可以形成的，而是在生活实践中培养的。现代社会武术的文化教育功能仍然存在。

而另一名武校的管理者则介绍了一个有趣的例子：

"一些学生来到武校行为就规范了，主要是受到潜移默化的教育方式的影响。中国传统文化讲究'一日为师，终身为父'，过去学武，师生关系浓厚。现在师徒关系淡化，学生来到武校是半军事化的管理，必须遵守规则，我们叫作洗脑，在家那一套必须放弃，教练代课压力很大，现在孩子娇生惯养，很难管理。以前孩子能吃苦，你打他、罚他，他都认可；现在学生不行了，而且学校也严禁体罚学生，教练打学生是要罚钱的。以前我学武的时候教练哪天不打我，我还以为教练不关心我呢！现在这种自主的教学方式并一定好。我有一个学生在美国办武术馆，教几十个学生，我问他教学怎么样，他说学生都是直呼其名，并且他们认为给你钱你就该教武术。有一次我的学生带了10个外国学生回来，我就觉得很不适应，这些学生对待教师就像普通朋友一样。还有一次几个外国人在我们学校学习武术，他们晚上喜欢喝酒，该熄灯睡觉的时候，还在宿舍大喊大叫，严重影响了其他学生的休息。我们几个教练就拿着棍子对其惩戒，他们在宿舍鬼哭狼嚎，我们给他们讲道理说，你们现在是在中国，要守中国的规矩，不能任意妄为。事后他们对我们的管理也很认可。现在中国学校片面地模仿国外的教学模式，但学生的自觉性还达不到国外的程度，我国升学压力这么大，一旦放松要求，学生很难自觉锻炼身体。"

之前介绍的多是学校如何执行规范对学生进行管理，下面来研究学生对学校这种管理方法的看法。"我们觉得武校的教学比家里一般学校要严格得多，普通学校管理和氛围令人更加放松自由。平时有一些比较捣蛋的学生，来到武校要是违反纪律，教练员就开会给他们讲为人处世的原则，要是他自己还不遵守，大家就都不和他玩了。这种气氛潜移默化地影响了他，使其必须慢慢融入到集体当中。""平时接触中,感觉来这边习武的对武术感兴趣的比较多,自己想练的比较多。刚来的时候我对这种训练方式不是很适应,不习惯天天训练,过了两个星期慢慢就习惯了。基本上早晨、中午、晚上除了上文化课就是在练习,每周就周日休息。"可见,学生对武校的这种管理方法还是比较认同的,因为这种严格的管理制度使其无论在学习和技术方面都有所提高。"当初来的时候主要是想来学技术,也没想太多,就是想着来这天天练武、健身、提高技术,很多人都说现在吃了这么多苦,将来到社会上就没有苦了。"从武术馆校的教学管理中可见到传统武术文化中的一些清规戒律,尊师重教的规则在现代社会还是有存在的价值的。

三、弘扬民族精神

武术的发展传承、发扬了中国传统文化中重礼仪、讲道德的优秀传统,例如,武术练习强调"习武以德为先"。而对"德"的提倡,可以培养青少年尊师、守信、宽容、严谨的道德情操。与此同时,习练武术是一个过程,相对于其他西方项目,它更需要耐心,这无疑对培养青少年坚忍的意志品质大有裨益,有益于人的全面发展。① 中国是个内向型的社会,而促成中国文明内聚性最重要的因素,也许是通称为儒家学说的道德准则。武术文化中提倡的"仁义礼智信"恰恰是儒家学说的道德准则,中国传统文化在维护社会和谐等方面仍然具有很强的现代性,而武术文化中蕴含的崇高的爱国主义精神也与当前我国学校思想道德教育的目的相一致。像我国的武术家霍元甲、岳飞等,他们的爱国主义精神在当前仍然对人们有较强的激励作用。因此,学校应该将武术文化作为思想道德教育的载体。不只是学校,社会、政府与家庭都应将传承武术文化作为弘扬中华民族精神的大事来办,促使青少年产生一种振兴民族文化的责任,从而主动地产生学习武术文化的欲望,这样武术文化才能真正地在青少年中得以传承。

第三节 武术:登封经济发展的助推器

在传统社会,武术也有一定的经济功能,比如保镖、市井武术表演等行业,但总体而言,经济功能并不是武术得以存在发展的主要功能。随着市场经济

---

① 蔡仲林、周之华:《武术》,高等教育出版社2000年版,第11页。

改革,武术也逐渐成为了一种商品。这时,武术的经济功能得到了发展,而且成为了武术的主要功能之一。武术的经济功能主要是通过武术产业自身与武术产业带动的相关产业发挥作用的。体育产业是指以体育劳务形式为消费者提供服务的产业部门①。从这个定义来讲,体育产业主要包括体育健身娱乐设施、运动竞赛和体育表演、运动训练、体育辅导、体育康复、体育教学与科研。而体育旅游、体育器材、运动服装的生产等按科学的产业分类标准来看,并不属于体育产业。武术属于体育,根据这一分类标准,从当代武术在登封的文化形态来看,武术产业可分为:(1)武术主体产业,即以武术劳务形式为消费者提供服务的产业部门。具体包括武术健身娱乐设施、武术运动竞赛和武术表演、武术运动训练、武术培训、武术教学。(2)武术相关产业,即从劳务形式来讲,其不属于武术产业,但与武术产业相关性较强。主要有武术旅游、武术用品生产等。从当前武术产业在登封的发展来看,武术教育产业还是主体。当然武术表演业的发展速度也相当迅猛,武术旅游产业的发展也日趋稳定。但是从武术产业的整体结构来看,武术竞赛业、武术培训业、武术用品业的发展还有很多不足。今后登封武术产业想要得到更大的发展,必须重视武术产业的整体优化。

一、武术在登封已经形成产业化发展

体育经济学认为体育产业形成要具备三个条件,即对体育产品的需求达到一定水平,向体育产品领域投资达到一定规模,体育运动达到一定水平。登封拥有较强的群众武术基础,电影《少林寺》的上映更使得登封武术市场从本地域拓展到全国乃至国外,因此可以认为武术在登封具备了第一个条件。向武术领域投入的经济资源达到一定水平,即武术服务的生产要能成为独立的体育产业,就必须具有一定的规模,必须有成为一项产业所必需的最低量的投入和产出。随着改革开放,登封的生产力发展到一定水平,具有相当的经济实力,国家和社会对武术日益重视,给予武术事业大量的财务和政策支持,武术领域获得了相当数量的经济资源。因此,武术在登封的发展具备了体育产业形成的第二个条件。武术产业的形成需要有一大批训练有素的教练员和技艺高超的运动员,能向观众提供具有观赏价值、能引人入胜的高水平竞技表演;有一定数量能指导群众进行健身、健美练习的教员和社会体育指导员。同时,

---

① 钟天朗:《体育经济学概论》,复旦大学出版社2004年版,第59页。

也需要有数量巨大的具有体育意识、体育习惯、喜欢从事体育活动的体育爱好者,以及喜欢观赏竞技运动的"体育迷""球迷"。登封自古是习武圣地,特别是登封的少林武术一直享誉武术界。千年的历史积淀,使得登封拥有一定的武术市场与武术人才;浓厚的习武传统,使得登封武术运动达到相当的水平和规模。因此,武术在登封的发展具备了第三个条件。总之,武术在登封的发展基本符合上述三个条件,可以说已经走向了产业化发展的道路。

二、登封武术产业形成的标志

作为一个已经形成,而不是处在萌芽状态和正在形成过程中的武术产业,至少应当有以下几个方面的标志。

(一)武术相关部门的独立化

我国古代就已有武术运动,但当时的武术运动还不是一种独立的社会活动,而是混生于狩猎、军事、文化艺术、祭祀和礼仪等活动之中,尚未独立分化出来。随着经济和文化的发展,当武术从上述活动中分化出来,成为一种独立的社会活动,武术工作成为一项社会职业,许多人专门从事武术服务劳动,武术服务独立化为一个部门时,武术才形成一个产业。改革开放前,武术部门在登封隶属体育系统和教育系统,并未出现独立化。改革开放后,武术管理部门即武术协会仍然隶属市体育局,而民间武术组织尤其是武术企业的独立化则较为明显:从原有的传统家庭作坊式逐渐向独立的企业转变。

(二)武术服务劳动成为一种社会职业

只有当武术工作成为一种社会职业,武术工作者的劳动成为职业性劳动时,体育服务才能成为一种产业。职业性劳动是具有专门性的劳动,劳动者不是偶然地而是较稳定地从事某一特定的工作。职业性劳动是以谋生为目的的,因而必须是有偿的、有收益的。在古代社会,很少有职业性的武术工作者,许多武术服务具有自我服务或义务性质。当然,也出现过例如江湖卖艺的职业,但其发展规模毕竟比较小,还构不成产业的标准。市场经济中,社会分工进一步加大,武术服务逐渐职业化。当武术工作成为一定数量劳动者的职业时,武术服务才形成产业。改革开放后,武术逐渐从业余性向职业化转变,而且职业分化明显。现今,出现了武术馆校、武术表演团体、武术用品公司、武术旅游公司等多种行业。

(三)武术服务劳动的多样化

体育作为国民经济的一个部门、一项产业,不仅应具有一定的规模,也应该是具有多种服务内容的一个系统,包括运动竞赛、体育表演、运动训练、体育场馆设施服务、群众体育辅导等内容。对于武术而言,其运动项目不应该是单一的,而应是多样化的。例如,在中国封建社会,可以归属于体育产业内容的主要是江湖武术卖艺、武术的开馆收徒和擂台比武。不但规模小,而且内容单一,因此很难说形成了产业,充其量只能是武术产业的萌芽。但到了改革开放后,随着经济的发展、社会武术需求的增加、武术在登封的劳动者队伍的扩大,武术服务才逐渐成长为一个内容多样化、具有一定结构的系统,武术产业才得以形成。按照上述体育产业形成的条件和标志来衡量,20世纪80年代,武术产业在登封已具雏形,直到20世纪末21世纪初,才在政府的重视下逐步形成。

三、登封武术主体产业的构成

(一)登封武术教育业的发展

文化具有多层次的特性,纵观近几年武术在登封的发展,不仅其竞赛、表演的功能有市场开发的潜力,其教育功能也有较大的市场拓展空间。武术学校是以培养武术专业人才为目的,在学好文化知识的同时,根据武术专业人才业务规范的要求,系统学习武术理论,进行武术技术训练,并具备颁发学历文凭资格的武术教育机构①。自20世纪80年代以来,其办学条件、规模和管理体制已逐步趋于成熟和完善②。20多年来,众多国内外武术爱好者相继到登封习武健身,专门从事武术培训的武术馆校如雨后春笋般应运而生。2005年,登封市有各类武术馆校76所,在校学员5万余名,成为中国、亚洲乃至世界最大的武术训练基地。学员学费每年按1000元计算,每年可为登封市直接输入5亿元资金。在校学员每年可消费粮食750万千克,蔬菜、瓜果1125万千克,肉、蛋、奶、糖325万千克,服装20万套,运动鞋30万双,药品840万元,话费1200万元,学员亲属来登封看望消费2500万元。武术市场消费极大地促进了登封市交通、运输、餐饮、旅游等行业的发展,极大地带动了登封市的消费市场。武术馆校产业化发展的成功之处正是在于寻找到了传统教育与现代教育的结合点,这无疑是值得其他民族传统体育项目借鉴的。

---

① 李萍、姚丽华:《河南省武术学校学生状况调查》,《体育文化导刊》2004年第6期,第5页。
② 肖红征:《我国武术馆校理论教学与技术训练现状调查与分析》,《上海体育学院学报》2004年第5期,第52页。

(二) 登封武术竞赛表演业的发展

1. 武术竞赛业

体育赛事活动或体育比赛是体育的基本表现形式。随着市场经济的发展,体育比赛与社会中的其他公共产品一样,从过去单纯地由政府或民间组织向社会无偿提供,开始进行有偿交换,成为商品。我国体育竞赛业市场化的项目多以西方项目为主,民族传统体育项目较少,其中仅有围棋与象棋联赛开展得较好。象棋联赛的开展较晚,2003 年全国象棋联赛取代传统的全国象棋团体赛标志着象棋竞赛市场化改革的开始。在职业联赛发展的同时,近些年我国还出现了民族传统体育竞赛与电视节目相结合的文化形态。其中较为著名的是《武林风》与《武林大会》。登封市每年举办体育赛事活动都在 30 次左右,登封市众多的武校也为武术竞赛业培养了众多的武术人才。例如,《武林风》是由河南电视台主办,以武术比赛为主要内容的电视节目[①],其表演队伍多来自登封各大武校。

2. 武术表演业

与武术竞赛业更多借鉴西方体育竞赛产业的模式不同,武术表演业则更多地借助于文化产业的发展经验。随着现代社会的发展,特别是影视传媒业的发展,表演产业逐渐成为我国民族传统体育文化的重要形态。其中较有影响的是武术项目。随着电影《少林寺》的走红,武术表演逐渐成为一个热门行业。近年来,登封市武术演艺团体规模不断壮大,数量由 2002 年的 23 个迅速增加到 2007 年 72 个,增长 3 倍以上。而实景表演是近几年出现的武术表演形态,其中以登封的《禅宗少林·音乐大典》项目最为典型。《禅宗少林·音乐大典》以风景如画的世界地质公园嵩山为背景,运用精美的音乐、舞蹈艺术和先进的声光手段阐释禅宗文化和少林武功。自 2007 年 4 月正式演出以来,至今共演出 200 多场,吸引海内外观众 20 余万人,票房收入 300 多万元,显现出了良好的市场前景。

3. 武术节庆活动

武术节庆活动在改革开放前基本属于公益性活动。当然,由于参与者众多,也伴有商品交换行为的出现,但并不是主体。改革开放后,人们逐渐认识到武术节庆活动的市场价值,开始结合自身特点进行市场化探索。他们最初

---

① 张瑞青:《从武林风到武林大会》,《科技信息》2008 年第 33 期,第 596 页。

的目的多是维持自身发展,但随着规模的扩大,政府和社会逐渐认识到武术的经济价值,提出"文化搭台,经贸唱戏"的口号①。登封较为成功的案例是郑州国际少林武术节,其值得肯定之处就在于它成功地实现了弘扬民族传统文化和推动地方社会经济进步的良性互动。七届郑州国际少林武术节和首届全国武术少林拳大赛、世界传统武术节等国内外赛事的成功举办,为登封市引进资金50亿元,引进项目300多个,经贸总成交额100多亿元。特别是2000年以来,登封市武术事业和武术产业发展如火如荼,势头强劲,显示出前所未有的态势。可见,武术节庆活动的市场化发展更多地融入了文化的因素,而且更多地得益于政府的政策支持。市场化的内涵之一是转变政府的职能,政府更多承担社会管理与公共服务的职责。从登封的经验来看,当地政府在民族传统体育文化节庆活动中履行的职能在向政企分开、政事分开转变,这对节庆活动的市场化发展大有裨益。登封市关于武术节庆活动成功的运作经验之一是体育搭台,经贸唱戏。利用古庙会,传统节日安排侧重于娱乐性、趣味性的体育活动或体育节目,以烘托节日气氛,使节日多姿多彩、锦上添花。之二是政府组织,企业赞助。动员企业赞助体育活动,实行企业冠名制,通过举办活动,既宣传了企业,又树立了政府形象,达到互利双赢。之三是鼓励社会各界参与承办体育赛事。鼓励动员企事业单位、各单项体育协会等社会各界参与承办形式多样的体育活动。

四、登封武术产业的发展带动了相关产业的发展

(一)武术用品业的发展

体育用品制造业是指以体育用品为主要生产活动的行业。目前,体育用品制造业是我国体育产业的主力军,但其提供的产品集中在西方运动项目,针对我国民族传统体育项目的则较少。改革开放前,登封武术用品的生产基本处于自给自足状态。究其原因在于需求量不足,使得自然的手工生产即可满足供给。而随着市场经济的改革,习练武术的刀、剑等器材的需求量较大,这样武术器材制造业应运而生,随着市场的进一步壮大,逐渐向产业化发展。在登封,服装、武术印刷、武术刊物、武术影视制作、武术表演道具、武术药品、武术健身器械、武术旅游纪念品、武术奖品等武术产品生产加工和销售的厂商已

---

① 虞重干、张基振:《中国现代风筝运动及其对民间体育发展的启示》,《体育科学》2006年第1期,第14~16页。

达200余家,直接经济收入6000万元以上。当然,登封地区武术用品产业的发展与地区武术教育产业、武术表演产业及武术竞赛产业的发展不无相关。可见,武术用品业属于武术产业的相关产业,其自身的发展更多地依赖于武术主体产业的发展。登封的武术用品基本来自外地,只有塔沟武校有自己的武术用品生产厂。

（二）武术旅游业的发展

旅游产业的发展必须有一种具有吸引力的独具特色的旅游心理引导,其依赖于当地独特的自然景观和人文景观①。体育与旅游具有较强的相关性,武术也不例外。武术旅游资源依托于当地秀丽的自然风光、独特的风土人情和奇异的民俗风情,从多角度审视都有产业化发展的潜力。登封市组建了嵩山少林武术旅游公司,开辟了少林武术旅游热线,先期重点开发的四条路线基本上可以涵盖国内著名的武术圣地。目前,每年来登封旅游的武术爱好者都在50万人次以上,形成了一个看武术景点、购武术产品、住武术宾馆、吃武术餐饮、观武术表演、习武术技艺的一条龙产业。从表4-1和图4-2可见,2000~2006年,登封的嵩山景区接待人数增长势头迅猛,2006年达到413万人。除了2003年因为"非典"出现了小幅度下降之外,其余几年都在逐年增加。而从表4-1还可以看出,登封旅游还主要是内向型的,国内游客占绝大多数,国外游客只占1.8%~4.0%左右。可见,今后登封旅游业还有较大的发展空间。对于登封而言,武术旅游主要集中在武术景观的观赏、武术表演欣赏等方面。据登封体育局文件相关负责人介绍,少林武术每年吸引游客占登封旅游人数的40%以上。据不完全统计,登封市2004年各类武术馆校为中外游客进行少林武术表演8000余场次,接待中外游客30余万人次,武术表演创经济效益700多万元;少林武僧表演团常年进行国际巡回表演。少林寺景点的旅游是登封武术旅游的重要组成部分,据登封市旅游局尚主任介绍:"我们这边只有全市总体上的旅游数据,尤其缺少武术院校带来的武术旅游方面的数据,我们只是统计游客人数,社会效益则很难确定。从总体上讲游客人数一直在增加。少林寺的旅游经济收入一年也就是100万~200万元,这已经比其他景点的收入高很多了。"

---

① 韦晓康:《壮民族传统体育文化研究》,中央民族大学出版社2004年版,第214~247页。

(三)武术场馆服务业

体育场馆是体育发展的基础。场馆服务是体育产业的主体产业。近几年,武术场馆服务业才出现,标志着登封武术产业的发展向全面化、系统化迈进。中国嵩山少林武术博览中心投资6500万元建成,2008年5月进入全面运营;2008年建成以武术表演、比赛为内容,可容纳8000人的河南省一流综合性体育馆。以体育馆和少林武术博览中心为平台,运用市场化运作方式,承接国内外各类大型赛事活动,同时建设经常性、国际化武术表演和武术对抗舞台,充分发挥场馆功能,大力发展场馆经济。

表4-1 2000~2006年嵩山景区接待海内外游客统计表

年份	外宾人数(万人)	内宾人数(万人)	总人数(万人)	外宾人数所占比重(%)
2000	3.8	134.2	138	3.0
2001	4.2	164.8	169	2.5
2002	5.3	182.3	187.6	3.0
2003	2.2	119.2	121.4	1.8
2004	8.2	229.8	238	3.4
2005	11.62	308.38	320	3.6
2006	16.32	396	413	4.0

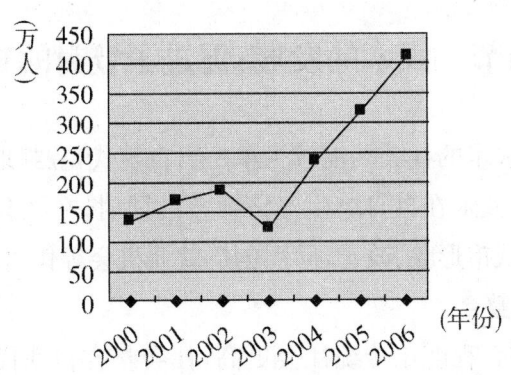

图4-2 2000~2006年嵩山景区接待总人数趋势图

(四)其他

武术学校与武术旅游的发展极大地带动了登封市交通、通信、餐饮等行业的发展,特别出现了以武术为特色的餐饮和茶社。以欢喜地为例,少林欢喜地(登封)有限公司是少林智业群中的全资子公司。"少林欢喜地"(见图4-3)是一个体味少林禅茶、静心修行、交流佛学的静谧之所,是少林寺联系游客和信徒的重要平台。为了满足不断增长的香客和游人的需求,进一步扩大与大众的交流和服务,特别设立了少林欢喜地,以方便更多大众了解和感受佛法精华,传承和发展中国少林文化。少林欢喜地将禅宗文化与武术文化相结合,开发了对现代人身心有益的产品。其产品合乎人体学的专业设计,本土与环保的自然选材,体现简约美学的视觉呈现,在潜移默化的东方禅意智慧中,让人们得到轻松、自在与欢喜的切身体验。而一些餐饮业也通过挖掘武术文化与餐饮文化的结合点开展经营。例如,登封市区近些年出现了很多以禅茶为主体的茶社(见图4-4)。禅茶是少林寺的一种文化,僧人通过品牌参悟佛经,这个传统在少林寺得到了世代传承。可见,武术还有很多经济功能值得挖掘。

图4-3 少林欢喜地

图4-4 菩提禅茶

第四节 武术的发展:促进了登封的整合

在传统社会,武术的社会功能较为单一。在现代,登封地方政府非常重视武术的社会功能。武术在自身产生经济效益的同时,在社会中也起到诸如促进社会整合、提高城市形象、改善环境、创造就业机会等作用。

一、促进登封整合

现代社会的整合程度比传统社会更高,社会整合在现代社会中的作用更大。由于登封是由众多不同利益群体构成的,因此社会的整合就非常必要。在这种情况下,中国传统文化倡导的和谐理念就显得弥足珍贵。而武术文化是中国传统文化的精华,其强调的武德是对现代人精神的一种洗涤。武德中强调的"敬""礼"的精神更是现代人所缺少的。从登封的个案可见,武术在登封发挥了很好的社会整合功能。通过习武,人们在修身的前提下谋发展,在谋发展的过程中由于武德的约束,做生意讲诚信,交朋友重友情。因此,作为中国传统文化精髓的武术,在构建和谐社会中有较强的社会整合功能。

二、提升登封城市形象

登封拥有悠久的历史,但新中国成立前它也只不过是一个名不见经传的小县城。改革开放之前,不用说在国际上,就是在国内,登封也鲜为人知,人们对她的了解仅限于知道中岳嵩山在其境内。新中国成立后,登封仍然是县级建制,只是在1994年才撤县设市。20世纪90年代之前的登封还只是一个主要以农村为主体的小城市,知名度也不高。随着90年代之后一系列改革措施的出台,登封的城市形象才得以飞速提升。其中,武术做出了巨大的贡献。城市形象包括城市理念形象、城市行为形象、城市景观(视觉)形象三方面①。而城市品牌形象是一个城市区别于其他城市的内在与外在的特色、知名度和美誉度的凝结。在登封,武术主要通过三种方式提升了城市品牌形象,包括申请世界文化遗产、成为登封城市名片、举办少林武术节庆活动。

(一)申请世界文化遗产

提升城市品牌形象的重要手段之一是积极创造条件参与全国各类高层次的城市形象评选活动并做好相关宣传报道。在登封,近些年最重要的评选活动就是嵩山历史建筑群申请世界文化遗产。嵩山历史建筑群是中国中部河南省继洛阳龙门石窟和安阳殷墟成功申报世界文化遗产之后的第三个申报工程,也是2009年中国唯一申报世界文化遗产的项目。嵩山位于郑州西南的登封境内,地处中原,故称中岳。嵩山自古就是一座名山,古迹非常多,其中最著名的就是闻名世界的少林寺。而2009年申报世界文化遗产的嵩山历史建筑群共有11项历史建筑,以中岳嵩山为景观和文化依托,包括太室阙,中岳庙,少室阙,启母阙,嵩岳寺塔,少林寺建筑群(少林寺常住院、塔林、初祖庵),会善寺,嵩阳书院和观星台②。申请世界文化遗产,有利于提升登封在国内和国际上的城市形象,促进当地文化、经济对外交流和对外开放,促进当地社会经济的全面发展,进一步提高和巩固郑州市作为历史文化名城和八大古都的地位和知名度,有利于加快登封市文物旅游事业的发展,从而带动相关产业,形成新的经济增长点,促进当地国民经济的可持续发展。而从内容上来看,少林寺无疑是申请中的重要砝码。

---

① 李汉忠:《提升城市形象力》,《群众》2004年第2期,第41页。
② 《世界遗产大会下周举行 嵩山五台山申报"世遗"》,中新网,发布日期:2009年6月18日,http://www.chinanews.com/cul/news/2009/06-18/1738849.shtml。

（二）成为登封城市名片

提升城市品牌形象的重要手段之二是打造城市名片。挖掘城市各种特色资源，评选出一批"城市名片"，然后充分宣传，努力提高其知名度和影响力，丰富城市文化内涵，提升城市文化形象。登封被称为"世界功夫之都"，不仅拥有世界闻名的少林寺、少林功夫等传统文化资源，武术馆校、《禅宗少林·音乐大典》等现代形态的武术文化也在全国具有较高的知名度。塔沟武校的表演队已经连续多年在春节联欢晚会上亮相，而且还参加了2004年雅典奥运会闭幕式与2008年北京奥运会开闭幕式的演出，这对登封无疑是一个极好的宣传机会。而登封市也抓住了武术发展的契机，投入大量的人力、物力、财力，兴建了少林武术城、少林武术博物馆等武术硬件设施。有人戏称，有人可能不知道中国武术，但没有人不知道登封的少林武术。可以说武术已经当仁不让地成为了登封的城市名片。

（三）举办少林武术节庆活动

举办节庆活动是提高城市知名度、提升城市形象的有效手段。目前，通过申请、举办较有影响力的经济或文化活动来扩大城市影响力、提升城市知名度，进而提升城市品牌形象的现象屡见不鲜①。其中，最具影响力的就是奥运会主办城市的申办。首先，节庆活动可以吸引包括政府官员、企业高层管理者、新闻媒体记者、社会知名人士等城市内外大批社会公众的关注，这无疑会加深他们对举办城市的了解和认知度，从而达到一般营销宣传无法达到的效果。其次，节庆活动本身具有较高的新闻价值，特别是体育比赛，大型比赛往往会有媒体直播，国内外新闻媒体往往都会进行跟踪报道，从不同角度、不同视角报道比赛筹备、组织开展情况，同时介绍该城市的经济、文化、科技及基础设施的发展状况，进而使其成为社会焦点。再次，节庆活动是一个蕴含巨大商机的"聚宝盆"，它的举办除了自身创造经济价值外，还可以促进商贸洽谈、城市基础建设的提升。最后，节庆活动的举办可以促进城市品牌文化的形成。衡量一个城市形象状况的主要标志之一是城市的文化资源、文化氛围及文化发展水平。② 举办节庆活动一方面是对城市文化的发展和创新，另一方面是对城市文化的充分宣传和展示，是营销城市、推广城市、提升城市品牌文化的

---

① 樊传果：《有效提升城市品牌形象的传播手段》，《传媒观察》2006年第9期，第34～36页。
② 樊传果：《论节会活动与城市形象的塑造和提升》，《学术交流》2006年第12期，第110～111页。

最有效手段①。而登封的节庆活动特别是七届郑州国际少林武术节以及两届世界传统武术节的举办极大地提升了登封在国内外的知名度。少林武术节已成为登封重要的文化品牌，在不到 20 年的时间内，登封借助于少林武术节从一个小县城转变为具有世界性意义的"世界功夫之都"。武术与登封的知名度紧密相连，人们一提到武术，马上就会联想到登封；一说到登封，人们就会想到武术。武术已经成为登封连接世界的纽带，成为社会公众认识登封的一个文化符号。

三、改善登封社会环境

武术的发展给登封直接带来经济效益的同时，也推动了登封社会环境的改善。例如，少林景区的改建使其周边环境得到了巨大的改善。而武术城的修建也成了登封城市环境的一个亮点。最近，《禅宗少林·音乐大典》项目的开发，带动了附近几条重要道路的修建。(见图 4-5)历史上，嵩山景区没有公路。登封第一条修于中华民国二十一年(1932 年)的简易公路，虽然经过

图 4-5　禅宗少林周边村落新建的楼房与原有的土坯房

少林寺三岔口，但不能通车到少林寺。1963 年，为了给广大游客到少林寺旅游提供方便，登封县政府采取政府补助、民工出工的办法扩修了破损严重、几乎不能通车的登封至少林寺的旅游公路，并使少林寺通车。1964 年，李先念副总理参观视察少林寺时，见公路路况较差，通车困难，于是协调河南省政府拨款 8 万元，将登封至少林寺公路扩修为沙石公路。1978 年，少林寺对外开放之后，随着旅游事业的发展，旅游公路建设也步入新阶段。1980 年，修成登封县城至嵩岳寺旅游公路，1980～1982 年，登封至少林寺公路都铺设成为宽 8 米的柏油路，2001 年又将登封至少林寺公路扩修为宽 16 米的一级公路。2000～2005 年，根据国家大力发展旅游基础设施的优惠政策，登封先后将 7146 万元国债资金用于旅游公路建设，并于 1984～2005 年先后投资修建了

---

① 樊传果：《论节会活动对塑造和提升我国城市形象的作用》，《经济纵横》2006 年第 12 期，第 17、24 页。

少林寺、嵩阳书院等10多个旅游停车场。① 围绕把少林景区建设成为国际国内一流景区的目标，从2001年起，少林核心区规划面积2.18平方千米，东起郭店，西到塔林水库，南起南照沟，北到初祖庵。规划及建设的框架为"一轴、两翼、三园、四中心"②。一轴是少溪路步行主游览线，两翼是北侧的休闲漫游路和南侧游览观光道，三园是嵌于古建筑群间的武林园、双塔园和甘露园，四中心是核心游览点少林寺、塔林、初祖庵和戒坛。而《禅宗少林·音乐大典》项目位于登封少室山待仙沟口，总占地面积4平方千米，是河南省文化产业重点项目之一。2004~2006年，郑州市、登封市先后投资1.2亿元，扩建、改建通往实景演出现场的道路，绿化、美化演出现场周围的环境，补充完善水、电、环保等配套设施。③ 笔者在实地调查中充分感受到了旅游给这个地域带来的巨大变化。

四、为登封创造就业机会

登封经济以工业为主体。但随着市场经济的改革，武术产业作为第三产业在登封得到了飞速的发展。武术产业的市场化运作需要各种各样的劳动者，这为拓展社会就业的渠道提供了机遇。由于武术产业属于服务性行业，因此相对于其他部门来说，体育部门可以吸纳更多的劳动者。④ 武术产业的发展自然会创造更多就业机会，特别是武术馆校的发展，需要很多管理人员，这自然为登封提供了就业机会。据相关人士介绍：目前登封市仅武术馆校就可直接提供4000个就业岗位。由于武术运动的发展增加了对运动服装、运动器材等与武术运动相关的工业部门产品的社会需求，因此，这些企业的生产规模会随之扩大，从而对劳动者的需求也会相应增加。而武术运动的发展也增加了对第三产业相关服务产品的社会需求，推动了第三产业的发展，第三产业相关部门对劳动者的需求也会相应增加。近些年，登封武术运动的发展带动了餐饮、旅游等第三产业的发展，创造了许多就业机会。

---

① 登封市地方志编纂委员会：《登封市志》，中州古籍出版社2008年版，第188页。
② 登封市地方志编纂委员会：《登封市志》，中州古籍出版社2008年版，第189页。
③ 焦锦淼、赵保佑：《河南文化发展报告（2008）》，社会科学出版社2008年版，第341页。
④ 钟天朗：《体育经济学概论》，复旦大学出版社2004年版，第43页。

第五章　当代武术在登封得以繁荣、壮大的动因

　　文化社会学认为所有社会都在持续地发生着变迁——有的异常迅速,有的则非常缓慢。有许多因素影响着变迁的速度并且促进着创新的接受。能够刺激变迁的重要因素包括对名声的渴望、与他人的接触、友情约束力、社会等级、权威、"适应性"问题、时机、参与决策制定和竞争。人是武术文化得以传承、发展的主体,人的本质具有伸展性。武术发展的根本动力源于人的发展。可以说,登封武术发展的根本动力是这些热爱武术并且愿意为武术发展付诸实践的人。市场经济改革使得武术在登封的外部发展环境得到了改善,为武术的发展提供了体制上的保障,而登封天然的资源优势以及厚重的文化传统则为武术在登封的发展提供了深层积淀。在这样的大环境下,个人与组织产生经济、文化、政治等多方面的需求,且在一定的规范约束下谋求发展。来自不同方面的动力最终形成合力,推动武术在登封的发展。文化社会学家马林诺夫斯基则认为个案本身也是整体的一部分,它本身就会体现总体的一些特性。武术在登封的发展可以说是一个个案,但是对武术在登封发展动因的分析,可以明晰传统文化在当代得以发展的影响因素,进而为其发展提供可参考的依据。

第一节　登封厚重的文化传统:武术发展的内在动力

　　文化社会学认为对人类社会影响最直接的是精神文化,然后是社会组织、经济体制等中间变项,最远的是自然环境。因此,精神文化是影响人们实践的核心因素,自然也是促进文化发展的核心动力。从登封武术的发展来看,武术文化的朴实无华、严谨实干、兼容并蓄、开放融合与敏于适应、勇于创新的精神特质是其得以世代传承的主要原因,也是其在当代繁荣发展的内在动力。而登封武术文化的精神特质是通过与社会大文化的互动作用于武术的发展的。

一、精神文化是文化发展的核心动力

文化社会学把人类的活动看作社会的主体,把人类的文化创造划分为科学技术(包括经验、知识等),经济体制,社会组织和价值观念(包括风俗、道德、宗教、哲学等)四个层次(语言作为信息工具暂不包含在内)[1]。对人类的社会化影响最近、最直接的是价值观念,即风俗、道德、宗教、哲学等观念形态的精神文化,它表现为强度相关;然后是社会组织、经济体制;最远的是自然环境,它对人类社会化的影响则是通过经济体制、社会组织、价值观念等中间变项实现的。精神文化系统由精神、价值观、知识和文化作品、文化产品、文化产业等多层次构成。各个层次之间都保持着一种有机的关系,精神是核心层次,价值观居次,而知识是文化系统的具体的可运作的层次。因此,每一个文化系统的基本状况都是由文化精神层次决定的,价值观则始终处于具体的指导地位,知识则是每个文化系统精神与价值观的展开、传承、传播、创造、延续。精神文化是影响人们实践的核心因素,自然也是促进文化发展的核心动力。

二、精神文化是武术在登封发展得以长盛不衰的主要原因

伴随着时代的更迭,武术在登封的发展一直充满着活力。为什么武术在登封能够长盛不衰,在各个时期都能与社会相适应,谋求发展,其根本动力是武术文化的精神特质。武术在登封从传统到现在一直处在不停的变迁之中,但是,内在的精神却是连续的。历史的沧海桑田往往使具体的东西一去不复返,留下来的却是闪光的人性精神和文化积淀。武术文化的这些精神特质内化在人们的生活方式中,进而影响着武术的发展。隋唐时期,少林寺以武显名。金元统治者禁止民间结社习武。但是少林寺却得到了元廷的大力推崇,成为当时拥有至高无上地位的佛教寺院。明朝朝廷经常征调少林僧兵出征御敌平叛,少林寺和少林武术再度得到恢复和发展。清初之后虽然武僧练武由公开变得隐蔽,少林武术在社会上的声誉却更加显著,流传更加广泛。民国时期少林寺虽已没落,但少林寺僧仍保持习武的传统。在这一时期,少林武术在社会上进一步流传,尤其植根于少林寺周围的登封、偃师等地,这些地方成了少林武术的重要传播地[2]。现今社会,武术已经突破了单一的少林武术的形态,向多元化的方向发展。从武术在登封的发展历程可见,武术虽然从文化形

---

[1] 司马云杰:《文化社会学》,山西教育出版社2007年版,第155页。
[2] 释永信:《少林功夫》,华龄出版社2007年版,第91~95页。

态上处在不停的变迁之中,但是其内在的敏于适应的精神特质却是世代相传的。可以说武术得以在登封地域持久地保持旺盛的生命力,其精神特质是核心动力。

三、大传统与小传统的互动:当代登封武术发展的内在动力

文化社会学认为文明社会中一般存在层次和范围不同的两种文化,雷德菲尔德把这两种文化称为"大传统"和"小传统"[1]。文化社会学认为地方文化传统与该地域的经济发展模式有较强的相关性。在这方面的研究,最具影响力的当属马克斯·韦伯的《新教伦理与资本主义精神》,在该书中他认为西方资本主义的产生很大程度上来源于新教伦理中强调勤勉、节俭与世俗化的伦理观[2]。另一个较有影响的是本尼迪克特对日本文化的研究,她认为日本经济社会的发展与日本的"耻"文化密切相关。而对于武术在登封的发展,大传统就是改革开放后国家主导的武术文化,小传统主要指登封的地方武术文化传统。登封的地方武术文化传统体现在朴实无华、严谨实干,兼容并蓄、开放融合与敏于适应、勇于创新的精神特质。小传统必须在服从大传统的前提下才能得到发展,而大传统也必须通过与小传统的结合在地方社会发挥作用。新中国成立后登封武术的前 30 年与后 30 年的发展史有力地证明了这一点。"文化大革命"时期,在"左"倾思想统治下的"大传统"压制了登封武术文化的"小传统",使它的特点与优势无从发挥,登封武术的发展受到制约;而改革开放后国家宏观政策的改变为登封武术的发展提供了较为宽松的活动空间,登封武术文化中朴实无华、严谨实干,兼容并蓄、开放融合与敏于适应、勇于创新的精神特质得以发挥。"大传统"与"小传统"的互动,共同推动了登封武术文化的发展。[3]

第二节 登封优越的地理位置:武术发展的先天优势

文化社会学认为地理位置是文化发展的重要因素之一。武术在登封的发

---

[1] 龚维斌:《从"晋江模式"看地方文化在经济发展中的作用》,《南京师大学报(社会科学版)》2000 年第 6 期,第 15~16 页。
[2] 马克斯·韦伯:《新教伦理与资本主义精神》,群言出版社 2007 年版,第 1~10 页。
[3] 龚维斌:《从"晋江模式"看地方文化在经济发展中的作用》,《南京师大学报(社会科学版)》2000 年第 6 期,第 15~16 页。

展很大程度上得益于它得天独厚的地理位置。登封境内的中岳嵩山、少林寺为武术在登封的发展提供了丰富的资源,而便利的交通也促进了武术文化在登封的传播,濒临省会郑州使得登封更易吸引政策支持。

一、登封境内的中岳嵩山、少林寺为武术的发展提供了丰富的资源

登封旅游资源得天独厚。雄倚市境的中岳嵩山,是国务院首批公布的国家级重点风景名胜区和国家级森林公园之一,有人文景观150处,自然景观30余处。其中"天下第一名刹"少林寺、道教洞天中岳庙、儒学圣地嵩阳书院驰名天下。嵩山地质具有"五世同堂"的地质构造,被地质学家誉为"天然地质博物馆"。天然的地理位置,使得登封具有了丰富的旅游资源。随着市场经济的发展,登封的旅游业和武术事业的发展也起到了良好的互动效应。因此,得天独厚的旅游资源是武术在登封得以发展的动力之一。

二、登封便利的交通促进了武术文化的传播

有关社会变迁的文献中常常提到,与其他社会的接触能够促进变迁。由于许多新的属性和特征都要经历一个扩散过程,那些与其他社会保持紧密接触的社会很可能变迁得最快。在大陆运输时代,连接亚洲、非洲和欧洲的大陆桥是文明变迁的中心。随着航海的产生,这个中心转移到了地中海边缘,稍后则转移到了欧洲西北海岸。不同文化间广泛交流的地区,是变迁的中心地带。在传统社会中,一直以来都是战争和贸易导致了不同文化间的交流,如今则是旅行、旅游和大众媒介联系着不同文化。通过这种接触,人们的行为得到了修正,新习惯养成,新的象征符号也被建立起来。登封市隶属河南省省会郑州市,是河南省三点(郑州市、洛阳市、开封市)一线(黄河)精品旅游线路的重要支撑点,以及连通南太行、伏牛山两大旅游区的重要节点。登封市位于河南省高速公路网的核心地带,距新郑国际机场和洛阳机场半小时车程,地处正在建设的郑州市、洛阳市、许昌市三大铁路客运专线站点的中间地带,享有空地对接的交通优势。佛教文化的传播、便利的地理位置为旅游提供了方便,促进了文化的交流和经济的发展。

三、登封濒临省会郑州使其更易吸引政策支持

登封位于河南省中西部的中岳嵩山南麓,隶属省会郑州,距郑州市仅53千米。行政上的隶属关系以及自然位置的临近,使得登封较易受到来自郑州市和省政府的政策支持。而对于地方来讲,政策支持是其发展的重要因素。由于登封自身资源丰富,特别是旅游资源得天独厚,其在旅游业的发展方面受

到了河南省政府和郑州市政府的大力支持,如少林景区的规划、郑州国际少林武术节的举办等。近些年,由河南省政府大力支持的《禅宗少林·音乐大典》项目更是成为了河南的亮点。政策上的扶持为登封营造了良好的投资环境。登封牢固树立"环境就是机遇,环境就是生产力、竞争力"的理念,大力实施"登封发展零障碍"行动①。在加大基础设施建设、着力改善投资硬环境的同时,积极开展优化发展环境活动,全面推行"一站式"服务和全程代办服务制、领导联系分包制、重大外来投资项目"一事一议"制等,已成为项目集聚的高地、资金流向的洼地、社会消费的热地,吸引了一大批国内外投资者入驻登封,其中包括法国圣戈班集团、香港华润集团、上海中凯企业集团、中国建材股份有限公司、安徽海螺集团、山东六和集团、神马集团、永煤集团等国内外500强企业。良好的经济环境无疑为武术产业的发展提供了保障。

第三节 登封改革开放的大环境:武术发展难得的机遇

创新出现的时机是否恰当是其被接受与否的一个非常关键的因素。机遇是文化和社会发展的重要因素。对于武术在登封的发展而言,机遇无疑是重要动力。

一、市场经济的改革为武术在登封的发展提供了体制保障

从中国社会的发展历史来看,机遇是社会发展的重要因素。例如,明朝1405～1433年间的七次远航由郑和指挥,这些探险队的船只绕东南亚航行到印度,有些船继续西航到亚丁和波斯湾口,还有个别船则驶入非洲东岸的一些港口。而此时,葡萄牙人还只是刚刚开始沿非洲海岸探寻航路,直到1445年他们才抵达佛得角。但中国这些伟大的远航探险到1433年却由于皇帝的命令被迫突然停止。② 而在整个15世纪中,更多富于冒险精神的葡萄牙和西班牙水手们经过不断的探索,在海外冒险事业占据领先地位。可以说中国的航海业在15世纪初期处于世界领先地位,但由于政府的原因没有把握住发展机遇。而西班牙和葡萄牙人则在不懈的努力下于15世纪末占据了海上的优势地位。19世纪中叶,中国和日本相继被迫打开国门,接受西方的商人、传教

---

① 《登封旅游的胜地 投资的热土》,登封网,发布日期:2009年9月10日,http://www.dengfeng.so/news/2009/09/1698.html。

② 斯塔夫里阿诺斯:《全球通史》,北京大学出版社2005年版,第396页。

士、领事和炮舰。日本采纳并利用了西方列强的原则,将它们用于自卫及其后来的势力扩张。但中国却没能以西方的方式重新组织自己。因此,中国在这一时期又丧失了一次发展机遇,进而在1895年同日本的战争中失败。始于20世纪80年代的改革开放,无疑再次给中国社会的发展提供了机遇。体制的改革形成了多重所有制形式并存的局面,同时导致了政企分离。经济的改革从计划经济转向市场经济,统一的计划体制让位于市场供求和竞争的新体制。这些体制上的改革,为武术在登封的发展提供了制度上的保障和动力。

二、电影《少林寺》的上映是武术在登封发展的重要机遇

市场经济体制的改革为武术的发展扫清了体制障碍,而《少林寺》的上映则为武术的发展提供了广阔的市场。它使得少林寺和少林武术家喻户晓,并培养了一大批武术爱好者。可以说《少林寺》的上映使人们对学习和观赏少林武术产生了需求。那一时期,全国各地的武术爱好者或出于学习武术的目的,或出于游览观赏的初衷来到登封,这使得登封的武术市场从本地拓展到了全国乃至世界。当机遇摆在登封人民的面前时,他们把握住了。首先是民间力量开始创办武校,其次是政府介入发展武术旅游,并对武术馆校的发展给予适当的政策扶持,从而将武术的发展融入登封城市的发展中。

三、大众媒介的发展加速了武术文化的传播

大众传播是一种公共传播,它通常通过现代化的大众传播媒介——报纸、广播、电视、网络、杂志、电影、图书、广告等,对极其广泛的受众所进行的信息传播活动。现代社会大众传播媒介得到了飞速的发展,无疑加快了文化的传播速度。例如武侠小说、武侠电影的风行,无疑加速了武术文化在当代社会的传播。在登封,这种传播方式是双向的。

(一)加速了登封武术文化的对外传播

大众传播媒介的发展使得登封的武术文化更容易传播出去。尤其是改革开放后电影《少林寺》在全国引起的轰动,有力地促进了登封武术文化的对外传播。之后,在全国引起的武侠热更是通过书刊、电视、电影等媒介促进了登封武术文化在社会上的传播。近些年,随着武术表演业的兴起,登封武术学校的表演队频频出现在春节联欢晚会的舞台上,2008年更是参加了北京奥运会开闭幕式的表演,这都加速了少林武术的对外传播。网络媒介也是登封武术文化对外传播的重要途径。现在登封各武术学校和少林寺等非常重视利用网络媒介宣传自身,甚至创建自己的网站加强宣传力度。

(二)促进了先进的武术文化在登封的传播

大众传播媒介的发展,在促进登封武术文化对外传播的同时,也加速了先进的武术文化理念在登封的传播。加之登封文化的融合性,使登封更易接受先进的文化。从武术在登封的发展现状来看,登封的武术实践者们非常注重对先进文化的借鉴。例如,登封《禅宗少林·音乐大典》项目的创作团队曾经在全国成功开发《云南印象》等项目。《欢喜地》项目的开发也是借鉴同类项目的成功经验。正是在这样的前提下,登封才得以创新出众多的武术文化形态。

四、政府为武术在登封的发展提供了政策支持

(一)制度是社会发展的保障

在社会中,个人与组织出于自身发展的需要进行实践。而这个实践要在一定规则的约束下进行。如果没有制度的约束,个人与组织会出于自身的目的任意而为,最后导致社会无法整合,影响社会的发展①。因此才有了强制性的制度,比如法律;有了道德、风俗等非强制性制度。帕森斯认为稳定的社会秩序依赖于行动者在行动时遵守规则。规则是社会独立于个人而先决定的。而规则对人的约束主要体现在制度和道德两个层面。道德对人的行为约束体现为软约束,而制度对人的约束则表现得较为刚性。在社会中,个人与组织为了获取资源、谋求发展,要在一定的规则约束下进行实践。规则包括制度、道德、风俗,而制度作为强制性的规则约束自然是社会发展的动力之一。

(二)政策支持是武术在登封得以发展的重要动力

武术在登封的发展与政府的政策支持休戚相关。在改革开放初期,随着电影《少林寺》的上映,武术教育的市场得以打开,登封地区的武术馆校迅速扩张,在发展初期,出于武术馆校的发展可以拉动经济、繁荣社会的目的,政府给予武术馆校大力的政策支持。这主要体现在税收等经营管理方面。在武术馆校发展的初期,宽松的政策在促进武术馆校高速增长的同时,也使得各类武术馆校发展混乱。为了促进武术馆校的健康发展,登封市体育局规范了武术馆校的办学标准,对其加以引导。在武术馆校过度重视成绩而大力开展竞技武术的时候,政府则要求武术馆校必须开设传统武术特别是少林武术课程,这无疑增强了少林武术的传承。少林寺是武术文化乃至登封的宣传窗口。为使少

---

① 弗·伊·多博林科夫、阿·伊·克拉夫琴科:《社会学》,社会科学文献出版社 2006 年版,第 209~413 页。

林寺更好地发展,政府规划了少林景区,出台政策对景区内的居民进行拆迁,改建少林景区,而今崭新的少林景区已经面对国内外游客运营。可见,政府的政策支持是武术在登封发展的制度保障。市场经济改革前,武术是一项单纯的文化活动;市场经济改革后,武术成为产品,产生经济和社会效益,其发展自然会涉及多方利益的均衡。武术作为中华民族的传统文化,具有经济、社会、文化等多种功能,因此在它的发展中,会体现出多方利益群体的冲突、协调与发展。武术属于公共产品,政府有义务对其发展给予支持,而社会则是武术发展的主力军,武术发展的根本动力在民间。政府发展武术出于社会整合的目的而个人与组织则更多地考虑个体的发展。怎样协调两者的利益?从武术在登封发展的个案来看,关键是建立一个民主、自由、规范的协调机制,让政府了解民众的需求,让民众参与政府决定。只有政府与社会进行有效的沟通,才能兼顾国家、社会组织与个人的利益,形成共生机制,武术事业才能良性发展、世代相传。

第四节　丰富的社会资本:登封武术发展的良好基础

描述完登封武术经济的产业构成、组织发展,还应从深层次剖析其经济发展的过程。下面重点讨论登封武术经济的生产要素问题。生产要素是武术经济得以发展的基础。生产要素则包括土地、资本和劳动力[1]。在这里主要对武术经济的资本进行研究。资本包括物质资本、人力资本和社会资本。首先,河南省是武术大省,境内有众多武术门派,其中太极拳、少林武术与苌家拳享誉海外。这就为登封提供了充沛的武术人力资本,包括武术教练和武术经营人才。其次,登封武术经济的发展离不开物质资本的投入,这是武术经济发展的基础。最后,社会资本是社会学的概念,本质上来源于互惠动机和有限范围内的团结[2],被认为是经济发展的又一重要因素。因此可以认为:武术社会资本指通过开展武术服务而增加的社区信任、规范和关系网络,进而提高社会效率。

---

[1] 钟天朗:《体育经济学概论》,复旦大学出版社2004年版,第79~81页。
[2] 刘艳丽、苗大培:《社会资本与社区体育公共服务》,《体育科技文献通报》2005年第12期,第27页。

一、登封武术经济组织拥有广泛的关系网络

中国社会更重亲情,也有人把中国社会称为熟人社会。因此在中国,社会关系网络是企业发展的重要资本。对登封武术经济的发展来讲,早期发展起来的是武校,而排名前三的武校的经营者均来自武术世家。武术世家使得他们在社会上有较高的声望,而师徒制的传承方式,又使得他们在武术界拥有了较多的关系网络。因此,在市场经济改革后,这些武术世家就比一般的经营者拥有了更多的资本,这资本不仅表现为物质资本,还体现在社会资本方面。

二、互惠原则是登封的地方文化传统

规范告诉人们什么样的行为是合乎体统或正确的[①]。从社会学角度理解,乡土中国是"亲情社会",即中国社会关系的基础是家庭、家族及中庸伦理之道。因此中国目前的社会关系,或者是血缘、亲缘关系的延伸和扩展,对非制度性的社会关系因素格外重视。[②] 登封的几所大武校都是采用家族式的管理模式。这和登封的"乡土色彩"比较一致。登封毕竟是一个刚刚发展起来的县级市,对这些民间武术经营者来讲,他们更加依赖的是地方社会的"小传统",而非现代经营模式。家族式的管理使得组织的凝聚力更强、规范的执行力更强,使得政策可以上行下达。这也可以说是武校得以发展的重要社会资本。登封武术经济发展的一大特色是与武术有关的产业,如武术教育产业、武术竞赛表演产业、武术旅游产业、武术用品产业,均打着"少林"牌。少林寺的方丈已经在公开场合指出这是对少林寺无形资产的侵犯。那为什么在实际发展中,还是"屡禁不止"呢?因为少林寺在登封地域非常注重与登封地方社会的关系。释永信有句名言"凡是有利于弘扬少林文化的都可以发展",这可以说是其发展少林寺的方针,具有浓厚的禅宗色彩。正是本着这一原则,在登封本地很多项目如果要打"少林"品牌,少林寺一般都给予支持。当然,在少林寺需要登封地方配合时,地方社会也会给予帮助。例如,少林寺表演缺乏人员时会向附近武校借用一些人员,这就是互惠。正是秉承这样的原则、信守这样的规范,才使得登封武术的发展在面临市场化冲击时更具整合力,而非一盘散沙。

[①] 张剑利、靳厚忠、徐金尧:《社区体育资本与和谐社会》,《武汉体育学院学报》2007 年第 8 期,第 8 页。

[②] 刘艳丽、苗大培:《社会资本与社区体育公共服务》,《体育学刊》2005 年第 3 期,第 127 页。

三、武术在登封的发展拥有较强的信任与认同

信任是社会资本核心的内容。著名学者福山认为高信任度的民族更容易发展合作关系和规模经济,有助于市场的发展。而关系网络是产生信任的前提。① 登封发展较好的三所武术馆校的校长都是武术世家,在社会上拥有较高的声誉。可以说较高的声誉是这几所武校得以发展壮大的重要社会资本。对武术服务来说,其发展的根本动力就是社会成员的广泛参与,这种参与是积极的、自觉的,有赖于成员的社会认同感。武术在登封拥有悠久的历史,而文化是什么?就是内化在人们心中的生活方式。在登封,少林武术被普遍认为是"登封的骄傲"。这充分说明了登封对武术有较强的认同度。这种信任与认同,就是社会资本的一个基本形式,是武术服务发展的基础。

第五节 个人与组织的发展需求:武术在登封发展的直接动力

在文化社会学诸多流派中,功能学派更加强调文化的功能是维护其存在的重要原因。这种视角更加适合分析文化存在的原因和结构,当用来分析文化变迁问题时则显得有些呆板,较为合适的是马克思文化社会学理论和社会心理学派。文化社会学家露丝·本尼迪克特认为理解文化生活时需要一种对文化本质的深刻洞见,一种对统摄个体和群体行为的心态的了解②。而马克思则强调生产力的变革对生产关系的影响是文化变迁的原因。但是社会心理学派和马克思学派在分析个人和群体时,都非常注重对个人和群体需要的研究。"人本心理学之父"马斯洛认为:人是一种不断满足需求的动物,除短暂的时间外,极少数达到完全满足的状态。一个欲望刚刚满足,往往会迅速产生另一个欲望,这是贯穿整个人一生的特点。按照马斯洛的观点,人类的需求层次按照其优势或力量的强弱分为五个层次:生理需求、安全需求、归属和爱的需求、尊重的需求、自我实现的需求。而在马克思看来,认识人的问题,应该从人的现实活动出发,从生产、劳动实践出发,分析人及其社会生活的本质,认为人类生存的第一个历史活动就是生产物质生活本身的实践活动,"社会生活在本质上是实践的","人的本质并不是单个人所固有的抽象物,实际上,它是一切

---

① 张剑利、靳厚忠、徐金尧:《社区体育资本与和谐社会》,《武汉体育学院学报》2007年第8期,第8~9页。
② 露丝·本尼迪克特:《文化模式》,社会科学文献出版社2009年版,第1~7页。

社会关系的总和"。① 马克思认为人的需要分为生存、发展、享受,指出了人的需要是由低级向高级不断发展的。动机是一种有目的性或目标导向的行为,它通过学习实践来获得。动机是一种满足需求和欲望的方式,因此,它有许多不同的种类和水平。一些种类的动机看起来非常普遍或几乎非常普遍,它们不因所有类型的社会和文化而不同,几乎能在所有的社会和文化中找到某种程度的存在。这些刺激变迁的动机在本质上是普遍的,包含诸如对名声的渴望、对经济所得的渴望,以及顺从友情约束力的愿望等等。对社会变迁的接受很大程度上受到社会成员如何理解他们的需求的影响。"需求"显然是主观的,与时间和文化联系密切;如果人们感觉需求是真实的,那么它们就是真实的。武术文化是一种活动,因此无论采取哪个学派的视角均应从行为入手。而理解行为,则应从人们的需求进行分析。具体到武术文化在登封的转型原因的分析时,更加关注的是转型期这些个人和组织的需求,因此只有分析清楚他们的行为动机,才能真正了解武术在登封转型的动力所在。

一、个人发展武术的需求

人的发展是社会发展的基础。具体到武术在登封的发展而言,个人发展武术在传统社会中多以传承文化为目的。而这时,发展武术的需求属于中高层次的需求,而不是基本的生活需求。古时有"穷文富武"一说,即习练武术的人大都是经济基础较好的人家,因为高层的享乐需求必须以基层的生活需求满足为基础。但随着市场经济的发展,武术则成了一种商品,发展武术成了一种职业,可以创造经济收入。这时,发展武术就进入了人们的基层需求,经济目的则成为发展武术的又一重要目的,这无疑极大地促进了人们从事武术的积极性。过去的登封以自然经济为基础的传统手工业和小生产社会很难形成规模化的生产,武术的经济价值也不可能被充分地发掘和认识。市场经济的发展刺激了社会大众日益增长的文化需求,提供了非常畅通的产品流通渠道,也为文化产业的发展提供了完善的制度环境和社会经济土壤。对于个人与组织而言,怎样打破原有模式,大胆地适应市场经济,把握武术商机是一个相当困难的事情。早期的武术收徒基本是免费的,随着人数的增多,这些武术专家发现原有的传承模式无法满足现在的需求。于是逐渐转型为武术馆校,进而

---

① 逯宇:《马斯洛需求理论和马克思社会发展三阶段论的比较》,《经济与社会发展》2007年第8期,第136页。

形成武术学校。其中,经济目的是显而易见的。随着市场经济的改革,居民收入持续增长,闲暇时间日益增多,文化教育广泛普及,带来了一个空前庞大的观众、听众和读者群,这就为文化产业的发展提供了社会消费能力和基本消费群体。改革开放前,人们从事武术运动大都是出于健身、娱乐的目的。改革开放后,特别是电影《少林寺》的上映,使得武术拥有了较大的市场,拓展到了全国。大量的学员涌入登封学习少林武术,这就为武术教育提供了市场。而少林寺的名声大振,也为武术旅游提供了巨大的商机。武术馆校的发展则为武术用品产业提供了需求。随着人们对武术观赏需求的增长,武术竞赛表演市场也在逐渐壮大。总之,随着工业革命和市场经济发展而形成的畅通的文化市场渠道、丰富的文化产品、良好的市场机制以及大量的文化产品消费人群的存在,无疑是文化产业得以形成、发展的基础。在中国改革开放和全球经济一体化的大背景下,武术产业在登封得到了迅猛的发展,正在成为登封第三产业的重要组成部分。因此,个人的发展需求是武术在登封发展的直接动力。

二、政府发展武术的目的

政府代表着人民的利益。政府在武术的发展中更看重的是武术的社会效益。武术可以促进社会的凝聚力,具有较强的整合作用。当然,在登封,武术对社会的经济发展也起到了巨大的推动作用。但从登封整体来讲,它还不是登封经济发展的主体产业。登封的主体产业是工业,其次是农业,再次才是旅游和武术产业。政府更加看重的还是武术的社会效益。这从少林武术节与《禅宗少林·音乐大典》的发展中可见一斑。由于历史的原因,长期以来,人们一直看重的是文化的事业属性,即它的非营利性、公益性和纯粹性。但是随着社会的发展和人们眼界的开阔,人们逐渐意识到,文化其实也有它的产业属性,而且文化产业属性是可以与文化的事业属性和谐共存、共同发展的。文化双重属性的和谐共生又能够促进文化的繁荣和发展。基于这种认识,我国在近些年开始鼓励和促进文化的产业化,文化产业化的核心就是鼓励文化创意,并形成完整的产业链条。国家统计局也在2004年首次对中国的文化产业进行了明确的细分,从政策上给予了文化产业的合法身份。梅帅元在广西创作《印象·刘三姐》期间,李克同志正担任广西南宁市委书记,他亲自见证了《印象·刘三姐》的辉煌。到了河南这个中原文化大省之后,时任郑州市委书记李克发现具有厚重文化底蕴的河南缺乏像《印象·刘三姐》这样的亮点项目。2004年,李克力邀梅帅元赴河南考察文化创意产业项目,第一站就是嵩山少林寺。《禅宗少林·音乐大典》作为一种新型的文化旅游项目,把高雅文化与大众娱乐完美结合,雅俗共赏,打造了一场视觉盛宴,适应了当代观众的审美需求和休闲需求。经协商,河南省兆腾投资有限公司、北京天人文化传播有限公司、广西维尼纶集团有限责任公司(《印象·刘三姐》项目控股公司)、中国嵩山少林寺联合组建了郑州市天人文化旅游有限责任公司,具体负责《禅宗少林·音乐大典》项目的开发。因此,从《禅宗少林·音乐大典》的发展来看,虽然其投资方除少林寺外均为企业,但该项目的发起却源于河南省发展文化产业的需要,政府为了配合该项目兴修了附近的公路,在各个领域进行大力宣传。可以说《禅宗少林·音乐大典》的发展体现了政府发展文化产业、促进河南省发展的需要。

1990年,经中国武术协会与河南省人民政府、郑州市人民政府共同研究,决定于1991年举办第一届中国郑州国际少林武术节。之后几届的少林武术节也都由国际武术联合会及中国武术协会主办、郑州市人民政府和河南省体育局承办。从组织上来看,少林武术节的开展是由政府发起的。从少林武术节的活动来看,可以用"武术搭台,经贸唱戏"来概括。前期,政府更加注重武术节庆活动的平台作用,促进经济交流。前几届武术文化交流活动中,直接伴有经济洽谈。但是随着活动的发展,政府则更加注重少林武术节庆活动的文化作用。从具体操作上来看,经济洽谈活动与武术活动发生了分离。举办了第七届国际少林武术节和世界武术节之后,登封这几年则没举办过大型的武术节庆活动,而是将重点放在武术文化建设方面。登封在社会经济发展之时,非常希望借助于武术节庆活动,来促进登封经济的发展。但当登封经济发展稳定、武术发展趋于平衡时,自然也没有花大量财力、物力举办大型武术节庆活动的动力了。这个战略的转移是值得我国地方举办大型运动会借鉴的。从世界上看,日本早期举办奥运会时将其体育发展重点放在群众体育之上,而我国在2008年举办过奥运会后也开始对群众体育发展进行大量的投入。

三、民间组织发展武术的需求

在社会中,组织是个人的工具,组织的能力是个人能力的放大,社会组织的本性是人性的特殊表现。因此,组织具有拟人性。具体到武术的发展而言,民间组织发展武术的目的与个人发展武术的目的类似,也多出于传承文化、普及教育与经济发展的目的,而且往往是多种目的的混合。少林武术在登封由来已久,其传承更多的是出于教育的目的。少林武术的传承重要在人,这就牵涉到教育的问题。前一代的传承者为让自己所学的技艺得以传承,要通过收徒的方式进行传授。从民间师家组织到现代的武术馆校以及普通学校,它们的发展都是出于教育的目的。可以说教育也是登封武术得以发展的动力之一。武术蕴涵了丰富的传统文化。从传承传统文化的视角来看,登封发展比较好的几所武校的创始人,均是武术世家出身。从2005年在册75所馆校的创办人的身份看,可以划分为武术世家、习武爱好者、少林僧人、投资者四种身份。规模排名前十位的馆校的现任校长,三位是武术世家出身,三位是习武出身,三位原为少林僧人,一位则是投资人。规模最大的三所武校,其校长的共同特征包括武术世家出身、具有相当的业内地位、本地人。可见,文化因素在武校起步阶段发挥着重要作用。武术在登封的主要形态还是以少林武术为主。而且武术教育是登封武术产业的主体。他们从事武术事业的初衷是传承武术文化。当然他们办武术事业的目的是多元的,但是传承文化是他们的核心目的。这一点在少林寺的发展中则更为明显。他们发展武术的目的是宣扬宗教,这是典型的以文化为目的的。虽然释永信在通过商业化手段发展少林寺,但他的目的是使少林寺在市场经济的大环境下得以发展。他经常说的一句话是:"凡是有利于弘扬少林的,都可以发展。"这有很强的佛教禅宗思想。但是,少林寺的目的仍然是文化。市政府创办少林武术节,也是为了弘扬文化,从而促进经济交流。《禅宗少林·音乐大典》是河南省政府牵头引进的。为什么要引进呢?因为政府看到了少林文化对于河南省对外宣传的影响力。这仍然是文化的目的。因此,弘扬传统文化是登封武术得以发展的重要动力。

四、个人与组织的需求最终实践于各利益群体的博弈

内外部环境的影响,最终转化为个人与组织的发展需求,进而最终实践于各利益群体的博弈中。发展武术的实践活动涉及政府、居民、社会组织等多方利益群体。武术在登封当前的发展最终得益于这些利益群体的均衡。本研究从国家—社会的视角,通过几个具体事件,来解读武术发展中这些利益群体是如何达到均衡、共同发展的。

(一)从少林景区的"门票"改革看少林寺与政府的关系

嵩山少林寺景区是闻名海内外的风景区,近年来每年接待海内外游客都超过100万人。嵩山少林景区原有少林寺常住院、塔林、初祖庵、二祖庵、达摩洞等景点,票价为40元,2005年嵩山少林风景区获得河南省发展改革委员会的同意,将门票价格涨至100元。这次调整不仅仅是门票价格的提高,更重要的是嵩山景区旅游资源的整合。调整后,嵩山少林景区由原来的78万平方米,扩大为280万平方米,除原有景点以外,还将浓缩嵩山世界地质公园风貌的三皇寨景区包含其中,并将原来另外收费的少林武术表演列为免费旅游项目。① 关于嵩山景区的这一次门票改革,外界争议颇多。而这些意见主要来源于与少林寺相关的利益群体。少林寺与政府的出发点是有差异的。

1. 政府的视角

关于少林景区的资源整合以及票价上涨,政府更看重少林景区给整个登封带来的经济和社会效益。以前少林景区只局限于少林寺常住院、塔林、初祖庵、二祖庵、达摩洞等景点,虽然游客数量也很可观,但是原少林景区周边环境就乏善可陈,四周商店设置混乱,各色武校布局芜杂,自然环境破坏严重。少林景区是登封、河南乃至中国的窗口,这严重影响了少林寺、河南乃至中国的形象。政府就是基于这个出发点才对少林景区进行整修的。(见图5-1)关于少林寺景区的整修与票价改革问题,一位相关部门负责人介绍道:

图5-1 拆迁后的少林村远景

"在规划少林寺景点时,主要还是为了顺应时代的潮流,保护少林寺,还原'深山藏古寺,碧溪锁少林'的情景,还原自然风景。经过规划后,少林寺的旅游景点收入一年也就是100万~200万元,这已经比其他景点的收入高很多了。少林寺觉得不应该收门票,但旅游资源要开发,首先要有效益,不可能我给你出钱进行治理,不收取任何回报。少林寺的整修已经投入了四五个亿,少林寺已经不是独立的而是社会的。政府对社会的回报就是要开发、利用、保护,在保护的前提下适当地反馈社会,这些门票收入会支持地方财政,政府还要继续投资保持景区的可持续发展,如果停滞不前,肯定会落后。少林寺是中国对外宣传的窗口,它是世界的,特别是2006年普京来少林寺,又掀起了国外来少林寺旅游的热潮。"

---

① 《河南少林寺景区增两旅游项目 门票将涨到一百元》,新浪网,发布日期:2005年4月20日,http://news.sina.com.cn/c/2005-04-20/13455703148s.shtml。

2. 少林寺的视角

作为少林景区的主体,少林寺一直是不主张收取门票或收取高价门票的。因为他们认为高价门票会把自己的信众拒之门外①。作为佛教寺院,少林寺更看重的是信众的香火。虽然现今持有皈依证的信众仍可免费进入景点,但相对于信众的整体而言,毕竟是一小部分。因为,对于大部分虽然崇信佛教却没有皈依的人来讲,高额的门票可能会将其拒之门外。早在2004年3月,作为第十届全国人大代表的释永信在北京参会期间,就递交了两份议案。主旨为如何更好地开放佛教寺院,希望能免除寺院门票。在谈到少林寺收取门票的问题时,释永信说,在佛教传入中国后的1000多年间,全国各地修建了大大小小无数的佛教寺院。但历史只选择了其中的一小部分流传至今。这一小部分之所以能流传下来,正是因为它们在不同程度、不同侧面凝聚着相当深厚的传统文化价值。目前我国已经开放了很多这样的佛教寺院,但是仍然有很多尚未开放。我们反对旅游部门在利用佛教活动场所开发旅游景区(公园)时收取太高的费用,但我们同意旅游部门适当合理地发展旅游经济。包括少林寺在内,目前我国主要佛教活动场所周边都被有关旅游管理部门开发成了旅游景区,并收取门票。因此,无论是游客还是佛教徒,无论是旅游观光还是参加佛事活动,都必须先行购买昂贵的景区门票。而一些地区把许多和佛教活动场所无任何关联,甚至是游客都不感冒的商业项目强行列入所谓的联票当中去,引起了普遍反感。释永信认为,自佛教传入中国,千百年来,无论名山大寺,还是小山小庙,都没有向佛教信徒及游客收取门票的传统。"就算现在时代变了,要发展旅游经济,昂贵的门票仍然不合时宜。对于信徒而言,这里只是宗教活动场所而不是旅游景区或公园,行使国家宪法赋予的权利,过正常的宗教生活还要像游客一样付费,既不合情也不合理"。②

少林寺是一个宗教团体,是社会组织的一种形式。少林武术是少林寺的重要标志,在少林寺的发展史上就有"寺以武显"之说。当代,特别是随着电影《少林寺》的上映,少林武术以及少林寺更是名声大作。但是从社会组织的角度来看,少林寺的发展目的仍然是以弘扬佛教为主体的,武术只是其弘扬宗教的一个手段。为了弘扬佛教,少林寺自然希望能广纳信众、宣扬佛法,因此,它

---

① 《"禅宗中国"百日峰会昨开幕 释永信回应经营质疑》,大河网,发布日期:2009年4月28日,http://www.dahe.cn/xwzx/sz/t20090428_1539601.htm。
② 《少林寺取消门票的利与弊》,《郑州晚报》2008年12月18日。

会对门票更加淡化,这是合乎逻辑的。而对于登封地方政府而言,其根本职能在于管理、协调社会的发展。其进行景区整合,提高票价的目的更是从登封社会的视角出发的。从本质上来讲,两者的出发点是大同小异的。因为社会的发展很难使各方利益群体得到满意,为了社会的发展,必然会损失一些个人或组织的利益,这时个人利益应屈从于社会利益。但是,少林景区发展到一定程度后,是否考虑免除少林寺的门票,或许这是政府应该考虑的议题。

(二) 从武校的发展看武校与政府的关系

少林寺附近的武术馆校大都从20世纪80年代开始发展,而以1991~1999年这一阶段发展最为迅速。在那一时期,一年之间往往会有数十家武校成立。武校数量的飞速增长源于当时制度的不规范,而武校的无序发展也蕴含着诸多弊端。这体现在武校的日常运营等方面。20世纪末,登封市政府开始对少林景区进行拆迁。此次拆迁涉及多方利益,难度非常大。这不仅包括要将那些祖辈在少林寺景区做生意的人迁走,还涉及少林寺周边武术学校的搬迁。为此,登封市在距少林寺近8千米的地方修建了武术城,以缓解利益之争。在武校搬迁后,政府仍出台了一系列政策对武校的发展进行协调、管理。而从这些政策的变迁中可以解读隐含在其中的政府与武校的关系。

1. 武校的视角

对于政府对武校的管理,大部分武校还是比较支持的。在谈到武校的拆迁问题时,一位武校校长认为:"政府拆迁时专门规划了登封武术城,也叫武术一条街,政府是强制效应,赔偿费很低。"我们学校的前身是少林村村办企业,当时是由我们学校校长承包的,每年向村里交一定的钱,拆迁的时候我们校长只获得了一些额外的赔偿,于是高额贷款在这里买了地,2002年才建成规模,慢慢学生稳定了,边发展边建设。从少林寺搬出来对我们生源影响还是非常大的,刚搬出来的时候还是租的临时厂房,条件相当困难啊。当时校长住在棉瓦房里,看着工地,畅想将来我校的发展、给我打电话说这是我们的办公室,这是宿舍……现在终于发展成这样了。

当然也有一些武校认为政府的管理过于宽泛,已经涉及他们的日常经营。例如,在谈到这个问题时,一位武校管理人员这样介绍:

"武术是整体的,不应该以少林功夫来替代。体育局要求武校教授少林武术,把本来已经发扬光大的武术又局限于少林功夫。本来发展得相当壮观,已经标准化的武术又转回少林功夫,有些地方持保守主义。有的人来少林寺学习武术,根本不知道什么是少林功夫,学习少林功夫不能等同于学习武术,应该只要是精华都要传授。体育局对我们的特色有意见,学习少林功夫无法与国家比赛和考学结合。少林功夫朴实无华,表演性不强,不适合表演。武僧表演现在也脱离了少林功夫,在这种情况下,真正表演少林武术的很少。武术不能一直沿着一成不变的模式发展,它是一门艺术,可以和艺术结合。强身健体功能犹存,保家卫国结合得不多了,武术的发展应适应社会需求,逐渐以市场为导向,不应该以政府的意志为导向。"

2. 政府的视角

从登封市内武术馆校数量的历年变化看,登封武校(馆)的发展受市场需求推动的同时,政府在管理上也遏制了其过热发展,每次波谷的出现都与政府的管理有关。1988年以后,随着习武人员数量的急剧上升,乱办之风又有抬头之势。1990年,县政府下发了《关于加强武术馆校管理的通知》,明确了由体委对武术馆校统一审批、统一管理的规定,并制定了办校的"六条标准",武术馆校开始逐步走向规范化。从1991年第一届郑州国际少林武术节的举办到1999年底,为少林武术快速发展阶段。武术馆校的发展已基本纳入制度化、规范化、法制化轨道,九年义务教育在武校得到贯彻执行,文武并重、崇武尚德成为武校的一种新时尚,武术馆校得到了快速、有序发展。1998年5月,登封市政府结合少林武术工作的特殊情况,出台了《关于进一步加强少林武术管理工作的通知》,进一步明确由市体委对武术馆校统一审批、统一管理的规定,并对少林武术涉外管理问题做出了具体规定,使少林武术的发展驶入快车道。从登封武校数量的历年变化看,最大的波动就出现在这个时期,两次波谷都出现在此,并对应于政府对武校相关管理措施的出台,可见,登封武校发展受市场需求促动的同时,政府在抑制其过热发展、促进其良性发展方面发挥着重要作用。这个时期,政府对武校的管理日趋成熟,建立馆校严格审批制度,武术馆校数量增长稳定。2001年,登封市政府出台了《关于加强少林武术涉外管理的通知》。2004年,登封市体育局进一步修订和完善了《登封市武术工作管理办法》。政府在武校管理方面,已从一般的政策要求转向对武校未来发展的宏观规划方面,如2001年筹建嵩山少林武术城,25所集中分布于少林寺景区的武校全部迁出,都是在政府主导下展开的。这个时期,武校总体数量增长稳定,新措施的影响尚未体现。

武校作为一个社会组织,其目的显而易见。有的武校以弘扬少林文化为目的,有的武校则以赢利为目的。政府作为管理者,由于其出发点是希望登封的武校以弘扬少林武术文化为基础,办大办强,因此出台了一系列政策,促进武校的发展,在武校发展初期给予大力支持,在武校发展混乱时进行规治,在武校发展稳定时进行标准化管理,这都是非常有效的。从本质上讲,政府的目的是以武校的社会效益为主的,因为少林武术作为非物质文化遗产迫切需要保护。当然目前一些大的武校都非常重视少林品牌的建设,高举文化大旗,谋求长远发展。但是对一些中小型武校而言,它们面临的首要问题是生存,即经济效益。因为它们的经济基础还不牢靠,所以如果这时用统一的标准要求所有武校,势必会引起争议。因此,政府对武校的管理应在尊重武校的基础上进行协调,允许多样化经营。毕竟对传统文化最好的保护就是使其适应现代社会的发展,这就需要尊重民间的选择。

(三)从少林景区居民的拆迁看政府与居民的关系

少林景区作为河南省"三点一线"黄金旅游线路的重要组成部分,其形象和品位备受海内外游客的关注。登封的少林寺景区是国家5A级风景旅游胜地,为了再现"深山藏古寺,碧溪锁少林"的自然风貌,登封市政府采取一系列措施,对景区的道路交通、商业服务设施、武术学校、公共单位、居住村庄、景区绿化等进行全方位的整治,使整个景区路通、水清、灯亮、景美,成为河南省正在重点建设的郑州—开封—洛阳—三门峡沿黄旅游黄金线上的精品景点。根据2002年国家建设部批复的《少林景区详细规划》,这次少林景区拆迁范围为:东起西郭店村,西至梯子沟凤凰石,南至南召沟,北至初祖庵规划核心区内的民宅、商业门店及不符合景区规划的建筑物(王子沟居民新区除外)。共涉及2个居委会、1个行政村、400余户居民、100余家商户、10余所武校,拆迁总面积35万余平方米,拆迁资金总预算为1个亿。政府试图通过拆迁改造,提高少林寺景区品位,积极与世界旅游市场接轨。景区改造涉及附近居民的拆迁问题,而政府与居民的视角往往是有差异的。

1. 政府的视角

为确保拆迁整治工作的顺利开展,登封市首先从提高被拆迁居民户的居住环境和生活质量着手,与广大被拆迁对象充分协商后,采取"拆迁一户,安置一处"的办法,将被拆迁居民户异地集中安置在该市西城区,建设少林居民小区。居民小区内水、电、路、排污、有线电视、电话、垃圾中转站、幼儿园、办公用房等设施齐全。建筑费用由政府补贴,被拆迁居民部分出资。制定了分期给付土地使用、安置补助费有关规定,解决被拆迁居民户今后的生活问题。同时,该市把少林景区拆迁整治作为全市各项工作的重中之重,明确目标,落实责任,采取四大班子领导分包委局、委局分包各被拆迁居民户的办法,全党动员,全民动手,由四大班子领导现场办公,研究解决具体问题,各分包委局一把手带队,按照包做思想工作、包签订协议、包过渡安置、包搬入新居、包稳定的工作要求,深入被拆迁居民户家中,向被拆迁居民户宣传拆迁补偿标准及安置政策,解决被拆迁居民户的实际困难。截至 2002 年 3 月 12 日,少林景区已有 312 户居民签订了拆迁补偿协议;246 户领取拆迁补偿金;145 户已搬迁完毕,正在实施建筑物拆除工作;其余近百户已做通思想工作,正在签订拆迁补偿协议。中共登封市委书记张学军说:全力搞好少林景区拆迁整治,事关登封市、郑州市乃至河南省旅游业的长远发展。

2. 居民的视角

大约在 2002 年,登封市政府为了促进当地旅游业的进一步发展,对原国务院已经审批过的风景区规划范围做了扩充,由此形成的新规划方案也得到了国家建设部的审批。但当地农民并不认可这一新方案。不少农民认为:自己的不少房屋和土地,按照以前的规划,都不属于被拆迁的范围,并且农村用地也不适用于国家的拆迁条文;另外,新规划方案以外的土地,在拆迁结束、农民变成市民后,也将完全失去。登封市政府为了安置当地风景区被拆迁范围的农民,也付出了不少代价,并给予了农民不少优惠待遇,比如为每户提供 200 平方米的房子,每人补偿 9 万元,原有的土地作物收成也归农民等。但是面对如此待遇,一些农民宁愿住进山洞,或远走他乡,或多次上访,甚至有 273 户农民于 2003 年 8 月,以当地市政府违法为由,起诉登封市人民政府。事实上,政府并非没有给这些被拆迁的农户以补偿,也并非没有给予被拆迁农户房屋居住。相反,政府的公告说,将以每年每人 3000 元的标准给予被拆迁农户连续 30 年的安置补助费。同时,每家被拆迁农户还将获得一套 200 多平方米的两层楼房。① 那为什么农民还会对拆迁持有这么大的意见呢?通过文献与实际访谈,笔者发现问题集中在两方面:首先,农民担心失去土地后生活没有保障;其次,农民对政府的拆迁范围有意见。例如,属于拆迁范围的少林寺村

---

① 《少林寺景区拆迁户:是"肠梗阻"还是合法维权》,网易,发布日期:2003 年 12 月 24 日,http://money.163.com/economy2003/editor_2003/031224/031224_175387.html。

和塔沟村的几位农民认为,这主要是因为自己的土地将全部被政府没收,而农民的基本农田将不再为农民提供生存保障。此外,政府并没有按照国家的相关规定进行拆迁和规划,一些不该拆迁的房屋,都被拆了。这次风景区规划的拆迁,政府占用的土地达到了 2.18 平方千米,其中包括 1 平方千米耕地(含 0.67 平方千米基本农田),而许多耕地农民都与集体经济组织签订了长达 30 年的土地承包合同。当地少林寺村、塔沟村的农民表示,问题的关键在于,他们原来的村委会要更名为街道办事处居委会(比如登封市少林街道办事处少林寺居民委员会、登封市少林街道办事处塔沟居民委员会),并且街道办事处居委会的印章都已经出现了。这意味着他们自己已经变成了城市人(即上了城市户口的人)。当时的一些领导部门,如拆迁委员会办公室已经取消了。那现在,这些拆迁后的居民生活状况如何呢? 笔者访问了其中的一个村。该村的村支书认为少林景区拆迁是为了社会发展的需要。尽管拆迁户都明白这个道理,但是当拆迁涉及个人利益的时候,很多居民还是不想搬迁。他认为其中的主要原因有两个:一是故土难离的传统思想;二是搬迁后的生活保障,包括宅基地问题、生活用水问题以及就业问题。少林寺景区附近的耕地较搬迁后的土地要更为肥沃,适宜耕种,那里环境清静,生活得比较舒服。登封自古缺水,而搬迁后的地方没有解决供水问题。另外,由于离少林寺比较近,居民多多少少都有一些生意可做,而拆迁后与少林寺有一定的距离,生意就不好做了。正是出于故土难离的思想和对搬迁后生计的考虑,很多居民不愿意搬迁。因此,当时拆迁的阻力很大。但出于形势的要求,他们还是基于自愿原则进行动员。居民与政府的矛盾集中在居住条件和将来工作的安置问题。他们坚持多予、少取、放活的原则与居民和政府进行沟通。"最早政府提出的补偿水平不能满足居民的要求。后来政府提高了条件,还是不能满足一部分群众的要求。虽然政府一年补助一万元,但这些钱不能解决这些居民将来的整个生活问题"。谈到搬迁后的生活,他认为居民搬迁后如何生活得更好应该是政府在处理搬迁时的重点。政府不应该在居民拆迁后,就对当时的一些承诺不予以履行。"比如拆迁后吃的是井水,这是承诺过的,但是拆迁后因为天气比较热,苻水(地表水)比较充盈,导致打井打浅了,结果 2006 年后一直缺水,没办法调节供水,每个区域半个小时供一次水,长的是一个小时,基本是接点水够基本生活"。除了用水问题,他认为居民的就业问题还是比较突出的。少林村建在登封的武术城附近,特别是离塔沟武校比较近,武校会给他们提供一些就业机会。"塔沟武校拆迁前是1万多人,现在2万多人,这就需要有人管理,于是就都从我们这边招人,比如后勤,在武校门口开车当司机等。虽然武校实行封闭式管理,但是学生还是要出来购物的,另外家长来了会在我们这住宿。《禅宗少林·音乐大典》后,道路进行了改善"。这些居民搬迁前,过的是自给自足的生活,现在必须自谋出路,单靠武校提供的就业机会是很难满足所有村民的需要的。他认为解决这个问题必须靠集体引导,为了社会的发展,他认为损失一部分人的利益是可以理解的,少林寺拆迁毕竟是件好事。

居民是社会的主体,从武术的本质而言,武术运动只是他们强身健体的一种手段。在古代,这些居民的先祖可以借武术来保家卫国,但现代社会武术的军事功能则逐渐淡化,武术对少林寺附近的居民影响最大的莫过于其经济功能。电影《少林寺》的成功,给少林寺带来了大量的游客。众多武术爱好者纷纷来少林寺习武,各种武校相继发展。这都给附近居民带来了巨大的商机。少林景区的拆迁无疑给这些居民出了个巨大的难题,一方面难离故土,一方面不忍放弃赖以生存的生计,因此,拆迁自然会引起争议。对政府而言,少林寺是登封、河南乃至中国的对外窗口。少林寺周边的环境规划势在必行。因此,政府投入了大量的精力和物力来推行拆迁政策。在这个过程中,也牵涉到双方利益的博弈。客观来讲,政府给予拆迁居民的经济赔偿和住房安置是很不错的,但是从对几名拆迁户的访谈中来看,对于这些居民安置后的生活,政府显然缺乏关注。此时,再回首看看当初拆迁时居民的顾虑,确实是可以理解的。因此,从事件的本质来认识,在武术的发展过程中,政府为了武术乃至社会的发展进行拆迁是利国利民的。但是在拆迁过程中,政府能否在考虑拆迁的基础上将目光放得更长远些,多考虑这些居民拆迁后的生活,而不是只关注暂时的经济补偿、住房安置等问题。毕竟人民利益是社会发展的出发点,在武术发展的过程中,社会各界都应将维护人民的利益放在首要位置。

第六章 武术在登封的发展

　　文化社会学认为文化必须具有创新自身文化体系、适应社会环境的能力，否则就会被淘汰。伴随着改革开放的契机，武术在登封得到了飞速的发展。其中既有经验也有教训。今后，武术在登封也不可能停滞不前，面对社会的变迁，它必须继续发展，否则就要面临危机。本章立足武术在登封的发展背景、起源、演进和发展现状，对今后武术在登封的发展提出思考。并认为：发展是对登封武术最好的保护，多样化是武术在登封的发展趋势，应注重少林寺的品牌建设，国家与社会利益的兼顾是登封武术发展的根本，应从社会化的路径强化武术文化在青少年中的传承。

第一节　发展：对登封武术最好的保护

　　马克思认为人们自己创造自己的历史，但是他们并不是随心所欲地创造，并不是在他们自己选定的条件下创造，而是在直接碰到的、既定的、从过去承继下来的条件下创造①。因此，传统文化对社会发展而言是无法避免的问题，一方面我们要摆脱传统中的一些羁绊，另一方面还要传承传统中的一些精华。武术在登封拥有悠久的历史，其在当代的发展不可避免地会面临着传统武术的保护问题。其中如何在发展武术的同时兼顾传统与现代的和谐是问题的焦点。登封存在的传统武术文化形态主要以少林武术为主，辅以太极拳等其他武术种类。总体而言，从传统武术特别是少林武术在登封的发展来看，发展是对其最好的保护。

---

① 马克思：《路易·波拿巴的雾月十八日》，人民出版社2001年版，第8～9页。

一、发展是对登封武术最好的保护

在内外部环境改变的前提下,文化要保持适应,最重要的是它必须能够变化①。汤因比对世界发展历程中的 21 种文明进行了比较研究,他认为文明并不像有机体一样必然走向死亡,决定文明命运的是人们的自决能力,只要每一文明不丧失自决能力,面对挑战能进行有效的应战,那么文明的命运并不都是解体②。因此,一种文化只有适应一定的社会文化的需要,才能与原有文化相结合、相融合,才能产生新的文化,并求得发展,否则,它就会遭到原有文化的排斥、抵抗,与之发生冲突。所以,传统文化在现代社会发展的核心就是积极地适应社会需要,创新文化体系。改革开放后,武术在登封并没有游离于市场经济体系以外,而是依靠社会力量、利用自身特点在顽强地发展。武术中适应现代市场经济的一些像政治、经济、教育、健身等功能得到了较好的开发。登封的武术馆校、少林寺、普通学校武术的发展都是对传统武术文化最好的保护。之前介绍了登封武术馆校与普通学校武术的发展,在这里以少林寺为个案,分析发展是对登封传统武术文化最好的保护。少林寺是少林武术的重要载体。从少林寺的发展历程来看,发展是对其最好的保护。由图 6-1 可见,新中国成立后到土地改革前,少林寺僧数量一直稳定在 80 人左右。但在土地改革与"文化大革命"期间少林寺僧数量大幅减少,一直保持在 13~16 人。而从 1982 年起,少林寺发展迅速,2007 年人数稳定在 200 人左右。可以说,少林寺在传承传统文化的基础上谋求了更大的发展,在自身发展的同时也是对传统文化最好的保护。

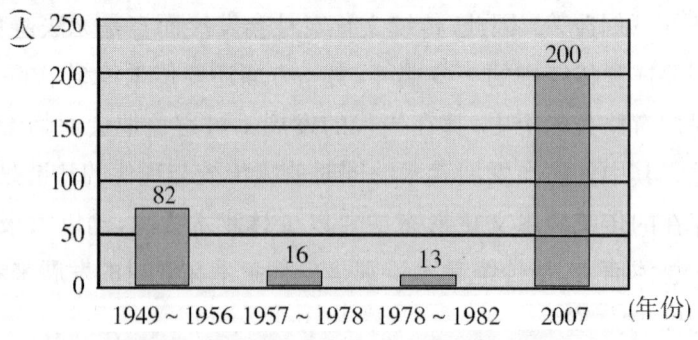

图 6-1　新中国成立后少林寺僧数量变化图

---

① 威廉·A.哈维兰:《文化人类学》,上海社会科学院出版社 2006 年版,第 53 页。
② 李庆霞、姜华:《汤因比的文化形态学及其启示》,《理论探讨》2003 年第 2 期,第 42 页。

1982年之后少林寺得以飞速发展的原因有以下几点：首先，电影《少林寺》的上映为少林寺打开了对外交流的窗口，使少林寺与少林武术家喻户晓。其次，旅游业的发展为少林寺提供了经济基础。据资料显示，1974~1978年，少林寺游客总数维持在20万人上下，而《少林寺》上映后人数一直稳定在100万人左右。1978~1984年，少林寺的门票收入都归登封政府。1984年后，少林寺的门票权与管理权被归还于少林寺僧人，当然门票收入也归少林寺僧人所有。1994年后，少林寺的门票权再次被政府收回，形成了政府与少林寺按一定比例分享门票收入的局面。可见，少林寺门票政策的改革，为少林寺带来了可观的经济收入，为其发展提供了经济基础。最后，河南少林无形资产管理有限公司为少林寺的发展提供了组织保障。1993年之前，少林寺的品牌被肆意侵犯，少林寺多方呼吁还是无法改变如此窘境。1993年，一则"少林火腿肠"的广告，终于让忍无可忍的少林寺拿起了法律武器，将该厂家告上法庭，最终少林寺维权成功，该厂家被勒令停止生产少林火腿肠。这件事引发了少林寺的深思，他们发现依靠原有的组织模式无法在市场经济的大环境下持续发展。因此，他们组建了河南少林无形资产管理有限公司，专门负责依法开展对少林寺无形资产的保护、管理。其具体组织机构见图6-2。

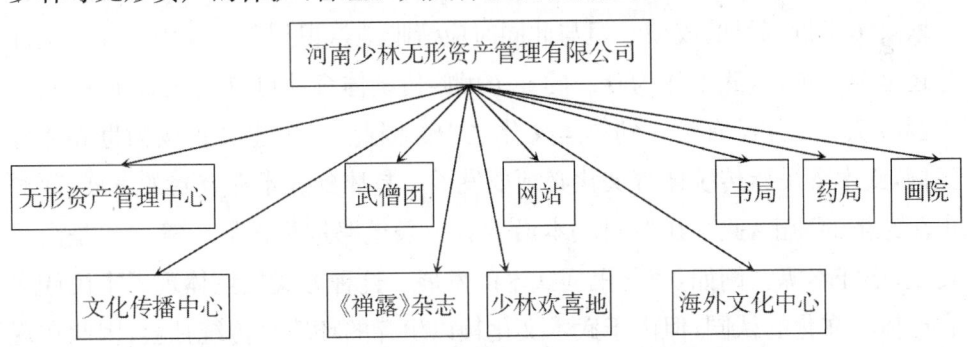

图 6-2 河南少林无形资产管理有限公司组织结构图

可见，登封的一些武术组织在传承传统文化的基础上，大胆创新，勇于发展。在发展的同时也是对传统文化最好的保护。但与之相对应的是一些与现代社会不适应的武术组织却出现了萎缩，比如民间武术，由于组织模式无法适应现代社会的大环境，其发展就显得尤为艰辛。文化适应是指不同的文化经过长期的接触、联系、调整而改变原来的性质、模式的过程。文化适应并不是简单地抛弃一些旧的文化特质或采取一些新的文化特质，而是一种新的综合过程，也是产生新文化的过程。不论是对新文化特质的产生和发展，还是对新文化体系、模式的建立,文化适应都有积极的意义。一方面,当前我国社会正在进行市场经济改革,社会结构发生了巨大的变化。从传统走入现代的武术文化,必然面临新环境的冲击。文化发展的规律决定了武术在登封的发展更多地需要对传统进行扬弃,创新自身文化系统。另一方面,武术文化蕴含了中国传统文化的精髓,集聚了中华民族精神的精华,是中国文化的瑰宝,登封政府和社会有必要对其进行保护,不应将武术片面地抛向市场,任其自生自灭,而应在充分尊重我国武术本质特征的基础上,明确其发生、发展的规律,使其在政府的引导下进入良性发展轨道。

二、认同是保护登封武术的前提

随着全球化趋势的增强,我国经济和社会在急剧变迁,与传统社会相适应的传统文化受到了西方文化的强烈冲击[1]。在严峻的现实环境下,传统文化的传承、保护和发展受到了世界各国的重视。胡锦涛同志在党的十七大报告中指出:"弘扬中华文化,建设中华民族共有精神家园。"我们要全面认识祖国传统文化,取其精华,去其糟粕,使之与当代社会相适应,与现代文明相协调,保持民族性,体现时代性,成为中华民族共有的精神家园。[2] 如今,中国正在向世界大国的道路上进一步迈进,而中国的竞技体育已在2008年北京奥运会上取得了举世瞩目的成绩。但与此同时应清晰地认识到奥运会中的项目大部分还是西方项目,武术作为唯一的一个民族传统体育项目只是表演项目而已,中国传统文化并没有融入到奥运文化之中。因此,中国想真正成为世界体育强国,武术等民族传统体育文化必须要发展。具体到武术在登封的发展,面对市场经济的冲击,武术在登封基本沿袭着三条道路进行发展。第一条是沿袭传统,恪守本源。例如,登封民间武术的发展。这种方式虽然体现了本民族对自己体育文化的认同,但由于武术文化赖以生存的环境是传统社会,因此在现代社会如果其自身文化系统不进行创新,其发展现状并不会很乐观。第二条是在坚持自身特色的基础上与市场经济相结合进行发展。这些文化因为适应了社会需要,自然取得了较好的发展态势,例如登封的武术馆校、武术表演业的发展等。第三条是在强调市场化发展的同时有些偏离自身原有的轨道。从

---

[1] 王龙飞、虞重干:《非物质文化遗产视野下少林功夫的保护》,《武汉体育学院学报》2008年第4期,第58页。

[2] 广东省邓小平理论和"三个代表"重要思想研究中心:《建设中华民族共有精神家园》,《光明日报》2007年12月4日。

表面上看,这些文化得到了飞速的发展,但是从文化的本质来看,它们正在与自己的传统愈行愈远,而这些传统正是这些武术文化的"魂"。丢失了自己的过去,传承、发展就无从谈起。例如,一些武术馆校片面追求经济利益,虽然打着"少林"武校的牌子,但是在教学内容中却没有少林的内涵,逐渐丧失了自身的特色。面对市场经济,武术在登封应选择什么样的道路进行发展,实质上是一个民族认同的问题。这不仅表现在武术文化中,一些民族传统文化也体现着这个原则。例如,电影《阿凡达》在全球热映,其导演卡梅隆在北京的首映式上介绍片中哈利路亚山的原型来自中国黄山,顿时引起了我国黄山与张家界的阿凡达之争。黄山市政府网站上挂出"《阿凡达》之哈利路亚山即中国黄山"的标语,而张家界则更是计划将其景区的乾坤柱(有说南天一柱)改名"哈利路亚山"。[①] 对方是来中国进行电影宣传的,找个与本地相关的噱头是可以理解的。但是我们有必要对此有这么大的反应吗?这从另一方面也反映了社会对本民族文化认同度的薄弱。与之相反,曾与李怀福共获第十二届CCTV青年歌手电视大奖赛个人赛原生态唱法金奖的李怀秀因参与《云岭天籁》的演出而拒绝了很多商业演出[②],他们认为如果为了个人利益而抛弃了民族文化,是得不偿失的,民族文化是高于个人利益的。而第十三届CCTV青年歌手电视大奖赛原生态唱法冠军"土苗兄妹"组合则与清江景区签约,担任清江画廊特约歌手。无论是李怀秀姐弟还是"土苗兄妹"组合,他们都是在传承、发展传统文化的前提下来谋求自身经济利益的。因此,只有认同自身文化,才能在自信中寻求与市场经济相结合的发展路径,武术文化在登封才能得到保护、传承与发展。

三、登封武术的创新应注重精神文化的传承

从武术在登封的发展历程来看,武术在各个时期都能与不同的环境相适应。例如,少林武术在传统社会的发展。在政府支持时期,少林武术得到了飞速的发展,这与少林寺和政府的关系有关。总体来看,少林寺作为宗教团体一直与政府保持着良好的关系。当然在一些时期,少林寺也曾受到政府的压制,但是在面临压制的时候,少林武术并没有逆来顺受、放任自流,而是主动适应、

[①] 《白岩松评"景点被阿凡达"正演变成大笑话》,新浪网,发布日期:2010年1月28日,http://news.sina.com.cn/o/2010-01-28/064417005977s.shtml。

[②] 《李怀秀姐弟式住宅原生态拒商演》,生活新报网,发布日期:2006年12月25日,http://www.shxb.net/html/20061225/20061225_46669.shtml。

积极面对。与此同时,少林武术散落民间并得到了发展,成为农民休闲娱乐、保家卫国的重要手段。新中国成立以来,武术在登封仍然传承着积极适应的精神,特别是在改革开放之后,登封人民创造性地将武术文化在登封这个县级市发扬光大。当然,这个过程并不是一帆风顺的,武术在登封是在坎坷中前进、在艰难中摸索的。至今也很难说它的实践是否成功,但可以肯定的是,登封人民在积极地创新武术文化体系。而面对市场经济的冲击,创新文化体系则是传统文化可持续发展的前提。因此,总体来看,武术在登封能在不同的历史时期得以可持续发展绝不是偶然的。外部环境不是决定其可持续发展的决定性因素,真正的决定因素是内化在武术文化中的朴实无华、严谨实干、兼容并蓄、开放融合与敏于适应、勇于创新的精神特质。文化社会学认为文化是内化在人们的生活方式中的,而精神文化是影响人们行为的最直接的文化层次。因此,今后武术在登封的发展,在于维护武术文化的这些精神特质。只有传承、发展了这些精神文化特质,才能真正传承、发展武术文化,才能使武术文化在登封得以可持续发展。

第二节 多样化:武术在登封的发展趋势

从武术在登封的发展现状来看,武术馆校是其发展的主体,而社会武术、竞技武术与普通学校武术的发展在总体中所占的位置不够突出。从当今世界各体育强国的发展经验来看,体育的成功发展基本沿袭两种模式。一是以西欧为代表的模式,主要表现在国家的竞技体育植根于社会的俱乐部的健全发展;二是以美国为代表,主要表现在竞技体育的发展源于发达的学校体育的发展。在我国,改革开放后,我国体育事业开始进行社会化、产业化、生活化、普遍化改革。目前,这一改革仍在进行当中。武术属于体育的一部分,体育的成功经验值得武术发展借鉴。武术在登封的发展不应过度依赖武术馆校的发展,而应植根于社会体育与学校体育,形成社会武术、学校武术、竞技武术良性发展的结构。具体来讲,首先应促进民间武术、城市社区武术的普及;其次,武术馆校的发展应向标准化迈进;最后,市场化是武术在登封发展的重要趋势,应按照经济规律大力发展武术产业。

一、重视登封民间武术的发展

城乡二元体制是我国社会制度的一大特点。中国人口众多,而农民在中国总人口中所占的比重很大。登封也不例外,农村人口是登封人口的主体。因此登封武术要想真正地发展壮大,必须根植于乡村武术的壮大。但是,近几年武术在登封乡村的发展现状不容乐观:习武人数正在减少,习武理念日趋淡薄。然而令人欣慰的是,乡村拥有悠久的习武传统,现今仍然有很多武术爱好者在为传承武术文化做着不懈的努力,但是这些努力仍无法改变武术在乡村的整体发展趋势。随着现代社会的发展、农民生活方式的改变,加之农村外出务工人员的增多,依赖传统社会生存的民间武社受到巨大的冲击。前些年,登封政府通过集市与庙会等形式积极组织民间文艺演出,对优秀的社团进行奖励,这些措施对登封乡村的武社起到了重要的引导作用。每年农历正月初五到廿二之间,大概有20余支武社在登封各乡镇进行表演。一时间武社在乡村有复兴的趋势,例如登封乡村2005年与1985年相比,舞狮与舞虎的人数和组织都在增加。但是也有一些乡镇请省、市戏剧团进行表演而不是传统的民间文艺汇演,这给武社的发展带来了一定的影响,从猩猩怪的发展即可见一斑。然而根据访谈,很多村民还是认为在传媒高度发达的现代,看戏剧团的表演已经不是什么时尚了,因为从电视、DVD和电脑上都可以看到类似的演出。但是看武社表演就不一样了,武社表演,特别是本村武社的表演,能增强村民的集体荣誉感和凝聚力,使村民获得独特的体育审美视角,这是戏剧团演出无法代替的。可见,登封民间武社确实拥有坚实的发展基础。首先,政府应给予登封民间武术足够的重视,对其组织、传承人给予适当的政策支持,比如通过发展民间节庆活动,来壮大武社。其次,社会应重视对民俗中武术文化的开发,尤其是对武社的扶持。最后,武社应注重自身的创新,通过创新组织模式、武术文化活动内容、节庆活动运作方式等方法来谋求发展。武术在登封的乡村拥有较好的基础,只要得到适当的引导和开发,必将得到长足的发展。

二、促进登封城市社区武术的普及

城市化是当今社会发展的重要趋势。登封自从撤县建市之后,城市化进程明显加快。但是,与国内一些发展较完善的大中型城市相比,登封城市中的社区体育发展相对滞后。这与登封的城市化发展程度密切相关。就武术在登封社区体育的发展而言,其规模并不大。通过调查发现,登封社区武术的发展还主要集中在城市几大广场的晨晚锻炼,并且规模与健身舞蹈的开展不可同日而语。当然,政府也组织了各种形式的群众武术活动,参与人员众多,但武术并未进入登封城市人民的日常生活当中。究其原因,主要是登封城市目前还没有形成成熟的社区,这样就很难形成健全的社区体育组织,也就不会形成较好的社区武术组织。登封城市社区武术的发展应重视对城市居民兴趣的引导,政府应加大社区体育组织的建设,在形成健全的社区体育组织之后,进一步加大对社区体育指导员武术文化与技能的培训,并通过一系列相关的活动与宣传,培养市民的习武兴趣,鼓励他们积极参与社区武术活动,进而真正地繁荣城市社区武术。

三、登封武术馆校应向标准化发展

武术馆校目前是登封武术发展的主体,它们从经济效益和社会效益等方面促进了登封的发展。登封的武术用品、武术竞赛表演等行业的发展对武术馆校的发展依赖性也比较大。但是,武术馆校发展本身仍然存在着一些问题,主要表现在其管理体制不够规范。武术馆校属于民办教育,其教学应归当地教育局主管,经营应归工商局和文化局负责,体育局则应管理武术馆校技术教学方面的内容。但是,从目前武术馆校在登封的发展来看,体育局基本在行使这三方面的职责,这就导致了武术馆校管理体制的混乱。当然在武术馆校发展的初期和中期,充足的生源供给使武术馆校的发展顺风顺水,这个问题并不明显。但是随着农村义务教育学费的减免以及农业税的免除,近些年武术馆校在生源上出现了问题。这时候,武术馆校在面临同行竞争的同时,又迎来了普通学校的挑战。家长要考虑学生的就业问题。与普通学校完善的教育体系相比,武术馆校的文化课教学相对滞后,这使得学生在武术馆校毕业后,很难再向高等教育迈进。于是武术馆校的发展在近几年出现了衰退趋势。面对上述问题的冲击,武术馆校要先解决自身制度的标准化问题。首先,武术馆校要明确自身的组织性质。如果定位于民办职业学校,就应在教学上隶属教育局的管理,经营内容上归工商局管理而技术训练由体育局负责。如果定位于俱乐部,就应逐渐与文化课教学相脱离,集中力量进行武术培训。随着中国社会的进一步发展,社会制度越来越标准化,武术馆校想要进一步发展、壮大,就必须先健全自身的组织建设,向标准化方向迈进。

四、市场化是武术在登封发展的重要趋向

市场化是指在经济运行中,市场机制对资源配置、生产要素组织的基础性

调节作用持续增大、依赖强度不断增强、市场体制逐步发展成熟的演变过程①。

1978年后,我国确定了改革开放的方针,开始进行市场化改革。市场经济改革使国家不再直接控制经济活动,而是通过一系列中介环节实现着对市场的宏观调控。其中变化最为明显的就是,经济活动不再直接受制于政治化的权力,而是获得了一定程度的自律性。这种政治和经济的相对分离,在改变着国家和社会的各个方面都产生了不可估量的影响。② 市场经济改革促使多种所有制形式并存、党政分家、政企分家。国家不再直接控制经济活动,而是通过市场进行宏观调控。市场经济改革使高度整合的中国社会进一步分化,社会分化导致差异性的出现、各社会系统自身发展的自律性的增强。在登封,改革开放前,武术基本属于公益性活动。当然,由于参与者有一定规模,也伴有商品交换行为的出现,但并不是主体。改革开放后,人们逐渐认识到武术的经济价值,开始结合自身特点进行市场化探索。他们最初的目的多是维持自身发展,但随着规模的扩大,政府和社会逐渐认识到武术的经济价值,纷纷提出"文化搭台,经贸唱戏"的口号。武术在登封的市场化探索更多地融入了文化的因素,而且得益于政府的政策扶持。市场化的内涵之一是转变政府职能,政府更多承担社会管理与公共服务的职责。从登封的经验来看,当地政府在武术市场化的过程中履行的职能在向政企分开、政事分开转变。总之,在整个中国社会进行市场经济改革的同时,武术作为登封大系统的一部分,其市场化改革势在必行,这是武术在登封发展的重要趋势。

体育服务产品一般属于享受资料和发展资料,属于较高层次的消费需要。武术也不例外,在改革开放初期,登封经济发展较为落后,满足生存需要是当地居民的首要任务。而当电影《少林寺》的风靡带来全国各地众多习武爱好者时,武术运动则成为人们谋求经济发展的主要手段。当然,这里不排除个别人秉承传承武术文化的初衷弘扬武术,此时经济目的是主要的。因为,只有当经济发展和人均收入达到一定水平,人们的基本物质生活需要得到满足之后,人们才会把对享受资料、发展资料的需要提到重要地位。电影《少林寺》的上映促进了武术教育市场的发展,登封出于经济和文化发展的目的大力发展武术

---

① 赵长茂、李东序:《市政公用事业市场化改革的依据和路径》,中共中央党校出版社2008年版,第14页。
② 周宪:《文化表征与文化研究》,北京大学出版社2007年版,第13页。

教育产业。武术教育产业的发展,带动了武术用品产业、武术场馆服务业的发展。与此同时,随着收入的增加,人们对武术旅游和武术竞赛表演服务的需求也在增加。为了满足这个需求,登封的武术竞赛表演业和武术旅游业在近几年发展迅速。河南作为农业大省,为武术市场的发展提供了强大的基础。而现代传媒对武术的宣传以及武术旅游的发展使得登封武术市场跳出了河南省,直接面向全国乃至全世界。整体而言,随着人们经济水平的提高,来自国内外的武术需求是在不断增长的。在需求增长的同时,登封需要做好的就是武术产品的供给,包括武术馆校、武术旅游、武术竞赛表演、武术用品等行业的建设。登封武术产业的发展以武术馆校业为主体,呈轮轴式产业集群模式,即整个武术馆校业依赖几个比较大的武校的绩效。这几年武术馆校产业的发展趋于平稳,从产业的生长周期来看应该是正在度过成熟期,向衰退期发展。但是,武术竞赛表演与武术旅游业则呈上升趋势,处于成长期。武术产业的发展开始呈现多样化趋势。武术产业在登封想要可持续发展,必须注重对武术馆校业之外的相关产业的发展。政府应为武术旅游、武术竞赛表演业提供有利政策,而武术馆校也应通过技术创新谋求进一步发展,进而拉动武术用品业的发展。从政府政策来看,政府早期注重武术在促进经济交流的平台作用逐渐淡化,开始向发展武术的文化功能转变。这从登封承办全国性武术节庆活动次数的减少可见一斑。因此,武术产业在登封发展应遵循经济发展的规律,在完善武术产业发展的同时,大力促进武术相关产业的繁荣。

第三节 "少林"品牌:登封城市发展的名片

少林武术是武术文化在登封的重要代表,也是登封、河南乃至中国文化的代表。少林武术本身就是一个文化品牌。随着少林武术被列为世界非物质文化遗产,登封各界都开始重视对少林武术文化品牌的开发。纵观这几年的发展,虽然取得了一定的成绩,例如,少林寺对"少林""少林武术"商标的注册以及政府对少林景区的规划等,但社会各界对少林武术品牌的开发缺乏统一规划,没有形成合力。打造少林武术品牌,要完善品牌的基础建设,以少林武术节庆活动为支点,重视少林武术的包装与宣传,通过少林武术品牌的建设,带动登封城市发展。

一、完善品牌的基础建设

市场营销学认为品牌是产品整体概念中的形式产品,是产品的一个重要组成部分①。文化虽然具有公共产品的性质,但武术产品要想占领市场,同样也要有品牌。一个好的品牌,对武术文化开拓市场、占领市场、提升自身价值至关重要。少林武术品牌是指用来识别少林武术文化的某一名字、标记、符号、图案和颜色或它们的组合。品牌概念是武术产品的形式产品,而武术的核心产品仍然是武术服务。少林武术的品牌建设必须立足少林武术产品自身的高质量上,比如要立足高质量的少林武术培训、表演、竞赛以及旅游等方面。因此,少林武术品牌的建设必须立足少林武术软、硬件的基础建设。软件基础方面,首先要对少林武术品牌建设有一个清晰的规划,对品牌的布局、内涵、定位、工作计划有一个总体规划;其次要加强对少林武术品牌的研究,可以通过研讨会的形式研究少林武术的品牌理论,给少林武术一个清晰的定位。如果没有清晰的理论指引,少林武术的品牌建设就会成为盲目的实践。硬件基础建设方面,崭新的少林寺景区已经完成了升级,应进一步健全其建设。而对于武术馆校的建设,还需进一步加强,应将其纳入少林武术品牌建设之中。可以将少林武术城和少林寺景区打造成为少林武术品牌的硬标志性场所。政府应加强对少林寺景区与少林武术城周围环境的治理。登封是一个工业化城市,应加强对环境污染的控制,为少林武术提供一个绿色的生态环境。

二、以少林武术节庆活动为支点

节庆活动是打造少林武术品牌的理想支点。登封自1991年开始举办少林武术节,1997年后升级为国际武术节,但举办两届后,近几年就没有再举行大型的少林武术节庆活动。少林武术节举办初期,登封市出于弘扬文化、促进经济交流的目的对其大力提倡。但是随着武术节庆活动的进一步深化、登封经济的继续发展,登封市出于对经济成本等多方面的考虑,逐渐淡化了举办少林武术节的兴趣。这也是在举办过两届世界武术节后,政府不再举办少林武术节的主要原因。登封不应将自己打造多年的少林武术节庆活动弃之荒野,而应继续将其发扬光大,将少林武术节打造成为登封城市的亮点。要将少林武术节办出登封特色,继续向国际化、市场化发展,将其办成一场武术文化盛会。可以将少林武术节与少林拳比赛相结合,丰富少林武术节的内容。其中,

---

① 万后芬、汤定娜、杨智:《市场营销教程》,高等教育出版社2003年版,第317页。

打破以前过多依靠政府投入的模式,形成现代化的市场化运作模式是亟待解决的问题。在这方面,潍坊的经验值得借鉴。潍坊国际风筝会开始于1984年,其值得肯定之处就在于它成功实现了弘扬民族传统文化和推动地方社会经济进步的良性互动①。潍坊国际风筝会的市场化发展更多地融入了文化的因素,而且更多地得益于政府的政策支持。市场化的内涵之一是转变政府职能,政府更多承担社会管理与公共服务的职责。借鉴潍坊的经验,登封政府在少林武术文化节庆活动中履行的职能应向政企分开、政事分开转变,这将对少林武术节的发展大有裨益。

三、加强少林武术品牌资产的运营

少林武术品牌资产指的是少林武术服务冠以品牌后,所产生的超越产品功能价值的附加价值②。一个强有力的品牌能形成巨大的品牌资产,而巨大的品牌资产又能为企业提供强大的可持续竞争优势。当然,少林武术服务的供给不单单来源于企业,还包括政府、社会公益性组织、少林寺等方面。但是少林武术品牌资产对这些供给方的作用是相同的。因此,在少林武术品牌形成后,少林武术服务的供给方应抓住机遇,加强品牌资产的运营。例如,少林武术品牌的建设重点还是要落实在其本身质量上,当然包装、宣传也是重要因素,应该专业化。可以与品牌运作的专业团队合作,进一步扩大少林武术的影响力。总体来讲,少林武术品牌资产的运营,应先从创立品牌的知名度入手,建立良好的品牌形象。在此基础上,应通过转让、外包生产、特许经营和品牌延伸等形式,综合运营品牌资产。例如,"麦当劳""肯德基""可口可乐""百事可乐"就是凭借其强大的品牌资产并通过连锁这一形式快速渗透到世界各地的。其经验值得少林武术服务产品学习。尤其是少林武术表演业与少林武术培训业,可以利用自身的品牌优势,借鉴如连锁经营等现代化经营模式提升自身竞争力,将少林武术市场从本地拓展到全国乃至全世界。

四、打造少林武术品牌,带动登封城市发展

打造少林武术品牌的前提是清晰认识少林武术服务的性质。从经济学的角度来看,少林武术服务是公共产品。它同时可以产生经济效益和社会效益。从市场失灵的理论视角出发,政府应该对武术服务给予政策支持,对其无法市

---

① 虞重干、张基振:《中国现代风筝运动及其对民间体育发展的启示》,《体育科学》2006年第1期,第14~16页。
② 万后芬、汤定娜、杨智:《市场营销教程》,高等教育出版社2003年版,第317~318页。

场化的部分给予公共财政支持,而允许那些可以市场化的部分市场化经营。这样在打造少林武术品牌时就将涉及多个主体,即多个供给方,包括政府、社会经济组织、社会公益组织以及少林寺。这些群体在发展少林武术的时候都应明确少林武术的公共产品性质,在谋求经济利益的同时兼顾社会效益。登封政府应将打造少林武术品牌纳入到城市发展中,加大对少林武术的公共财政投入。社会经济组织的经营应在兼顾少林武术服务社会效益的基础上运行,因为少林武术品牌是整个登封的,而不是这些经济组织自身的。少林寺则应明确,少林武术虽然产生、发展于少林寺,但不单单属于少林寺自身,而是属于全社会。当然,少林寺注册"少林""少林寺"等品牌对少林武术的品牌建设做出了巨大贡献,但是在发展过程中应与社会各界合作合力打造少林武术品牌。例如,2009年,登封市政府全资拥有的登封嵩山少林文化旅游集团有限公司,与香港中旅国际投资有限公司成功合作。双方共同组建的香港中旅(登封)嵩山少林文化旅游有限公司在郑州揭牌,之后就传出了该公司要争取上市,合力开发少林寺资源的消息。[①] 消息传出后,登封市相关负责人与少林寺方丈均发表声明,声称上市的不是少林寺而是合资公司。这样也引发了社会上的诸多争议。不过市场化的浪潮是武术发展过程中必须面对的。该合资公司如果能在兼顾国家、社会、少林寺等多方利益的基础上运营市场化模式,将少林武术文化发扬光大,也不失为一个有益的尝试。由于少林武术涉及登封社会的各个方面,因此少林武术的品牌建设也应吸纳社会各界特别是科教文卫、旅游、城建等方面的力量,从整体上推进少林武术的品牌建设。少林武术品牌应包含旅游、饮食、装饰、培训、影视等多方面。登封市应继续举办少林武术文化艺术节,加强配套设施建设,提高市民的人文素质,把少林武术的品牌建设纳入城市建设之中,将少林武术打造成为登封市的名片。

第四节 国家与社会利益的兼顾:登封武术发展的根本

登封武术的发展得益于政府、武术组织、个人等多方利益的支持,在发展的过程中,这些利益群体既有矛盾,也有合作,最终达到利益均衡,从而促进登

[①] 《少林寺门票年收入近 1.5 亿 少林功夫被贱卖 40 年?》,新浪网,发布日期:2009 年 12 月 29 日,http://sports.sina.com.cn/o/2009-12-29/05304766217.shtml。

封武术的发展。本节从政府、社会组织、个人的视角解读登封武术发展过程中各利益群体之间的博弈,从中总结经验,发现不足,并为今后登封武术的发展提出相应的建议。

一、政府应逐渐淡出武术的经济领域,行使协调引导的功能

(一)政府应给予武术产业适当的政策支持

武术在登封的发展得益于相关政策的支持。武术的发展也促进了登封的整合,提升了登封的城市形象,改善了社会环境,创造了就业机会。文化是一个民族的根系,事关一个民族的生存、延续与发展。因此,从保护民族文化的视角,政府必须对武术的保护与发展提供支持,使武术发挥社会功能。《世界文化多样性宣言》更是从文化多元化的角度明确指出:"单靠市场的作用是做不到保护和促进文化多样性这一可持续发展之保证的。为此,必须重申政府在私营部门和民间社会的合作下推行有关政策所具有的首要作用。"[①]另外,从产品性质来讲,武术提供的产品属于公共产品的范畴。公共产品理论认为社会经济的运行应当以市场调节为主,只有在公共产品供给不足,外部性、经济周期性波动、收入分配不公、垄断、信息不对称等缺陷造成市场难以调节或者调节不好的领域,才需要政府进行适当的调节,对市场进行干预。政府部门既要承担公共产品的提供,又要组织和资助混合品的供给,矫正市场在资源配置中的"失灵"。很多西方发达国家对公共产品都给予一定的政策支持以便弥补市场机制的不足。例如,美国政府从经济职能出发,在重新界定公共预算投资范围的同时,开拓新的财源,运用公共财政支持,来满足社会混合品的投资需要,充分体现政府在资源配置方面的职能。在国内,如民办武术馆校的发展,政府给予了税收方面的政策引导。例如,民办武术馆校不向国家交纳税收,只有少数学校需向本地体育局交纳管理费[②]。此外,一些民族体育节庆活动、竞赛、旅游、用品等行业也享有类似的政策支持。因此,在社会主义市场经济时期,无论从保护民族文化还是提供公共产品的角度,政府都不能单单依靠市场作用来维持武术的发展,而应履行好"经济调节、市场监管、社会管理、公共服务"的职能,给予武术适当的政策引导,促进武术在登封的发展。

---

① 张基振、虞重干:《中国民间体育保护与发展实践论》,《上海体育学院学报》2007年第6期,第22页。
② 张文普:《我国民办武术馆校办学现状的调查与分析》,《体育学刊》2008年第2期,第108页。

(二) 加快政府制度改革

根据马克思主义国家理论,政府的责任是协调社会利益矛盾、缓和社会利益冲突。政府作为执掌国家公共权力的主体,是行使国家公共权力的代表。它的权威性体现在既能分配社会公共资源,也能决定社会公共事务。尽管政府的职能是综合性的,但分配利益与协调利益则是其全部职能的核心。① 政府在整个社会复杂的利益关系网中履行的是网络枢纽的功能。它除了要建立、理顺不同主体之间的利益关系,还要使当前与长远等利益的不同形式互相兼顾,进而发挥协调、维护社会利益关系的强大整合功能。

改革开放后,武术在登封的发展过程中,国家与社会的关系发生了根本性的变化,主要体现在政府与社会关系的调整方面。政府对武术发展的管理方面:第一,控制范围在缩小。在武术教育、武术经济等方面,政府的直接干预已经越来越少,社会自主性明显增强。第二,在仍然保持控制的领域中,控制的力度在减弱,控制的方式在变化。武术作为传统文化,维护其传承与发展是政府和社会的责任,但政府不能将其强加给社会组织和个人,而是进行引导。第三,控制手段的规范化在加强。从武术在登封的发展,特别是改革开放后的发展来看,政府由最初的强制、高压、集中的管理,发展到现在的合作、协商和在法律框架范围内的契约式合作模式的建立,为武术的健康发展和武术组织网络的形成奠定了基础。

二、大力发展登封民间组织,促进武术发展

国家与社会的分离,导致了公共权力与民众之间的对立。广大民众为了控制公共权力,表达自己的利益要求,逐渐组织并建立了各式各样的社会组织。社会组织是利益分化与利益整合的对立统一体。社会组织是许多个人为了一定的需要结合在一起的一种形式,其实质是为了实现一定的目的,在诸如社会规范等一定的条件下,通过一定的发展在社会中获取资源。社会组织有很强的整合功能,它有助于影响其成员的思想、行为,强化其成员之间的凝聚力。社会组织可以说是政府与个人的中介。在市场经济时期,社会组织的发展制约着整个社会的发展。登封原有的武术组织在市场经济的冲击下正在转型,转型后的组织如武校、武术用品公司、武术旅游公司等得到了飞速的发展。在这个发展过程中,仍然存在着社会组织的发展与政府发展的利益协调问题。

---

① 杨超:《政治的功能分析:利益关系的视角》,《南京政治学院学报》2007年第1期,第55页。

例如,登封政府对武校发展的政策以及政府对武术用品城的建设等。怎样建立一个政府与武术组织的协调机制,寻求一个以武术组织发展为出发点、以政府为宏观管理的模式是当前急需研究的课题。

三、在登封武术的发展过程中应注重对个人利益的维护

政府的根本职能是协调社会利益矛盾。而从社会的本质来讲,人是社会的主体。人的发展就牵涉到自由、平等和民主等问题。至于公民与武术的关系,公民可以说是武术文化传承、发展的主体。因为文化内化在人的生活方式中,所以没有人的传承,武术文化就无从谈起。因此,武术要发展,必须处理好公民与政府的关系。人们为了自身的发展在一定的规范下向社会索取资源,在这个过程中势必与政府的利益发生冲突。特别是在改革中的社会,资源的划分还不是很清晰,更容易出现这样的矛盾。在这个过程中公民与政府怎样通过协调机制来达成利益均衡,既实现当前的发展又能兼顾长远的发展,是当前社会需要关注的问题。由于武术在登封的发展带来了巨大的经济和社会效益,因此得到了政府的大力支持。政府将武术的发展视为带动城市发展的助推器。因此,登封政府对武术发展做了大量的规划,尤其是少林景区的拆迁。毋庸置疑少林景区的建设对登封乃至中国的对外宣传起到了至关重要的作用,但是在拆迁过程中确实涉及了少林景区附近居民的利益与政府利益均衡的问题。在现阶段中国社会中,政府无疑是掌握资源的主体,其在与市民产生利益冲突时占有优势地位。当然,在拆迁过程中政府也意识到要尊重市民需求,然而这与市民的愿望还有较大的差距。怎样在市民与政府之间建立一个利益互动的机制,是当前急需解决的问题。

四、建立政策制定的协调机制

武术在登封的发展离不开政府的政策支持,将来武术的发展更应得到政策的支持。但是从武术在登封的发展来看,政府在制定政策的时候也出现了一些问题。随着市场经济的深入发展,登封已经初步形成了一个多元利益群体并存的格局。一些如少林寺景区的拆迁、初期武术馆校的成立标准等政策的出台,很难兼顾多方利益。因此,在武术发展的过程中,如何在制度上规范这些诉求,以保证诉求的合理性、诉求实现的可能性,是影响武术发展的重要因素。在这方面,美国的经验值得登封学习。美国政府针对体育场馆的税收政策体现了公平原则。地方政府在供给公共产品时,政府的行为比较容易受

到当地居民的监督①,这促使他们有可能降低公共产品的供给成本②。美国政府在建造体育场馆前会争得地区公民的认可,在市民认可的基础上建造体育场馆。之后,他们会根据利益原则对获利群体进行收税,来弥补体育场馆的公共财政支出。至于获利的市民,他们或是体育场馆附近的居民,或是运动队的球迷。因为他们从建造体育场馆中获利,也比较认可针对此项的税收。而对于职业球队来讲,在一个热爱球队且具有较强购买力的社区发展,无论从经济效益还是社会效益来讲对其都将有很深远的意义。因此,今后登封政府针对武术发展的政策应注重利益表达机制的建设,在保障人民表达权和知情权的基础上,制定相关政策,促进武术的可持续发展。

武术功能的开发应界定清晰政府、组织与个人的职责。市场经济改革前,武术是一项单纯的文化活动,改革后武术成为产品,产生经济和社会效益,其发展自然会涉及多方利益的均衡。武术作为中华民族的一种传统文化现象,具有经济、社会、文化等多种功能,在它的发展中,会体现出多方利益群体的冲突、协调与发展。武术属于公共产品,政府有义务对其发展给予支持,而社会则是武术发展的主力军,武术发展的根本动力在民间。政府发展武术出于社会整合的目的而个人与组织则更多的是考虑个体的发展。那么怎样协调两者的利益?从武术在登封发展的个案来看,关键是建立一个民主、自由、规范的协调机制,让政府了解民众的需求,让民众参与政府决定。只有政府与社会有效地沟通,才能兼顾国家、社会组织与个人的利益,形成共生机制,武术事业才能良性发展、世代相传。但政策的制定要征求民间的意见。

从武术在登封的发展动力来看,武术在登封的发展是在内外部环境下,由个人、政府与社会组织三种力量协同实践的。实践过程中,武术在登封多年形成的精神文化特质内化在个人的生活方式中,影响个人对武术有关的需求的产生,进而影响个人针对武术的实践活动,最终影响武术的发展。政府出于社会整体利益发展武术,而个人和组织则是站在自身利益的出发点发展武术,武术在登封的最终发展结果得益于这三种力量的均衡。首先,武术在登封的成功发展使人们意识到武术想要在现代社会谋求长足的发展,必须吸纳政府、个人和民间组织多重力量,而不能仅仅依靠政府或者民间组织,它们的发展动力

---

① 宋少为:《公共财政框架下的地方财政发展研究》,吉林大学2004年硕士学位论文。
② 张华:《我国体育产业财政投融资体制问题探讨》,《体育与科学》2007年第3期,第11页。

应是一种合力。其次,随着市场经济的发展,民间也确实有一定的力量可以参与武术的发展。对于地方政府而言,应重视对民间力量的引导。从登封的经验来看,政府的政策支持对民间力量的参与影响明显,特别是税收政策。由于武术具有公共产品的性质,因此政府有义务和责任通过政策对发展武术的民间组织给予支持。最后,在如何均衡武术发展中的多重利益时,不存在一个政策能符合所有利益群体的要求的。在武术的发展中,个人和民间组织有必要为社会的利益做出适当的牺牲。而在政府制定政策的过程中,关键要形成一个沟通民间社会与政府的机制,使得政策的出台能更多地兼顾社会与个人的利益。

第五节 拓展传承路径:登封青少年传承武术文化的关键

在登封,青少年是武术文化传承的主体,但是青少年传承武术文化的途径还是集中在民办武校和普通学校,传承路径显得较为单一。今后,应从社会化的视角拓展登封青少年传承武术文化的路径。文化社会学认为文化属于社会的那些习得的方面,而非继承。儿童或其他社会新成员学习他们那个社会的生活方式的过程被称为社会化①,社会化是文化世代相传的主要渠道②,其过程涉及多种社会化机构③,包括家庭、学校、同辈群体、媒体等④。因此,今后登封应注重从家庭、传媒、同辈团体等路径强化武术文化在青少年中的传承。

中国是个内向型的社会,而促成中国文明内聚性的最重要的因素,也许是通称为儒家学说的道德准则及其在文学、思想方面的遗产⑤。武术文化中提倡的"仁义礼智信"恰恰是儒家学说的道德准则。中国传统文化在维护社会和谐等方面仍然具有很强的现代性。而对中国传统文化的传承,关键在于人,特别是青少年。改革开放后,传统武术文化特别是少林武术文化的传承环境已经大相径庭。社会需要的变化、人们生活方式的改变都影响了传统武术文化

---

① 卢元镇:《中国体育社会学》,北京体育大学出版社 2004 年版,第 195~197 页。
② 冯钢:《社会学》,浙江大学出版社 2004 年版,第 22~24 页。
③ 詹姆斯·汉斯林:《社会学入门——一种现实分析方法(第 7 版)》,北京大学出版社 2007 年版,第 79~83 页。
④ 安东尼·吉登斯:《社会学(第 4 版)》,北京大学出版社 2003 年版,第 36~37 页。
⑤ 斯塔夫里阿诺斯:《全球通史:从史前史到 21 世纪(第 7 版)(下册)》,北京大学出版社 2005 年版,第 361 页。

在登封的传承。当前武术文化的传承集中在三方面:第一是来自少林寺自身的努力。他们通过收集少林武术的资料、加强对传承人的保护以及组建少林武僧团加强对外宣传的途径对少林武术进行保护。第二是来自民间对传统武术的传承。其最显著的特点是在市场经济的环境下,他们将传承传统武术与自身的生存发展相结合,走出了一条具有特色的市场化道路。其中较有影响的就是民办少林武术与社区的武术俱乐部。第三是来自政府的力量。他们通过在普通学校开设少林武术的必修课程以及举办少林武术节庆活动加强了对少林武术文化的传承。

一、学校——登封青少年传承武术文化的主要路径

学校是社会正式管辖的,有组织、有计划的教育机构,其宗旨是供青少年获得与社会需要相适应的专门技能和价值观念。与家庭对青少年的社会化不同,学校是把他们置于非亲人的直接管辖之下,把他们从充满亲密关系、自由自在的家庭转换到一个有纪律约束的陌生环境里。学校生活减少了青少年对家庭的依赖,使青少年与社会形成了联系。学校在社会化方面有系统化、组织

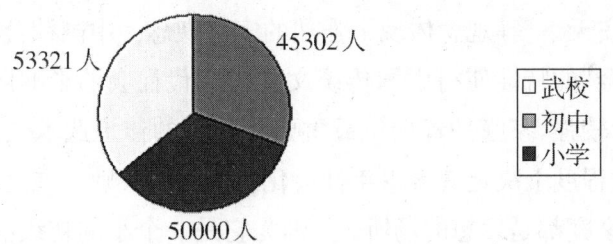

图 6-3　2005 年登封市武校、初中、小学人数结构图

化的特点①。在登封,学校是青少年传承武术文化的主要路径。如图 6-3 所示,根据登封地方志提供的资料显示,2005 年登封市武校、初中、小学总人数是 148623 人,武校人数占 36%,而中小学生占 64%。

少林武术是登封民办武校的教学内容之一,而登封市政府更是将少林拳列入了全市中小学生的必修课。由于民办武校独特的办学性质,来学习的学生往往对武术有较强的兴趣,因此他们能较好地传承武术文化。而登封中小学生对武术,特别是对少林拳的学习只是停留在习练的层次,对武术文化的传承很少是自发的,学生更多的是在学校接受武术技术的教育。当他们走出校

---

① 谢维和:《教育活动的社会学分析:一种教育社会学的研究》,教育科学出版社 2000 年版,第 152 页。

园之后,就会逐渐远离武术文化,很难达到传承的目的。在这方面,韩国对端午祭的传承也许会对武术文化在登封的传承有一定的借鉴意义。韩国是通过学校与社会互动的方式加强端午祭在青少年中的传承的。韩国借本土文化面临西方文化冲击的时机,极力宣传传承传统文化的紧迫性和重要性。活动深入学校、社会,波及全国。如今,我国与韩国当时的社会环境一样,传统文化也面临着现代西方文明的冲击。登封应清醒地认识到这一事实,通过多种途径启发青少年传承武术文化的意识,使青少年主动参与武术文化的传承、发展的实践,而不只是停留在简单的学校武术教育。登封可以将学习武术文化上升到弘扬民族精神的角度,因为武术文化的一些内容是与当前学校的德育内容很相近的,可以将武术文化纳入到学校思想道德教育之中,让学校在认识到学习武术文化的重要性之后,再进行武术教学。相信在学生产生学习的主动性之后,武术课的教学必将受到青少年的青睐。

二、家庭——传统的传承场域

中国社会深受儒家文化思想的影响,儒家提倡的"君君、臣臣、父父、子子""修身、齐家、安天下"等观念体现了强烈的家庭观念。中国社会发展的连续性以及"乡土社会"的特性使得中国传统文化对现代社会的影响巨大。因此,中国人家庭观念较强,家庭是青少年最重要且传统的传承武术文化的路径。家庭教育在很大程度上决定着青少年社会化的成功与失败。在完成社会化任务的许多方面,家庭都是理想的场所。[①] 因为它是一个小的初级群体,其成员之间面对面接触,青少年行动得到密切的注视。在青少年社会化的诸方面中,最为重要的是价值观的社会化,而价值观的习得首先来自家庭。价值观的获得和内化能使青少年在社会化进程中更具主动性、积极性。青少年最初的学习是通过成人的奖励和惩罚、鼓励和禁止进行的,成人借助于这些手段来培养具有合乎期望的意识和行为。有研究指出,家庭背景中的许多因素对学生品德方面有着不可忽视的影响。而且家庭背景的影响具有相当程度的恒常性和固着性。美国是世界体育强国,这不仅体现在其超群的竞技体育,还体现在良好的群众体育基础。例如,在美国职业篮球和职业棒球的赛场上,经常可以看到父母带着孩子观看比赛,有的孩子甚至还在咿呀学语的年龄,在幼儿阶段就能如此沐浴体育氛围,等其长大后又怎么能去拒绝体育的魅力、挥去儿时的梦

---

① 杨昌勇、郑淮:《教育社会学》,广东人民出版社2005年版,第245~248页。

想！但在我国这种情况就比较少见。父母往往被繁忙的工作羁绊,难得的闲暇也用于监督孩子的学业,至于引领孩子进行体育运动就更为少见。父母的生活方式、价值观都会对青少年产生重要的影响。目前,应试教育对家长的体育观影响很大。很多家长为了追求升学率,对青少年的体育运动重视不够,不少学生在缺少必要运动的情况下,体质逐渐变差。家长应真正认识到武术在增强青少年体质、传承传统文化方面无法替代的作用。只有让武术文化深入家庭文化,让武术融入家庭生活中,才能真正使青少年传承武术文化。

三、大众传媒——日益重要的传承途径

纵观人的一生,在成长期所受的影响是非常重要的,一般说来,家庭、邻里和学校被认为是成长过程中产生重大作用的因素,千百年来的实例也证明了这一点。但是,在科学技术发达的社会,影响人成长的因素又凸显了一项重要内容,那就是社会的传播媒介。大众传媒指的是传到广大人群之中并对他们产生影响的传播方式,尤其是报纸、杂志、电视和广播。在现代社会,大众传媒在青少年社会化中已起到了极其重要的作用①。在社会生活模式和科技水平不同的背景下,主要社会传媒的工具也不尽相同,接受信息的内容与方式对青少年的思想意识和思维方法都会产生不同的影响。现代社会传媒对人们尤其是对青少年的影响越来越强,大有超过家庭、邻里和学校的趋势。若想在全社会呼吁青少年传承武术文化,必须重视传媒的作用。现今,青少年接触西方文化大都通过传媒,无法回避这个事实,在挑战面前我们应该勇于面对。成功的例子比比皆是,2005年11月,韩国江陵端午祭,被联合国教科文组织正式确定为"人类口头和非物质遗产代表作"。端午祭"申遗"成功后,韩国还拟将"韩医"申报为世界文化遗产。韩国端午祭"申遗"的成功在国内引起了广泛关注。有的学者认为端午节"申遗"失败是国人的悲哀,端午节是中国的传统节日,却让邻国捷足先登,很有必要尽快抢救和保护其原生文化形态,并避免类似事件发生。② 韩国端午祭"申遗"的成功虽然对我国端午节的传统是一个冲击,但其中的经验却值得我们汲取。其成功之处主要在于政府非常重视舆论对社会,特别是对青少年的引导。通过传媒,政府大力突出端午祭活动的"独立性",强调它历史悠久,影响范围大,重点突出端午祭的娱乐活动和纪念方式。在媒介的大

---

① 戴维·波普诺:《社会学》,中国人民大学出版社2007年版,第176~180页。
② 杨琳曦:《韩国非物质文化遗产保护制度对我国的启示——以端午祭"申遗"成功为视点》,《广西民族研究》2007年第1期,第185~186页。

力引导下,韩国青少年发起自下而上的保护端午祭的活动,对其成功"申遗"起到了至关重要的作用。借鉴韩国申报端午祭的经验,我国的大众传媒应加大对武术文化的宣传力度,呼吁社会珍惜武术文化,在此基础上加大对武术文化的宣传。至于青少年,希望他们接触到的不只是西方文化,而是西方文化与传统文化并举,在此基础上相信他们会站在理性的角度扛起民族文化的大旗。

四、同辈群体——建立在自愿基础上的传承方式

同辈群体也是个人社会化的一个重要环境因素,它指处于同等社会地位的同代人组成的关系密切的小群体[①]。在同辈群体之间,青少年不仅能学到必要的知识、技术和技能,还能得到团体生活的体验和锻炼,取得适应社会生活的能力,这个过程是社会化过程中不可缺少的一部分。心理学家观察发现,在群体中即使没有共同和有意义的任务,也会自发地形成某种共同的目标行为。英国心理学家拜恩称此现象为"基本假定",主要通过心理依赖、争斗与逃逸等行为表现出来。因此,引导发挥同辈群体对青少年身心发展的积极作用,是家庭、学校、社会的共同责任。对同辈群体,既要认识到它存在的客观必然性,又要注意研究青少年同辈群体形成的规律,及时了解青少年中各种同辈群体的类型和性质,以充分引导发挥同辈群体对青少年身心发展的积极作用。在我国,青少年的生活方式西化得很严重,他们吃的是西式快餐,喝的是可口可乐,穿的是 NIKE、ADIDAS,玩的是网络游戏,运动的是西方体育,在这样的大环境下,应使青少年认识到传承作为中国传统文化载体的武术文化的重要性。社会应重视对学校、社区等形成的一些同辈群体的引导。在这方面,汉服运动的开展方式值得借鉴。汉服运动是民间发起的草根运动,主体参与人群以 80 后和部分 90 后居多,中坚力量是年轻白领和在校大学生以及初、高中生。其活动场域除组织及讨论活动计划的互联网外,多为大中城市所在的高等院校以及具有传统意义的事业单位、景点、公园等。因此,就武术文化的传承而言,政府、传媒、家庭、学校要在引导青少年兴趣爱好上狠下苦功,将传承中国武术文化与弘扬民族精神、延续文化血脉紧密联系,在同辈群体中形成"传承文化,人人有责"的意识。

---

① 卢元镇:《中国体育社会学》,北京体育大学出版社 2004 年版,第 195~197 页。

第七章　登封武术对我国武术存在与发展的启示

文化社会学认为文化是人类各个族群社群社会各自具有的价值系统和生活方式。一种文化之所以可以被辨别，是因为它与其他文化有所区别。现代化进程不断加快为当代文化的发展创造了条件，也使传统文化的生存和发展面临困境。因此，如何在现代化进程中保存和发展我国各民族的优秀传统文化，并使之有效地参与到当代社会发展进程之中，成为当今世界各国共同关注的问题。① 登封武术虽然是个案研究，但毕竟是整体的一部分。其发展规律一定会对中国武术的存在与发展起到一定的借鉴作用。本章立足武术在登封发展的经验，首先分析武术的功能开发，其次研究武术的发展动力及趋势，最后对武术文化的传承与保护提出思考。

第一节　多元功能开发：武术发展的基础

登封多种形式的武术现象，源于武术文化功能的多元化。登封武校的早期发展非常重视竞技武术，竞赛成绩是其吸引学生、扩大发展的重要因素。在这一时期，学生学习多是竞技武术。但随着社会的发展，社会日益重视传统武术的价值，这样登封的武术馆校也逐渐将传统武术纳入到教学内容之中，但传统武术目前仍然不是武校的教学重点，它们的重点仍然是那些与全运会、奥运会接轨的项目。民间有高涨的习武热情却找不到合适的练习场所与指导教师，这样在民间武术萎靡的同时，也出现了现代化的武术俱乐部。少林寺致力于少林武术的发展是由于它将武术视为传播其宗教思想的途径。作为商业运作的《禅宗少林·音乐大典》则是抓住了自然、音乐、文化与武术的结合点。可

---

① 黄岩：《论中国传统文化的发展与文化现代化的实践方向》，《江西社会科学》2003年第6期，第200～202页。

见,登封武术的功能呈现出多元化趋势。登封武术娱乐、教育、经济的发展经验对我国武术的发展有很强的借鉴意义。本节立足登封的经验,论述我国武术娱乐、教育、经济等多元功能的发展。

一、武术的娱乐功能在当代有较大的发展空间

武术得以进入娱乐领域,与其自身所具有的娱乐功能密不可分。从武术的发展历史来看,其本身除了具有技击、健身、教育等功能外,独特的娱乐性在社会各阶层的文化中都享有较高的地位。这一娱乐性包括两个方面:一是人们从习武中获得身心快乐,二是人们从对武术的观赏中获得感官的享受。从武术在登封的发展来看,对武术娱乐功能的开发正在发生重大变化。这主要体现在,人们由之前通过自身对武术的习练达到娱乐的目的,开始转向通过对武术的观赏来满足对娱乐的需求。产生这种变化的原因集中在两方面:首先,随着近代科技文化的发展,人们娱乐的方式日渐增多,日益新奇,以练习武术作为娱乐方式的需要自然受到冲击;其次,随着现代社会生活方式的改变以及人们审美水平的提高,武术的表演性自然得到了发展。在这样的情况下,武术开始与多种娱乐形式结合,从而进一步发挥了娱乐功能。因此,对武术文化娱乐功能的开发应认识到这个规律,在普及参与武术运动的同时大力发展武术表演,创新出更多的武术表演形式。

二、大力发展武术经济

从新中国成立到 1978 年我国开始进行市场经济改革这段时间,我国实行的是高度集中的计划经济体制。这一时期,计划是资源配置的主要手段,社会资源完全由国家或集体所有。在政治、经济与文化一体化的社会结构中,除了政治系统具有超越一切的功能外,经济与文化系统已失去自身运作的机能。但随着社会的发展,这种体制已严重阻碍了生产力的发展。1978 年之后,我国确定了改革开放的方针,开始进行市场化改革。市场化是指在经济运行中,市场机制对资源配置、生产要素组织的基础性调节作用持续增大、依赖程度不断增强、市场体制逐步发展成熟的演变过程①。市场经济改革使国家不再直接控制经济活动,而是通过一系列中介环节实现着对市场的宏观调控。其中变化最为明显的就是,经济活动不再直接受制于政治化的权力,而是获得了一

---

① 赵长茂、李东序:《市政公用事业市场化改革的依据和路径》,中共中央党校出版社 2008 年版,第 14 页。

定程度的自律性。这种政治和经济的相对分离,在改变着国家和社会的各个方面都产生了不可估量的影响①。在市场经济改革的大环境下,市场化成为武术发展的重要趋势。从登封的发展经验来看,随着市场经济的发展,民间社会更加重视武术文化与经济功能的开发。因为,对这些传承、发展武术的主体而言,发展才是硬道理。登封武术经济发展主要是通过武术产业自身创造经济价值和促进相关产业发展两方面。虽然武术在登封的发展只是武术整体发展的一个个案,但通过武术经济在登封的发展,可以分析武术产业的结构以及武术经济组织的建设问题。

(一) 武术产业的构成

武术体育文化是中国传统文化的精华,在现代社会,它们赖以生存的生活方式受到了强烈的冲击。很多民族传统体育项目无法与现代社会相适应而逐渐萎缩,甚至走向消亡。但是,也有一些敢于直面挑战,勇于创新,它们在传承传统的基础上积极地与市场经济相适应,展现出了旺盛的生命力。体育产业是指以体育劳务形式为消费者提供服务的产业部门②。从这个定义来讲,体育产业主要包括体育健身娱乐设施、运动竞赛和体育表演、运动训练、体育辅导、体育康复、体育教学与科研。而体育旅游、体育器材、运动服装的生产等按科学的产业分类标准来看,并不属于体育产业。根据这一分类标准,从当代武术在登封的文化形态来看,武术产业可分为武术健身娱乐设施、武术运动竞赛和武术表演、武术运动训练、武术培训、武术教学等武术主体产业与武术旅游、武术用品生产等武术相关产业。

(二) 武术经济组织的建设

组织是人与社会的中介,文化的发展离不开组织的支持。虽然近些年武术在登封的市场化改革取得了一定的成绩,但从经济组织的发展来看,离市场经济的要求还有一定的距离。改革开放前,像器材、场地等武术资源大都归集体所有。改革开放后,为了提高经济效益,登封政府逐渐淡出经营领域,社会力量开始介入。但由于多方面因素,特别是对集体资产的界定问题,使得登封武术经济组织的产权界定不够清晰,严重影响了武术经济的发展。当然,也有采取现代企业制度进行运营的,它们通过公私合作、承租或股份制等形式,较

---

① 周宪:《文化表征与文化研究》,北京大学出版社 2007 年版,第 13 页。
② 钟天朗:《体育经济学概论》,复旦大学出版社 2004 年版,第 59 页。

好地使经营权和所有权进行分离,取得了良好的经济和社会效益,例如《禅宗少林·音乐大典》项目的运行。虽然这些采用现代企业制度运营的武术经济组织只是登封经济组织整体的一小部分,但是它们成功的探索充分说明了武术经济想要做大做强,必须加强现代企业制度的建设。从目前登封的武术市场化探索来看,其经济组织的发展对政府仍表现出较强的依附性。登封武术的发展很大程度上得益于地方政府的政策支持。很多项目,如武术节庆活动的发展,则更多地得益于政府的直接参与。例如,目前对民族传统体育产业资源的开发主要由民委、体育局和当地政府进行事业性投入,社会、集体、个人、外资进行商业经营性投入甚少①。武术市场化改革起步较晚,而且大部分集中在乡村、城镇,再加上其在技术与经济方面的劣势以及企业家阶层的欠成熟,如果没有能有效促进经济发展的行政力量的介入,要想获得经济的顺利发展是很困难的。武术文化是我国珍贵的非物质文化遗产,从这个角度来讲,政府有义务对其进行保护、发展。但市场化的重要标志就是让市场对资源起配置作用,政府发挥宏观调控作用,使得经济系统拥有较强的独立性。因此,我国武术市场想要发展、壮大,政府必须理清自身的职能,发挥宏观调控的功能,减少对经济活动的直接参与。

三、促进武术教育功能的开发

改革开放后,武术的教育功能在登封得到了空前的发展。登封的发展经验给予我国武术教育的发展如下启示:

(一)武术教育组织的现代发展是一个阶段性过程

正如任何事物都有其发生和发展的过程一样,组织本身也有其产生、发展和壮大的过程②。从登封的经验来看,武术教育组织的发展也是一个过程,而且对武术教育自身来说是很有必要的,它可以使武术不断适应内外部环境的变化,从而更有效地实现武术教育的目标。社会的发展、科技的进步都将使武术教育组织相应地做出调整,使其成为更有效的工具。武术教育组织的发展主要是由组织外部环境和组织内部环境的变化引起的。当今我国社会结构正在经历由传统社会向现代社会的转型,社会发展的特点表现在城乡二元结构明显、东西部经济差别迥然、城市化发展滞后。由于外部环境的多变性,这一

---

① 唐光耀、欧阳友金:《我国民族传统体育产业发展现状及对策研究》,《商场现代化》2008年第5期,第274页。
② 于显洋:《组织社会学》,中国人民大学出版社2001年版,第360~361页。

时期很难存在统一的武术教育发展模式。从目前武术教育组织的发展现状来看,由国家倡导的学校武术教育占据了统治地位,但开展的效果不是很好,民间传统的师家传承模式仍在沿袭传统维持发展,而由民间力量创办的武术馆校在一些地区却得到了蓬勃的发展。究其原因,在于我国各地区社会发展程度不同,统一的官方标准很难适应全国各地的需求,而登封民间教育组织的探索却符合当地社会的需要,从而得到了发展。

(二)武术教育组织的类型应向多元化发展

社会组织是执行社会特定分工的群体。社会分工程度越高,社会组织的类型就越复杂,它们之间的区别主要体现在目标差异上。从传统教育组织的类型来看,官学体现了官方的军事教育目的,而私学和民间师家组织更多体现了传承文化与健身的目的。而在现代社会,普通学校的武术教育体现了国家传承武术文化的目的,而在社会中的民间师家组织仍然是以传承武术文化为目的,两者根本目的相同,但出发点不同,一个是从国家的视角,一个则是从个人的视角。在这两者之间,登封更是出现了民间武校这种新的武术教育形式。从组织目的来讲,它的目的更加多元,在传承武术文化的同时,非常注重经济效益。杜尔克姆的"有机团结"取代"机械团结"说明了组织分化是现代社会的特点。而组织分化反映了韦伯所讲的"经济合理性"。组织发展的原因概括起来可以分为外部原因和内部原因。外部原因一般是指社会、科技、经济、政治、法律等方面的变化。例如生产的社会化程度日益提高,竞争加剧,迫使企业的组织职能发生变化。社会和政治的因素也是促使组织不断发展的原因,甚至会改变组织的发展方向。内部环境的变化一般指人员的态度、工作期望、个人的价值观,以及组织目标的变化、权力结构的改变。马林诺夫斯基认为社会需要是社会发展的根本动力。而武术教育组织的进一步分化源于社会需要的多元化。具体到学校的发展来讲,就是学生需求的多元化。来武校学习的学生,有的是对武术感兴趣;有的是因为学习不是很好,所以来武校强身健体;有的是来这里戒网瘾的;还有的来自困难家庭,来学武术是为了就业;近些时间还出现一些家庭因为无人管理孩子,在孩子3～6岁时将其送到武校学习的。这说明现在学生来武校学习的目的呈多元化趋势。在学生需求呈现多元化趋势的同时,社会对武校的需求也呈现出同样的趋势。以前大都是各武校对武术教练的需求,现在随着社会的发展,各地武校对教练的需求开始下降,反而对保镖、文秘、表演的需求在增加。这也从另一方面促进了武校组织的发展。社会和学生需求的多样化使得学校组织必须在管理、课程设置等方面进行调整。几个武校管理人员介绍道：

"早期全国各地武校比较多，武校培养出的大部分人才走向各地武校做教练。而随着这几年武校数量的不断减少，武术教练员的需求也在萎缩。武校逐渐将市场转向企业保安、商务助理、汽车驾驶、国家治安、交刑警、在家乡应征入伍等。而影视表演和国外培训市场是主要发展方向。我们根据人才需求开办一些专业，例如武术套路表演、散打等。"

"学生找不到工作影响我们的市场，这就要求我们将学业转化为职业。武校的发展以市场为导向，市场需要什么专业我们就培养什么专业，比如一些表演替身、保镖专业。以前学生来武校学习的目的往往是强身健体，而现在学校如果只注重技术教学，将来学生毕业找不到工作，这几年的时间就荒废了，太得不偿失了。因此学校多站在学生的角度，以市场为出发点来制定专业。"

"对于当地的学校，学校的办学特色就是以市场为导向，拳头产品就是武术表演。我们学校在国外有表演队。珠海影视城、中山影视城、武林园、深圳民俗文化村、锦绣中华这些地方都有我们的团队和队员参加表演和影视拍摄。现在单单依靠武术技能培训会使武校的市场面较窄，要根据时代的发展来制定专业。我们开设有全托班，家长送孩子来学习的初衷一是圆梦，圆自己的武术梦；二是让其文武兼修。"

"来武校学习的学生中有好多都是在家乡文化课不是很好的，也不是说都是，而是有相当大一部分，因为练武毕竟减少了他们的学习时间，这势必影响他们的学习。现在家长送学生来武校对文化课都会有一定的要求，因此我校狠抓文化课教学，开设各层次的教育。只拿奖牌，没有文化知识是不行的，这是从可持续发展的角度得出的结论。"

从登封的经验可以看到，现代社会对武术功能的需求已经不单单局限在军事和教育两方面，其健身、娱乐功能也得到了飞速发展。在这样的前提下，武术教育组织才进一步分化。以武术馆校为例，其教学改革非常注重教师和家长的支持、理解、参与。而我国普通学校教授的内容和学生想要学习的内容却存在很大差异，以致学生对武术教学兴趣淡薄，普通学校武术教育形同虚设。政府花费过于高昂的代价去推行改革，而改革本身逐渐成为一种形式。武术教育组织存在的根本目的是满足社会需要，随着社会需要的进一步分化，武术教育组织应认清自身的情况，从学生需要出发，谋求长远发展。

(三) 武术教育组织的现代发展应注重民间力量的参与

中国武术教育组织的改革虽然主体上是由国家首先倡导的,但民间力量也是不容忽视的。例如,登封民办武术学校的探索则更多的是由民间利益催发的。改革开放之前,国家垄断了社会资源,民间力量比较薄弱,基本处于自发状态。然而随着市场经济的进一步发展,民间力量开始逐渐介入其中。国家已不是其唯一发出者和组织者,活动的民间发起越来越多,其发展的民间化倾向已十分明显。伴随着体育市场化改革,民间的组织、社团以及大量亦官亦民的组织的出现,各个地区结合自身的特点,创新出了多种发展模式。今天,虽然国家的力量仍是一种强大的通过正式制度的权力发挥作用的力量,但是民间的力量同样不可忽视,它们已对民族传统体育的发展产生了重要影响。任何一种教育改革,按其启动或进行的方向,可分为两种类型:一种是自下而上进行的改革,一种是自上而下进行的改革。二者各有长短。自下而上进行的教育改革,在最初启动阶段,带有某种自发性,而且不易形成一种相对统一的策略,这样就存在缺乏效率、容易产生内部冲突等局限。但从另一方面看,它的自发性使其具有广泛的群众性,因而更容易得到公众和教师的同情、理解和支持。自上而下推行的教育改革,其长处在于,由于它发源于某个权威机构,更容易获得制度化的支持和必需的资源,因此具有较高的效率和统一性。不足在于,它过多地依赖制度或体制的支持,缺乏与教师和公众的"天然"联系。由于我国教育管理体制的特点,通常情况下,武术教育改革总是自上而下进行的。但鉴于登封武术馆校这些组织的发展经验,再考虑到我国不同地区教育发展水平的差异,今后应给予民间这些非正式武术教育组织足够的重视,对其发展给予适当的支持,而普通学校武术教育更应从它们身上汲取营养,在武术教育中突出文化因素,强调教师的作用,注重对教师和学生的宣传、解释,激发学生的学习积极性。

(四) 普通学校武术教学应重视对传统文化的弘扬

武术教育的改革与发展,应当适应社会的需要,这是不言而喻的。但问题在于,武术教育应当适应社会的什么需要,或者说,社会的哪些需要是武术教育应该适应的。由于社会需要的多样性,这个问题往往是很复杂的。但其中的核心问题仍然是文化,因为组织文化是组织的灵魂。任何组织从产生到发展、从兴盛到衰亡都离不开特定的文化氛围,这种文化一旦形成并稳定下来,就会对组织结构的设计和运转、组织成员的态度和行为产生重大影响。具体到武术教育组织在登封的发展来看,民间师家传承方式虽然发展于传统社会,但在现代社会仍然表现出了旺盛的适应能力。究其原因是其鲜明的组织文化。民间师家的武术传承非常强调尊师重道,日常训练中更是强调坚韧笃实、刻苦求进,由于关系的紧密拉近了师徒之间的距离,因此师傅对徒弟的影响较大。而现今普通学校的武术教育基本沿袭西方班级教学模式,即三段式的教学,更加强调技术的传授,对我国传统文化的重视不够。而班级人数众多更是影响了教学质量。武术作为一种高于体育的文化现象,不能拿简单的技术传授来涵盖。当然国家也逐渐认识到了这个问题,但教师素质、课程设置等多方面问题使得普通学校的武术教学发展不容乐观。而民间武校则是介于两者之间的新的组织形式,它们既采取了班级教学,提高了教学效率,又在教学中强调教师与学生的关系。它们往往要求教师与学生同吃、同住、同练,来加强对学生的影响。而在日常生活中,学生自身的师徒观念还是比较明显的。在一些课程设置中,武校也给予传统文化足够的重视。当然很难把武校的发展经验照搬到普通学校的武术教育上。但从民办武校与民间师家的武术传承组织来看,武术组织在发展中应注重对武术文化中传统文化精髓的挖掘,只有形成自身独具特色的组织文化,武术教育组织才能健康稳定地发展。

登封民办武术馆校的教学管理方法有其自身的优点,但其能否为普通学校所借鉴?目前尚无定论。但"礼失寻诸野",它至少可以为目前形势严峻的普通学校的武术教学提供一些启示。首先,它说明现今仍有很多学生对武术是有兴趣的。其次,传统武术的教学方法至今仍然有存在的价值,而且得到了学生的认可。普通武术学校应在课程设置和教学方法两方面借鉴民办武术馆校的经验。首先,普通学校的武术课程设置应避免千篇一律,应根据学生的兴趣,特别是结合本地域的文化特色进行设置。其次,在教学上应突出传统武术中的武德教育,让学生在学习武术的同时培养道德意识。

(五)民办武术馆校应向标准化发展

1. 组织企业化

我国民办武术学校大体来说有两种模式:一是私人投资个人管理,一是私人投资的家族式管理。在这两种模式中,后一种管理体制在实际中最具代表性。民办武术学校采用董事会决策下的校长负责制,学校董事会成员均为家族成员,一般是从父亲和兄弟姐妹中选出人员来担当董事长、校长、副校长、委员、总教练等职务。而其他比较重要的部门往往也由其家族亲戚担当,如会计、出纳、总务主任、办公室主任、武教处主任、人事主任等。他们与校长一起共同参与学校各项规章制度的制定和重大事务的管理的权利,但是他们没有最终决定权,最后还是校长一人说了算,很多职位形同虚设,达不到真正意义上的民主管理。这两种模式管理中都存在家族式管理,在其发展初期,确实起到了重要作用。但是,随着学校的发展、分工的细化,一些弊端也逐渐暴露了出来。这种任人唯亲的管理模式,使得家族成员对学校进行了完全的垄断,其他非家族成员在参与议事的表象之下往往有名无实,使得很多实际问题得不到及时有效的解决。例如,目前,登封三大武校采取的主要是家庭式制。学校主要管理者由家庭成员构成,他们分工协作,各当一面。如塔沟武校,创办人刘宝山,其子刘海超、刘海钦、刘海科分任副校长、校长、常务副校长兼总教练。鹅坡武校,创办人梁以全,其子梁少宗担任校长。小龙武校,校长陈同山,总教练陈同川,二人为亲兄弟。企业是市场经济发展的基石,建立产权清晰、权责明确、政企分开、管理科学的现代企业制度是我国市场经济改革的目标。武术馆校想要谋求长远的发展,必须加强现代企业制度建设。

2. 借鉴现代体育发展经验,突破地域发展局限

新时期,武术馆校自身的制度缺陷已经成为制约其发展的主要因素。在武术馆校的成长期,这个问题暴露得还不是很明显。但是在生源减少、武术馆校数量下降、社会制度越来越标准化的新时期,武术馆校如果不进行彻底的制度改革,很难与社会环境相适应。之前分析道,武术馆校定位为民办职业学校,其文化课教育就应归教育局管理,而涉及武术的领域则应由教育局和体育局共同管理。但是,在实际操作中,武术馆校的制度并没有这样运行,而是由体育局简单收取一些管理费用,教育局对其制约则少之又少。社会在发展,人们对武术馆校的需求也在变化。在前几个时期,家长送孩子来武校学习大多是希望其学到一技之长,将来可以防身、就业。而新时期,由于农村义务教育的免费以及家长对学生文化课的重视,因此,出现武术馆校生源减少、发展规模萎缩的情况。武术馆校想要改变这个局面,必须完善自身的制度建设,在这方面西方发达国家的发展模式值得借鉴。西方体育发达的国家,发展体育基本有两种模式,即俱乐部模式和学校模式。俱乐部模式在欧洲较为常见,社会上有健全的从业余到职业的俱乐部,单项协会负责相关俱乐部之间的管理。而美国的体育则根植于其强大的学校体育之上。美国有从小学到大学健全的体育联赛,运动员在学校学习的同时兼顾比赛,现在习惯把其称为体教结合的

模式。这两种模式都值得武术馆校学习。

(1) 俱乐部式的发展模式

武术馆校向俱乐部转型，首先可以完善其制度建设；其次，转型后有利于武术馆校突破地域发展的局限。例如，韩国跆拳道的发展基本是沿袭俱乐部式的发展模式。武术馆校如果能成功地向俱乐部转型，并学习现代的连锁经营模式，完全可以突破本地域的局限，将市场拓展到全国乃至全世界。转型后的武术馆校应将文化课教育剥离出来，交给正规的文化课学校，将自身的精力集中在武术技术的培训、武术比赛等方面。而武术俱乐部应健全从业余到职业的各级组织。业余俱乐部从事普通学员的技术培训，职业俱乐部则可以组织高水平运动员参加各级比赛。武术俱乐部应打造自身品牌，进而采取连锁经营，最终覆盖全国乃至全世界。当然，在实际操作中，改革会涉及各方利益，特别是将文化课剥离，势必影响武术馆校的学费收入，而学费收入是武术馆校的主要收入之一。但是，如果从长远角度来看，虽然武术馆校在学费方面遭受部分损失，但是如果将俱乐部拓展到各地，增加了会员，自然会带来收入总量的增加。因此，从长远来讲，这是一个利大于弊的措施。总之，向俱乐部转型有利于武术馆校自身标准化的建设，有助于武术馆校突破地域局限，谋求长远发展。

(2) 体教结合的发展模式

相对于向俱乐部转型，武术馆校采取体教结合的发展模式是较为缓和的改革手段，因为武术馆校本来定位的就是民办职业学校，只是在现实操作中，逐渐与教育系统相隔离。实行体教结合的发展方式，武术馆校不需要将文化课教学剥离出来，而需要将文化课教学纳入教育局的管理范围之内，从学校硬件建设、教师任免到日常教学，都应符合教育系统的规定。这样，学生在武术馆校学习可以接受与普通学校同样的文化课教育，家长自然不会担心孩子的文化学习了。而在保证文化课教学的同时，武术馆校仍应突出自身"武术"的特色，寻找武术教育与文化课教育的结合点，在保证学生文化课教学的同时，加强武术教学。可以借鉴美国的经验，灵活设置文化课教学时间，针对普通学生、院队学生设置不同的课程。普通学生可以在完成正规的文化课教学之外，安排武术课教学。而对于院队的学生，因为他们要承担一些比赛、表演的任务，所以应灵活设置课程。国内的一些大学在这方面积累了很多有益的经验。其中，华东理工大学乒乓球项目的发展经验值得借鉴。其培养出的运动员在文化课和技术两方面都有较高的水平。他们还参加了中国乒乓球超级联赛，在2009年更是代表我国参加了世界大学生运动会。在学习方面，这些运动员有2人通过英语六级考试，10人通过英语四级考试，就业率更是达到100%。华东理工大学成功的关键在于其健全的四级管理制度，包括校体育运动委员会、体育系、体育系运动训练教研室、高水平运动队。训练和比赛设有专门的领队，而在教学方面则有专门的导师班。它有完备的日常管理规范，如训练比赛制度、补课制度、晚自习制度、考勤制度等，来协调训练与学习的矛盾。武术馆校可以借鉴华东理工大学的经验，专门为这些学生安排文化课教师，根据他们的比赛、训练情况灵活设置时间，但学校必须严把文化课的教学质量，使这些学生具备正常的文化课水平。在完成体教结合的改革后，武术馆校应尽快建立品牌，进行连锁经营，积极地将业务拓展到全国、全世界。

第二节　精神文化：武术发展的核心动力

武术在登封的发展得益于其踏实实干、兼容并蓄、敏于适应的精神特质。联系到我国武术的发展，随着近现代西方文化的冲击，西方体育在我国各个体育领域都占据了绝对的优势，而民族传统体育却处于相对劣势。但是令人惊讶的是，具有东方特色的韩国跆拳道却在我国非常盛行。究其原因主要是韩国跆拳道对其文化精神的挖掘非常到位，它在突出动作美的同时非常注重文化的宣扬，而我国一些民族传统体育项目更多在讨论技法等表面层次的改革。登封的个案更加说明了守护精神家园是文化发展的关键。可喜的是，社会逐渐认识到传承精神文化的重要性。

一、完善自身体系是武术发展的基础

马斯洛理论把需求分成生理需求、安全需求、社交需求、尊重需求和自我实现需求五类，依次由较低层次到较高层次。它们就像一个"金字塔"，而且只有下层的"需求"被满足了，才会有更上层的"需求"。为了生存，文化必须满足依赖其规则生存的那些人的需要，为它自己的持续存在做准备，而且为其社会成员提供有秩序的生存方式[①]。如果文化不能成功地处理基本的问题，就不可能持续存在下去。文化必须为生活所必需的物品和服务的生产及分配提供

---

① 威廉·A.哈维兰:《文化人类学》，上海社会科学院出版社2006年版，第35页。

保证。而这正是文化在社会中的功能。以法国迪尔凯姆为代表的社会学年鉴派、英国马林诺夫斯基为代表的功能主义学派以及20世纪四五十年代以来的结构主义者,都认为文化的产生是社会功能的需要,文化就其本质来说是维护社会规范的一种有价值的工具。马林诺夫斯基认为,研究文化时应该注意的是文化怎样满足人类的各种需要,它的不同功能构成不同的布局。"这就是说,它的所有不同的用处,都包含着不同的思想,都得到不同的文化价值。"文化的意义依它在"人类活动的体系中所处的地位、所关联的思想及所有的价值而定"[1]。从武术在登封的发展可以清晰地看到,武术在不同时代与时代变革时期存在、发展的基础就是其自身功能能满足社会需要,且其功能的质量也一直是首屈一指,而正是朴实实干的精神特质使得武术在登封一直保持着高质量的功能。产生期,军事、教育功能是主要的;到清代、民国以及新中国,其健身功能得到彰显。特别是在改革开放后,武术的健身、教育、文化、商业、竞技等多种功能都得到了发展。可见一种文化想要在不同时代拥有强有力的生命力,其自身必须满足时代的需要。作为我国首批入选世界非物质文化遗产名录的昆曲,其发展也是以满足现代社会需要为前提,通过优秀剧目的挖掘与整理,新剧目的创作,普及性、公益性演出、展览等手段来完善自身功能积极适应现代社会的发展[2]。中国风筝运动的发展具有明显的现代性,它通过竞技化、产业化、国际化的手段完善了自身的功能[3]。竞技化使风筝运动向组织化、规范化发展,产业化使风筝运动实现了经济与文化的互动,国际化使风筝运动走向了世界体育文化舞台。随着现代社会的发展,在一些传统文化得到发展的同时,很多传统文化正在逐渐萎缩,真诚希望它们能借鉴武术在登封的发展经验,在坚持自身文化特质的前提下,不要故步自封,努力寻找自身功能与时代的契合点,与社会接轨,谋求发展。

二、文化整合是武术发展的重要条件

武术在登封的不同时期都可以根据社会需要调适自身功能,进行积极适应。为什么武术在登封能做到这一点,而在别的地域就不行?因为武术在登封具有吸纳多元文化的文化整合力。所谓文化整合,是指不同的文化相互吸

---

[1] 司马云杰:《文化社会学》,山西教育出版社2007年版,第19~20页。
[2] 郑培凯:《口传心授与文化传承》,广西师范大学出版社2006年版。
[3] 虞重干、张基振:《中国现代风筝运动及其对民间体育发展的启示》,《体育科学》2006年第1期,第13页。

收、融化、调和而趋于一体化的过程。文化不仅有排他性,也有融合性。① 中原文化之所以博大深厚,不仅是因为它以道为本,浩浩其天,源远流长,还因为它融合了多种文化的长处,成了一个有巨大生命力的整体。文化整合实际上就是不同文化重新组合。原来渊源、性质、目标取向、价值取向不同的文化,经过相互接近、彼此协调,在内容与形式、性质与功能以及价值取向、目标取向等方面不断被修正,发生变化。特别是为共同适应社会的需要,往往渐渐融合,组成新的文化体系。例如,中原地区宋朝的理学,就是儒、释、道三种文化相互吸收、重新组合的结果。一个文化体系,越是能整合不同的文化特质,越会变得更具生命力。当一个文化体系变得更丰富、更具生命力的时候,它的整合能力也就会变得更强。因此,没有整合能力的文化体系是脆弱的、经不起历史考验的。在人类历史中有无数个例子可以印证这个道理,比如像古代巴比伦文化、腓尼基文化、亚述文化。它们之所以消亡就是因为当时交通不便,无法与其他文化交往、整合。因此,武术文化在登封之所以能生生不息、世代传承,正是因为武术文化在登封能够在各个历史时期不断整合各种文化。文化整合既可以使文化不断更新发展,也可以使文化保持旺盛的生命力,立于不败之地。丰富的文化底蕴是基础,因为丰富才能适应。

三、文化适应是武术发展的核心

文化必须有变化的潜力,以适应新的环境或适应变化了的关于现存环境的看法。最重要的是,如果在改变了的条件下它要保持适应,它必须能够变化②。从武术在登封的发展来看,武术适应现代社会需要的一些功能得到了飞速的发展,这表现在武术经济、教育、健身、政治等功能的开发;与此同时,一些与现代社会不适应的功能却出现了萎缩,比如武术的军事功能及其在乡村中的健身与娱乐功能等方面。整体来讲是敏于适应、积极创新的精神特质使得武术在登封的发展具有了很强的文化适应性。所谓文化适应,是指不同的文化经过长期的接触、联系、调整而改变原来的性质、模式的过程。文化适应是不同的文化相互作用、相互影响、相互吸收的过程,它一方面失去了一些文化特质,另一方面又获得了一些文化特质,双方在交互作用中不断发生变化。文化适应并不是简单地抛弃一些旧的文化特质或采取一些新的文化特质,而

---

① 司马云杰:《文化社会学》,山西教育出版社 2007 年版,第 237~240 页。
② 威廉·A.哈维兰:《文化人类学》,上海社会科学院出版社 2006 年版,第 53 页。

是一种新的综合过程,也是产生新文化的过程。不论是对新文化特质的产生和发展,还是对新文化体系、模式的建立,文化适应都有积极的意义。汤因比认为文明并不像有机体一样必然走向死亡,决定文明命运的是人们的自决能力。只要每一文明不丧失自决能力,面对挑战能进行有效的应战,那么文明的命运并不都是解体①。文化是文明的核心,汤因比在这里强调的文明的自决能力正是文化的适应能力,但是不同文化的适应能力是不同的,其精神特质在其中起到了决定性的作用。比如,西北五省区花儿歌手邀请赛、西宁市南山花儿会、大通老爷山、民和三川、乐都瞿昙寺、湟源日月山之夏、互助丹麻镇以及格尔木市等地区举办的花儿演唱会②。当然也有一些传统文化无法适应现代社会的需要而逐渐萎缩,随着时代的进步和城市现代化的飞速发展,上海过去那些曾经为人们所喜闻乐见的传统民间体育游戏现在已经渐渐远离了孩子们,有的已经从当今孩子们的生活中消逝了③。因此,一种文化只有适应一定的社会文化的需要,才能与原有文化相结合、相融合,才能够产生新的文化,并求得发展,否则,它就会遭到原有文化的排斥、抵抗,与之发生冲突。所以,传统文化在现代社会发展的核心就是积极地适应社会需要,创新文化体系。

第三节　多样化:武术发展的趋势

改革开放以来,中国的经济体制正在由计划经济向市场经济转型。在这个过程中,根植于传统社会的武术文化势必受到市场经济的冲击。其中,有些文化固守青山,沿袭传统,有些则积极探索,勇于创新。武术是否应该进行市场化改革一直是理论界争论的焦点。文化社会学认为文化必须有变化的潜力,面对挑战它必须能进行有效的适应,这样才能实现可持续发展。根据文化社会学的观点,作为传统文化的重要组成部分,面对市场经济的冲击,武术必须进行适应。而在适应的过程中,市场化是一个重要的趋势。因此,在探讨保护武术文化的同时,应更多地给予武术市场化发展更多的理论关照,这样才能

---

① 李庆霞、姜华:《汤因比的文化形态学及其启示》,《理论探讨》2003年第2期,第42页。
② 《打造品牌　青海省"花儿"保护工作稳步前进》,新华网,发布日期:2007年11月25日,http://www.xinhuanet.com/chinanews/2007-11/25/content_11760996.htm。
③ 张基振、虞重干、邹志敏:《上海市青少年儿童参与民间体育活动现状的调查与思考》,《上海体育学院学报》2006年第6期,第95页。

为武术文化的可持续发展提供较为全面、客观的理论指导。

一、武术应积极创新文化体系，适应社会发展

时光荏苒，岁月如梭，中国武术在经过了几千年历史的洗礼后，具有了丰富的文化内涵，同时也创造了自己辉煌的历史。在冷兵器时代，它是个体自卫和民族抗争的有效手段。今天它的军事地位虽然有所下降，但它的现在绝不是因为"技击"而生存，而是人们提高生活质量的有效手段，它已成为人们的一种生活方式，成为中国人民的文化精神。武术在中国人心中是非常重要的，甚至是无可替代的。武术文化是中华文明的缩影，是中国人溶于血液、渗入灵魂的文化积淀和生活方式的重要表现。两千年来，人们对武术的存在没有任何担心和疑虑。20世纪末，武术文化出现了衰微的现象，武术文化的生态环境遭到破坏。面对这些问题，人们不禁产生疑问，在今天，武术会消亡吗？随着社会的进步、文化的发展，经历了数千年的武术文化正在发生转型。变异性是事物的本质特征，文化是一条流动的河，随着时代的发展，任何事物包括武术文化都必将发生这样那样的变化，以吐故纳新来顺应时代的发展。从武术的发展历程来看，武术已经发生了巨大的变化，并将继续发生变化。其实，面对这种趋势，人们不必担心，历史和现实都说明，文化发展没有统一的模式。因此，完全有理由相信，伴随现代化和全球化的趋势，伴随中国全方位的崛起和走向世界，我国的武术文化必将会经历现代转型，走向世界。

二、多样化是武术发展的基本规律

随着我国市场经济的发展，社会分工所产生的分化会引起社会结构的变动，而结构的分化伴随的则是功能上的分化。分化的结果，促使形成各种新社会角色或原社会角色的更新、分工专门化。在当代，武术在登封的存在是源于其健身、教育、经济、社会等方面的功能。在现代，社会分化愈加明显，武术作为社会的一部分也呈现出这种趋势。登封就是抓住了这一机遇，成功地发展了武术。有实力的武校在满足日常招生教学的同时逐渐向旅游、演艺、培训、中介、体育用品制造等行业拓展，进而形成了大的教育集团，资金不是很多的武校则走向特色发展的道路，投资少，但很务实，比如，投资武术购物、禅武茶社与武术国外表演等行业。社会需要是左右文化发展的重要因素，从登封的经验来看，当今社会对武术的需求呈现出多样化的趋势。从全国来看，近些年出现了《武林风》、《武林大会》、武术职业联赛等新形态，也出现了武术学校、普通学校武术等原有形态的创新。可见，登封的武术多样发展和全国武术的发

展具有一定的共性,多样化是武术发展的基本规律。

三、市场化是武术发展的重要趋势

市场经济是以市场机制为基本调节机制的经济①。我国自 20 世纪 80 年代初期开始进行市场化改革,从初期有条件的市场调节,到 80 年代中期至 90 年代初期有计划的商品经济,再到 90 年代之初以来明确建立社会主义市场经济体制的改革目标,市场化的改革是个渐进的过程。武术属于社会的一部分,市场化改革也是武术发展无法规避的。在市场经济改革的过程中,武术的一些与市场经济相适应的功能得到了发展。生产社会化、分工化的程度是市场经济得以存在、发展的重要条件。从登封武术市场化的发展来看,武术表演、武术教育、武术用品都是适应了工业经济的社会分工、社会化特点才得以发展的。而民间武术则更多地在沿袭着自然经济时期的传统模式。这种模式由于对外依存度很低,基本是自给自足,基本不需要任何交易,因此也就无法形成市场,在市场经济改革的大环境下,其发展呈现出下降的趋势。从发展路径来看,在人类历史上曾出现过两种类型的市场化:一种是从自然经济向市场经济的转化,主要表现为整个经济中的自给性部分不断减少,商品性部分不断扩大,进而市场起主导作用的过程;另一种是从计划经济向市场经济的转化,主要表现为政府对经济活动的直接干预不断减少,计划机制的作用在微观领域内越来越弱,市场的自然调节作用越来越强的过程②。中国体育的市场化改革虽然主体上是由国家首先倡导的,即从计划经济向市场经济的转化,像足球、乒乓球项目的市场化。但登封武术市场化发展的动力则更多的由民间利益催发,即由自然经济向市场经济的转化,例如登封武术教育产业、武术表演业、武术用品业的发展。今天,国家力量虽然仍是一种强大的通过政治制度的权力发挥作用的力量,但是民间力量同样不可忽视,它们已对武术的发展产生了重要的影响。另外,由于社会力量的发育和生长,组织化的需求已经出现。这种需求的实质在于,用民间社会自己的力量来协调它的行为。③ 可见,组织化是实现武术活动有序化的重要保障之一。总之,我国武术的市场化出现了

---

① 刘伟:《经济学导论》,中国发展出版社 2002 年版,第 185 页。
② 谷书堂:《社会主义经济学通论:中国转型期经济问题研究》,高等教育出版社 2000 年版,第 115 页。
③ 孙立平:《转型与断裂 改革以来中国社会结构的变迁》,清华大学出版社 2004 年版,第 154 页。

明显的民间化倾向,社会力量已不再是被动地、消极地发挥作用,而是作为一种不容忽视的力量,越来越主动地、积极地参与社会生活。对于政府的职能而言,政府应逐步从经济活动中淡出,进一步履行其经济调节的功能。因为,政府的过度干预不利于武术市场化的发展,而如果政府对经济不进行干预,市场的演进就会刺激武术制度的创新和交易效率的提高,进而促进武术市场化的发展。从文化的角度来看,市场经济之所以具备资源配置等功能,其背后蕴含着深刻的文化背景。商业道德、良心、信用,追求自由、虔诚、勤奋,推崇公平竞争,恪守法制等精神对市场经济的发展贡献巨大。而这些精神文化是直接与市场经济相联系的,它决然不同于传统农业社会中的文化观念。中国现代化的进程实际上是从传统农业文化向现代文明转型。中国传统武术具有浓厚的农业文化特色,其市场化发展的核心还是在于武术文化的现代转型。登封武术的市场化发展更多的是得益于登封兼容并蓄的文化特质,这些文化特质与市场经济文化具有较强的相似性。而登封武术的这些文化特质根植于登封特殊的三教合一的文化背景中。相对于登封武术,我国武术的种类繁多,门派林立,有些武术更是拥有很强的门派观念,不能很好地吸收、融合先进文化,这严重阻碍了其市场化的步伐。总之,中国武术的市场化发展,本质上是中国武术文化与市场经济文化的适应问题。中国武术文化只有找到与市场经济文化的契合点,才可以在市场经济的大环境下真正地发展、壮大。从登封的个案出发,今后,我国武术经济的发展应注意以下几个方面:

(一)民族认同:武术经济发展的必要前提

随着全球化趋势的增强,我国经济和社会在急剧变迁,传统文化的传承、保护和发展受到了世界各国的重视。如今,中国正在向世界大国的道路上进一步迈进,中国的竞技体育已在2008年北京奥运会上取得了举世瞩目的成绩,然而奥运会中的项目大部分还是西方项目,武术作为唯一的一个民族传统体育项目只是表演项目而已,中国传统文化并没有融入到奥运文化之中。因此,中国要想成为世界体育强国,必须发展民族传统体育,而武术则可以成为发展我国民族传统体育的突破口。面对市场经济的冲击,武术应在坚持自身特色的基础上与市场经济相结合,既体现本民族对自己体育文化的认同,又适应社会需要,必然能取得较好的发展态势,如登封武术等。丢失了自己的过去,传承、发展就无从谈起。

(二) 健全组织建设:武术经济发展的基础

在人类历史上曾出现过两种类型的市场化:一种是从自然经济向市场经济的转化,表现为整个经济中的自给部分不断减少,商品性部分不断扩大,进而市场起主导作用的过程。另一种是从计划经济向市场经济的转化,表现为政府对经济活动的直接干预不断减少,计划机制的作用在微观领域内越来越弱,市场的自然调节作用越来越强。中国体育的市场化改革(从计划经济向市场经济转化)主体上是由国家首先倡导的,武术的市场化探索(从自然经济向市场经济转化)则多由民间利益催发。由于社会力量的发育和成长,组织化的需求已经出现。这种需求的实质在于,用民间力量来协调它的行为。在美国,体育的发展主要是由社区为基础的组织所提供的。这些组织有时被称为志愿团体,包括童子军、基督教青年会、少年棒球联盟等。这些组织多专注于青年体育,其运营收益来源不同:会员会费、捐赠及赞助、销售、政府补助。从经济性质来讲,这些组织属于免税的非营利实体,其目的是满足人们的体育需求。虽然中国与美国的国情不同,但市场经济下发展体育经济的规律是相通的。今后我国武术经济的发展应借鉴美国的经验,进一步完善政府、企业与社区武术经济组织,特别是要加大企业与社区武术经济组织的建设。

(三) 培养消费意识:武术经济发展的关键

当代社会,消费并不是对任何人都等同齐一的,一个人能够消费什么也不完全取决于个人的选择,它在很大程度上是由文化场域对关系位置的配置所制约的。当代欧美的强势文化为经济的发展提供了最深厚的支撑。而这种强势文化随着全球化的进程正在冲击着世界各国的民族文化。从此视角出发,目前武术消费在我国没有形成规模的重要原因是人们的思想普遍受到西方体育文化的冲击,人们更热衷于 NBA、欧洲冠军联赛、跆拳道等项目,因为从事这种项目意味着时尚。而民族传统体育文化却遭到了排斥。因此,消费绝不仅仅是为满足特定需要的商品使用价值的消费,蕴含于消费更深层面的是人们对物品的非效用态度。全球化时期,人们对民族文化的消费其实是一种对民族文化的认同问题。20 世纪末期的韩国,正是在充分挖掘民族文化资源的基础上,才使"提倡国货""使用国货"的口号表达转换为习性的存在,从而为其民族经济的发展奠定了深厚的国内市场基础,继而逐鹿世界。我国武术经济的发展应借鉴韩国的经验,从培养人们的消费意识入手,强化人们对民族文化的认同感,强调武术作为中华民族文化瑰宝的地位。只有人们真正地产生对武术产品的消费意识,武术市场才能繁荣,武术产业方能壮大,我国民族传统体育产业才可以真正地崛起。

(四)加大政策支持:武术经济发展的保障

在社会主义市场经济时期,无论从保护民族文化还是提供公共产品的角度,政府都不能单单依靠市场的作用来维持武术的发展,而应履行好经济调节、市场监管、社会管理、公共服务的职能。对一些有市场化潜力的武术项目给予引导,而对一些没有市场化潜力的项目,应从文化遗产的角度给予适当的保护。

第四节 保护与传承:传统武术文化现代发展的保障

从武术在登封的保护与传承来看,传统武术文化在登封的发展情况不容乐观。而政府出于对民族文化的弘扬和武术文化公共产品的性质给予了传统武术文化一定的保护。这些保护措施主要体现在对武术文化传承的保护。登封通过对武术文化的空间、资料以及传承者的保护来加强武术文化在当代社会的传承。其中青少年是武术文化传承的主体。当今中国传统武术文化也面临着现代化的冲击,借鉴登封的经验,政府和社会应通过多元方式加强对武术文化的保护与传承,特别是应加强武术文化在青少年中的传承。

一、传统武术文化面临的危机

中国武术文化是中国传统文化的重要组成部分。因此,武术文化是中国传统文化得以传承的重要路径。当前,伴随着全球化与信息化的日益加剧,对传统武术文化的保护工作日益严峻。许多珍贵的武术文化遗产受到不同程度的损坏。社会需要的改变是制约武术文化遗产传承、发展的主要因素,是武术文化存在、发展的外因,而武术文化遗产自身的完善、创新是其存在、发展的内因。

(一)军事需要的淡化

在冷兵器时代,武术是重要的军事手段,刀、枪、棍、棒等兵器以及各种技击的技法在战争中作用巨大。因此,战争成为武术发展的催化剂,而发展了的武术也服务于军事。但在现代社会,火器的普遍使用使传统武术从总体上退出了军事攻防技术领域,这就影响了社会对武术的需要。随着人类智力的升级、热兵器的创造发明与运用,冷兵器的军事作用逐渐弱化。随着军事功能的淡化，武术开始沿着以健身、娱乐为目的的道路发展。

（二）西方文化的冲击

随着中国社会市场经济的改革，西方文化强烈地冲击着人们的传统思想，人们原有的生活方式发生了巨大的改变，简明、快捷的现代化生活方式给精深、难学的传统武术带来巨大的冲击。传统武术的衰弱并非朝夕间的变化，它同样是一个较为复杂的渐变过程。过去，武术是许多中国人日常生活中重要的健身手段，而如今，武术逐渐被西方的各种简单易行、快乐且富有乐趣的健身运动替代。它们迎合了现代人的生活需要，因为学习这些项目要比学习武术快捷得多、容易得多、方便得多。

（三）竞技武术的威胁

竞技武术是在传统武术的基础上派生出来的，它是以科学系统的训练为手段，充分挖掘和发挥运动员在体力、心理、智力等方面潜力的基础上，以提高技术演练水平和创造优异运动成绩为主要目的的一种教育活动过程。1987年后，武术被正式列为全运会的比赛项目，自此竞技武术同传统武术开始分野。由于对竞赛成绩的过分追求，各地政府对竞技武术的支持力度日益增长，而传统武术却备受冷落。现在，从竞赛规模来看，竞技武术的全国比赛一年有5~7次之多，而传统武术的全国比赛却至多1~2次。且从比赛的性质来看，竞技武术的全国比赛是锦标赛，各地政府拨有专款对参赛队进行支持，而传统武术的全国比赛则属于观摩演练的比赛，地方政府很少予以资助。从规则上分析，竞技武术中的套路竞赛规则至少已经进行了8次以上的修改，而传统武术比赛中至今还在沿用着1991年曾被竞技武术套路淘汰的老规则。因此，无论从竞赛规模、竞赛性质、比赛次数、竞赛规则制定等方面，竞技武术都比传统武术受重视，在这样的环境中，竞技武术在我国得到了飞速的发展，但是重竞技武术、轻传统武术的思想却使传统武术的发展举步维艰。

（四）自身存在的弊病

传统武术内部存在的例如门派众多、重技术轻理论等诸多问题也制约着其自身的发展。传统武术原有的理论众多，在完成项目转化之后，其理论却没有进行现代化转型。传统武术教学多采取言传身教的师徒单线传授模式，容易形成狭隘的门派观念，例如内家拳、少林拳，他们对武术的传承慎之又慎，筛选徒弟，用心良苦。"没有合适的传人，宁可失传，也不轻传"。这种传承方式虽然在一定程度上保证了教学质量，但也导致其受众群体范围相对狭小。

二、加强对武术文化的保护

随着市场经济体制的改革,我国社会在急剧变迁。西方文化给与传统社会相适应的传统文化带来了巨大的冲击。然而无论社会怎样发展,文化的多样性都是文化繁荣和文明进步的重要标志。在我国,对传统武术文化的保护日益受到国家的重视。在现代社会,守护精神家园,仍然是传统文化在现代社会发展的关键。2001年,我国的昆曲被列为世界首批非物质文化名录,第二年我国的古琴进入了第二批名录①。而2006年我国的太极拳、回族重刀武术、武当武术、沧州武术、少林功夫、邢台梅花拳入选了我国第一批国家级非物质文化遗产名录。对非物质文化遗产的保护是弘扬传统文化、建设精神家园的重要手段。在对文化遗产保护、传承的基础上,国内外对一些文化遗产项目的保护也进行了有益的尝试,包括与社会互动、与教育结合、与地方经济相融合等手段。从武术在登封的发展经验来看,对于武术文化遗产的保护和传承,关键在于维护其生存土壤。因为社会需要决定事物的发展。因此,应在保护武术文化遗产的基础上,与社会相适应,谋求发展。应使二者达到平衡状态,在给传统文化注入新的文化因子的同时,又不失去其本传统的文化要素,并不断获得新的发展,使传统文化与现代文化在新的基础上实现新的文化生态平衡。

三、拓展武术文化的传承途径

从武术在登封的发展来看,武术文化特别是少林武术文化在登封的传承面临着危机。面对危机,登封通过多重途径加强了武术文化在现代社会的传承。其中,最重要的是通过发展武术馆校、普通学校武术加强了武术文化在青少年中的传承。加强传承的力量则来源于政府、民间组织与个人。从武术文化在登封的传承经验可以认识到,社会应通过各种途径来加强武术文化的传承,青少年是武术文化传承的主体,要通过多重途径加强青少年对武术文化的传承,等等。从全国来看,武术文化在社会的传承主要有民间自发和政府倡导两种途径。而传承的主体仍然是青少年。但青少年对武术文化的传承现状却不容乐观。调查显示,青少年中熟悉或了解中国传统文化的不到10%②,武术

---

① 刘魁立:《从人的本质看非物质文化遗产》,《江西社会科学》2005年第1期,第95页。
② 王玉强、苏春华:《青少年传统文化现状及教育途径探析》,《财经界》2006年第5期,第246页。

在中小学的开展很不乐观①,一些学校的负责人明确表态武术课可以取消②。

学校武术教育只是青少年接受武术文化的一个途径,其现状窘迫的深层原因还在于社会生活方式的改变。市场经济的改革加速了中国社会的转型。例如,大众媒介、家庭、同辈团体等青少年传承武术文化的途径均受到来自西方文化的冲击。青少年整日耳濡目染在西方文化的氛围中,单纯的学校武术教育显得有些孤立无援。西方发达国家是较早对本国传统文化进行保护的,其做法包括建造博物馆、与教育结合、和社会互动、维持原生态以及政府立法等手段③。在亚洲,对非物质文化遗产保护较好的国家是韩国和日本,但其做法也存在着一些区别。日本是较早实现工业化的发达国家,它对本国非物质文化的保护主要是通过政府立法,比如日本对能剧的保护就是采取政府立法,给予传承人经济支持等手段实现的。而韩国是新兴工业化国家,它将对本国非物质文化遗产的保护上升到维护民族精神的角度。它往往通过政府与大众媒介的宣传,来引导社会公众特别是青少年主动加入到对本国非物质文化的传承之中。而我国近几年也开始逐渐重视对本国非物质文化的保护,特别像昆曲,国家通过资助昆曲项目的建设以及在大学里开展昆曲义务演出等手段对其进行保护。但是,与昆曲相比,我国很多非物质文化遗产却很难享受这样的待遇。对于武术文化而言,国家很早就将其列入普通学校的课程之中,但是在教学时,却往往停留在技术传授的层次,相对而言,对武术文化的提倡还存在着不足。今后,我国应该学习对非物质文化保护比较成功的这些国家,通过建造博物馆、与教育结合、和社会互动、维持原生态以及政府立法等手段加大对武术文化的保护。特别是韩国的经验更是值得我们学习,政府应将武术文化放到弘扬民族精神的角度进行提倡,而整个社会,包括家庭、学校、社区、大众传媒,也都应加入到对武术文化的传承之中④。

---

① 《关于学校武术教育改革与发展的研究》课题组:《我国中小学武术教育状况调查研究》,《体育科学》2009 年第 3 期,第 82~83 页。
② 邱丕相、王国志:《当代武术教育改革的几点思考》,《体育学刊》2006 年第 2 期,第 76~78 页。
③ 王龙飞、虞重干:《非物质文化遗产视野下少林功夫的保护》,《武汉体育学院学报》2008 年第 4 期,第 58~60 页。
④ 王龙飞、陈世强:《非物质文化遗产与民族传统体育保护》,《体育文化导刊》2008 年第 11 期,第 27 页。

(一) 家庭——最重要且传统的传承路径

家庭是以血缘关系与经济关系为基础的生活群体。对青少年而言,家庭是不可选择的,是一般情况下无法摆脱的生存环境。人一出生就在家庭中生活,并度过婴儿期、童年期和少年期。家庭是一个人的社会化延揽、人生的第一堂课,在人的社会化过程中所施予的影响是广泛的,家庭教育在很大程度上决定着青少年社会化的成功与失败。在完成社会化任务的许多方面,家庭都是理想的场所,尤其是在塑造和影响青少年的价值观方面。有研究指出,家庭背景中的许多因素对孩子品德方面有着不可忽视的影响。而且家庭背景的影响具有相当程度的恒常性和固着性,如家长职业、家长文化程度、家长期待水平、家庭文化氛围等不易发生较大变化。父母往往被繁忙的工作羁绊,难得的闲暇也用于监督孩子的学业,至于引领孩子进行体育运动就更为少见。中国社会深受儒家文化思想的影响,中国人相对西方而言家庭观念较强,家庭对青少年的影响更大。父母的生活方式、价值观都会对青少年产生重要的影响。现今,我们的全民健身计划提出了家庭体育的口号,就是希望拓展家庭这个社会基层组织的体育参与来扩大体育人口。这就要求我们整个社会倡导家庭来传承武术文化,强调武术文化作为中国传统文化的载体在家庭中传承的重要性。让武术文化深入家庭文化,让武术融入家庭生活,这样才能真正使青少年传承武术文化。

(二) 学校武术教育——规范、正式的传承路径

学校的宗旨是让青少年获得与社会需要相适应的专门技能和价值观念。与家庭环境的轻松、自由形成鲜明对比的是,学校生活则将青少年放置在充满约束、陌生的环境中,使之与社会建立起新的联系。学校的社会化一般具有以下特点:第一,系统化特点。表现在学校教育在内容、方式、过程方面的系统性上,这种系统性使学校教育具有很强的目的性。第二,组织性程度高。就学校整体而言,学校是一个完整的组织,在对学生个人理性能力的培养和发展方面,以及学会处理各种人际关系的能力方面,具有很大的优势。我国非常重视学校武术教育对青少年社会化的作用。武术先于京剧、昆曲进入学校,但这些年的实践经验却与当初的期望相距甚远。新中国成立后,武术作为学校体育的教学内容之一受到重视。1956年教育部编订并颁布的中国第一部全国通用的《中、小学体育教学大纲》中就有关于武术方面的内容。1961年,武术作为民族传统体育的重要内容之一被列入《全国大、中、小学体育教学大纲》。历

经半个世纪的发展,学校武术教育逐步形成了包括基础教育、本科教育和研究生教育在内的完整的体系,各级武术教材不断完善,武术师资队伍逐步壮大,毫无疑问,在数代人的努力之下,新中国的武术教育事业取得了斐然成绩。2001年颁布的《体育与健康课程标准》,表明兴起于20世纪90年代的学校体育改革已步入新的阶段。由此可见,政府对促进青少年武术教育可谓不遗余力。然而,令人担忧的是,学校武术教育改革却收效甚微。学校武术课形同虚设,学生对武术置若罔闻,却对韩国跆拳道竞相追逐。是什么原因造成了以上的窘境?很多学者认为造成以上现象的主要原因是武术课程设置不够合理,过于强调技术的呆板教学,缺乏学生兴趣的灵活培养。文化的习得,更重要的是精神方面的学习、传承,而不是技艺上的学习所能替代的。可以看到韩国、日本都将民族文化提到很高的地位,将传承民族非物质文化提升到弘扬民族精神的地位,而我国仅仅是强调加强学校武术教育、改革武术课内容,并没有将武术文化进行提炼。这就导致学生在学习武术的过程中接触的仅仅是技术,这与传授西方体育项目并无区别。再加上现今武术课内容的枯燥乏味最终形成了学校武术课无人问津的窘境。因此,欲改变学校武术教学的尴尬局面,必须把武术提升到民族文化的角度进行传承。武术文化内涵中的仁、义、礼、智、信以及崇高的爱国主义精神正是当今所提倡的传统文化的精髓,这正与我国学校的思想道德教育一致。学校可以将武术作为思想道德教育的载体进行宣传。武术家岳飞、戚继光等虽然已成为历史,但他们的爱国主义精神将会永远激励中华儿女自强不息、奋发图强。所以,不只是学校,政府、社会、家庭都应将武术文化视作我国传统文化的载体,将传承武术文化当作弘扬中华民族精神的大事来办。这样,青少年在学习武术的时候就有一种振兴民族文化的责任,就容易产生学习的欲望、坚持的恒心,中华武术文化才可以在青少年中生根、发芽。

(三)大众传媒——日益重要的传承路径

大众传媒的定义前文已有详细的描述,此处不再重复。若想呼吁青少年传承武术文化,必须重视传媒的作用。可以借鉴韩国申报端午祭为世界文化遗产的经验,借助于大众传媒,呼吁社会珍惜武术文化,加大对武术文化的宣传力度,让青少年既接触西方文化,又接触传统文化,并做出理性的判断,为民族文化做出应有的贡献。

(四)同辈群体——建立在自愿基础上的传承路径

同辈群体指处于同等社会地位的同代人组成的关系密切的小群体,群体的成员一般在家庭背景、年龄、爱好等方面比较接近,他们时常聚在一起,彼此之间有着很大的影响。同辈群体的形成在根本上是为了满足其在家庭与学校中得不到满足的各种需要。就社会学角度来看,导致学生向往、形成、加入同辈群体的主要原因是对平等的期求。家庭与学校无法满足青少年的平等需要,无法使青少年充分自由地展现自我、充分发挥自己的潜力。而在同辈群体中,青少年之间在年龄、成熟程度及经验上相差无几,青少年没有压力去接受家长或教师的态度及想法,在这样的环境中可以比较自由地做出自己的选择,建立各种关系。同辈群体也会对青少年的价值观念、行为方式等产生重要影响。社会应重视对学校、社区等区域形成的一些文化、体育类社团,以及一些松散的同辈群体的引导。就武术文化的传承而言,政府、传媒、家庭、学校要在引导青少年兴趣爱好上痛下苦功,将传承中国武术文化与弘扬民族精神、延续文化血脉紧密联系,在同辈群体中形成"传承文化,人人有责"的意识。

结 论

第一，当代武术在登封繁荣不是偶然的，它与武术在登封的历史文化传统密切相关。武术在登封的历代发展过程中形成了自身的文化传统。这主要表现在武术文化的朴实无华、严谨实干，兼容并蓄、开放融合与敏于适应、勇于创新的精神特质方面。而这一传统对当代武术文化在登封的发展仍然影响巨大。

第二，当代武术在登封呈现出形态多样、发展多层次性、力量多元、中原文化特色浓厚、重视教育、注重"少林"品牌的弘扬等特征。武术在飞速发展的同时，还存在着一些问题和不足，主要包括登封民间武术的发展有下降趋势、登封城市社区武术需要进一步普及、武术馆校的管理仍需规范、武术高等教育在困难中挺进、少林寺品牌建设有待统一规划、登封武术联赛体系尚需进一步完善等方面。

第三，当代武术在登封社会中的功能主要包括武术是登封居民休闲、娱乐的挚爱，武术馆校是登封教育系统的重要补充，武术是登封经济发展的助推器以及武术的发展促进了登封的整合等。

第四，当代武术在登封繁荣、壮大的动力是多元的，主要包括登封厚重的文化传统为武术发展提供的内在动力、登封优越的地理位置形成的先天优势、登封改革开放的大环境所创造的难得机遇、丰富的社会资本提供的助推力，以及个人与组织的需求动力。在改革开放提供的外部环境的影响下，文化传统内化在个人的需求、组织的需求，进而通过实践推动了武术在登封的发展。

第五，今后，发展是对登封武术最好的保护，多样化是武术在登封的发展趋势，国家与社会利益的兼顾是登封武术发展的根本，应注重少林寺的品牌建设，拓展登封青少年传承武术文化的路径。

第六，武术在登封的存在与发展虽然只是个案，但它毕竟是中国武术的一部分，必然具有武术的共性。因此，武术在登封的经验对我国武术的存在与发展带来如下启示：应注重武术多元功能的开发，精神文化是武术发展的核心动力，多样化是武术发展的重要趋势，应加强对武术文化的保护与传承。

附 录

调研日记 15 则

2008 年 7 月 21 日　周一　阴

经历了火车晚点、汽车堵车之后,我终于抵达了登封。在郑州转乘汽车时,印象最深的就是满广场阵列分明的来自登封各武校的招生宣传车。汽车由郑州走高速驶入登封,高速路是在山中间开凿而成的,欣赏着眼前人工与自然结合的美景,我不禁感叹古时登封地理位置的险要,真可谓一夫当关,众夫莫开。进入登封境界,首先映入眼帘的就是申报世界遗产的标语,以及公路两边的山路上以武为主题的人物造型图画,这也许就是近期登封市政发展的主题。一下汽车我就直接坐公交去塔沟武校的住处,一路上有幸目睹了登封的市容,感受到登封越来越浓厚的城市化气息。到了武校,由父亲朋友介绍的原开封大学教俄语的成老师特意出门迎接我,他已 67 岁了,却不失优雅风度。他现在跟随原开封大学校长在塔沟武校负责嵩山少林武术职业学院的教学工作,这次由他联系安排我到教师宿舍一个单人间,这里热水器、空调设施齐全,除了没有电视,其他都很理想。

中午与成老师进行了简短的交流,谈话涉及武术教育,武术教育与义务教育,武术教育与职业技术教育,武校发展的过程中如何寻找文化、教育、经济的结合点等问题,使我受益匪浅。正如我的导师所言:"只要下去调研,就会发现问题,就会有启发。"武术职业学院现在有学生 3000 多人,大部分是大专生,其中 300 人是本科生。本科是与华北水利水电大学合办的,方向为对外汉语交流,招考的方向为外语。学生要先在武术职业学院学习两年,再在华北水利水电大学学习两年,之后才能毕业。他们在塔沟学习外语的同时,还要学习两年武术,这也是将来他们从事对外汉语交流这个行业时自身的特色。奇怪的是学院的学生80%以上都是女生，男生少之又少。

我一向有下午跑步的习惯，16点办完入住手续，看了会儿书，我就去跑步了。偌大的校园被一块一块的学生方队所占领（塔沟武校有0.53平方千米），我在行列中穿梭着跑了20分钟。学生统一穿着红色服装，而我穿了一身白色，实在有些不搭调。学生上课前一般有年长的学生带领热身，之后是教师传授技术，对不认真的学生，教师会让其蹲马步或跑步。训练场面热闹非凡，给人的第一感觉是进了部队。但部队的士兵年龄大都集中在18~22岁，而武校的学生小学、初中、高中的都有，简直是全民皆兵。学生上课激情澎湃，这与现今普通中学实行的武术教学迥然不同。民办学校是如何激发学生的学习兴趣的，这是我们搞武术教育的人需要认真思考的问题。

运动结束稍事休息后，已经17点了，根据学校的规定应该是开饭时间，成老师之前专门叮嘱我一定要在学生就餐之前去吃饭，不然学生风卷残云后，我就没得吃了。我心想：中午因为要赶路没来得及吃饭，晚上千万不能再不吃了。所以，我立刻出发去了食堂，这时学生训练还没有结束，我尴尬地拿着饭盒匆忙跑过。但食堂里根本就没人吃饭，问了工作人员，我才知道夏天一般根据学生训练的时间延迟至18:30开饭，我又无奈地返回。回去的路上我顺便体验了下校园超市，感觉物价略高于校外，因为登封的武校一般管理较严，学生是封闭式管理，这样武校周边不像一般高校周边餐馆林立，超市遍布。学校进行垄断，价格势必看涨，价格规律真是无处不在啊！并且学校里从事餐饮的人员基本也是武校所有者的亲属，这和武校现有的管理方式有关。

2008年7月24日　周四　晴

由于没有什么活动，我便在宿舍整理资料，早晨和下午都正常进行了长跑。在武校里面，学生基本是岔开时间排课的，即一些班级在上技术课的时候，别的班级上文化课，这样就可以保证场地利用率。除了午饭、晚饭时间，校园里全部都是学生在练武，热火朝天。学生练武的场地到处都是，相比之下，我跑步的地方就狭小了许多，在整齐划一的操场上，凸显出我这个着装不同的异类，确实会有些尴尬。所以我基本选择跑小道，小道比较窄小，没有班级在这儿练武。穿梭于学生之间的时候，我特意观察了他们的训练情况，发现这边的训练与普通中学的训练是完全不同的。这里就是"军营"，正常情况下是教师带着学生训练，学生如果练习不认真或者不到位，教师会呵斥甚至动手。今天我看到一个班级老师不在,由年龄较大的师兄带着训练,可能是一个学生训练时间溜出去玩被发现了,这个师兄先呵斥他,紧接着就打,动作不大,就是用巴掌抽耳光,而且力道是控制着的。受罚的学生和周边同学好像都默认了这种方式,大家都不吱声。看来武校的教学方式与普通学校差异还是比较大的。今天时间比较充裕,我来这之后第一次正常在食堂吃了三顿饭。食堂的饭菜虽说简单,但物美价廉。肉菜很少,炒菜都是0.5元一份,在上海比较贵的蒜薹和花菜也是0.5元,这样我吃四个菜也就是2元,加上一个馒头0.3元,一顿饭下来也就2.3元。我一般还会奢侈地在饭后买一块西瓜(0.8元),这样我一顿饭就是3.1元。为了能吃上饭,前几天我总是趁学生没下课来吃饭,今天我去得稍晚些,学生都下课了,偌大的食堂被学生挤得水泄不通。很小的孩子一顿饭居然吃6个馒头,学校为了让学生养成艰苦朴素的习惯,规定他们一天刷卡消费不能超过12元。这样很多学生都是以多吃馒头、少吃菜来控制消费。在食堂吃饭的学生估计占一半,还有一半学生则比较有趣,他们会买好桶装方便面,用开水泡开后,到校园里凑到一起边聊天边吃。看来方便面比食堂的饭菜更具诱惑力,而这种方式似乎是这里的一种风尚。想起学生训练的场景,特别是老师对学生的体罚,我不由得思考,教育的本质是什么?现在我们都在提倡快乐体育,强调学生学习以兴趣为主,学生是学习的主体。而就是因为太突出学生的主体地位,教师的主导地位却被忽视,导致我们现有的体育课教学质量一直在下降,最明显的就是学生体质连续10年呈下降趋势。我并不是说教师体罚学生这种方式是对的,只是它确实引发了我的思考。为什么塔沟武校学生的技术一直名列前茅?因为他们吃了别人没吃的苦,练了别人没练的功。如果按照快乐教学的方法,学生是达不到这种技术境界的。当然这种严格的军事化教学方式也有它的弊端,训练的时候我看到的是学生们紧张、战战兢兢的表情,也表现出远远超过自己年龄的成熟,这种训练使学生过早地社会化。以前我们说棍棒出孝子、严师出高徒,但看得出来学生训练的压力很大。当然,训练之余也会偶尔传来学生悦耳的笑声,但是这种笑声实在太少了。大部分时间是响彻天空的军事口号"一二一""锻炼身体,保卫祖国"等等。永信大和尚说人的心是被欲望遮掩了,只有抚去上面的尘埃,才能面对清澈的心灵。想想在少林修行的高僧,他们是多么的幸福啊!一辈子修行,保持着内心的这片净土。而我呢,也许只有在这佛教圣地才会有这种感悟!希望这份宁静的心态不会转瞬即逝,而是伴我一生。尘世种种也是修行,只是在尘世的修行中想保持这颗宁静的心需克服万难。

2008年7月25日　周五　晴

早晨5:00我就被响亮的军号声惊醒了。好不容易挣扎着重返梦乡,又被嘈杂的装修声打扰,7:30的时候我实在无法忍受,只好起床。洗漱、慢跑、吃饭之后,我准备拜访登封市地方志办公室的吕宏军主任。他是少林武术的专家,曾在央视拍摄的《龙虎少林》节目中作为专家接受了采访,而且发表了一些有关少林功夫的学术论文,其精辟的见解、扎实的专业功底令我折服。因此,我决定在展开调研之前先拜访他。另外,看能否在他那儿买到登封地方志,作为官方的史料,里面的一些数据是比较可靠的。

预约吕主任时,他正在开会,说会后跟我联系。求人办事,积极为上。于是我坐公交车到达市委,在门口出示证件后来到了地方志办公室。办公室坐落在一个老式楼里的最上层,下面是党史办公室。这时我才明白地方志办公室和党史办公室都是隶属市政府的,这倒是和古代的史官有些相似。他们还在开会,我就在门外整理思路。大概半个小时后散会了,我主动和吕主任打了招呼,他热情地迎我进屋。进入办公室,我的第一感觉是到处是书,真像电视剧里演绎的史官的办公地。开门见山,我说明了来意。吕主任对我这样的调研好像比较习惯,他说前段时间来自复旦大学和中山大学的学者刚来调研过,不过这丝毫不影响他的热情。他是一个对武术有热情、对登封有痴情的人。我们从他擅长的史料聊到登封武术将来的发展,其间他旁征博引,显示了深厚的历史功底。聊天中间,来了几位嵩山文化研究会的老师。其中一个男士曾经去登封乡村调研过传统武术,他的话给了我很大启发。他说以前登封各个村都开展武术,现在仅剩4个村,现存的民间武术节庆活动有舞狮,时间大都在重大节庆日,比如正月十五,往往会在市里组织汇演。这边的舞狮不是抢绣球而是抢武器,民间的尚武精神可见一斑。他认为现在登封民间的传统武术生存空间非常恶劣,很多传统武术面临失传的窘境。一些老的武术家宁愿让传统武术失传也不愿屈就传人。一个小时的时间转瞬即逝,聊天信息量非常大,开始的时候因为这次访谈无人介绍纯属直接访问,我怕对方反感,所以没有打开录音笔,期间谈兴正浓时我提出了录音的要求,吕主任爽快地答应了。因为11点他们要开会,所以我就提前告辞了,带着满满的收获。

2008年7月27日　周日　晴

武校西临少室山,北依嵩山。置身其间,如临仙境。《禅宗少林·音乐大典》的所在地距此有3000米,一路上坡,我边走边欣赏山边的风景,十分惬意,感觉不是在调研,倒像在旅游。路边新建的现代化房屋以及隐约可见的破落的土坯房,印证着旅游给这个地域带来的变化。

武校的技术课程设置现在过于偏向竞技化,这就使其受众面过于狭小。学生一部分是武术爱好者,另一部分是家长无法管理的孩子。而这里训练的高标准、严要求也从侧面反映了学生全面发展的欠缺。这么严格的管理、训练确实吸引了一定的群体,却封堵了普通学生这个最庞大的群体。怎样拓展这个群体,我认为还是和武校的市场定位有关。借鉴日本柔道及韩国跆拳道的发展经验,我认为武术学校可以降低教学难度,以俱乐部的形式吸纳普通学生,在本地域市场饱和后考虑连锁经营。设想将来我们的武校可以如英派斯等健身俱乐部那样进行连锁经营,该是多么美好的事情啊!武校的教学方法也需要提高。武校教师的教学方法目前仍然是严格训练,其使学生技术进步迅速、易于管理的影响毋庸置疑,但这样的训练方式能被多少业余爱好者接受却值得深思。因此,武校想要打开市场,就要改善教师的教学方法。武校的教师大部分都是以前武校的学生,因为成绩突出留校任教。他们在技术上是没有问题的,由于他们以前也是这样训练过来的,因此觉得这样对待学生是天经地义。武校的管理方面也有待改善。武校大都采取家族式管理,学校的行政管理及后勤(食堂、超市)人员基本就是这个大家族的成员。家族垄断着武校的方方面面。今后武校的管理应向企业化发展,将所有权与经营权分离,后勤管理企业化,学校融资多元化。

2008年7月29日　周二　雨

登封多种形式的武术现象,源于武术文化的功能多元化。在传统社会,武术是军事手段,也是养生方式。现代社会,随着火器的出现,武术逐渐淡出了军事领域,但武术的教育、文化和健身功能仍然在发展。在发展过程中,社会对武术的健身功能还是比较认可的,但是对武术的教育与文化功能重视还不够。另外,人们对武术审美标准的改变影响了武术套路的发展,散打运动是传统武术与西方体育结合的产物,但是这两个项目都未在民间真正普及,高难度的武术套路使业余爱好者高山仰止,而散打由于缺乏文化底蕴,普通受众很少问津。反而是传统武术中的太极拳仍然风靡于社会。可见,武术的发展不能本末倒置偏于竞技化,而应立足社会。例如,登封武校的发展早期是基于竞技化,打比赛、要成绩,学生学习的基本是竞技套路。随着发展,他们也加进去一些传统武术的成分,但仍然不是重点,重点是与全运会接轨的项目。民间有高涨的习武热情,却找不到合适的练习场所。少林寺之所以致力于少林功夫的发展,是因为其将武术视为传播宗教思想的途径。作为商业运作的《禅宗少林·音乐大典》则是抓住了自然、音乐、文化与武术的结合点,文化的韵味很浓,生命力很强。总之,通过这几天的观察与思考,我认为登封武术发展的现象有些和我想象的比较接近,有些则发展得变味了,有点"挂羊头,卖狗肉"的感觉。武校的发展有点像竞技武术的培训基地,可以说其开发的武术教育功能也局限于竞技武术教育,而对武术文化的教育功能却不够重视。在登封,武术旅游的发展风风火火。少林寺出于传播宗教精神,非常重视武术的发展,正在开发少林文化,禅、武、医是其特色。但是禅宗到底是不是就像少林寺现在所宣传的这样简化呢?少林寺在通过武术宣扬禅宗的时候,是否把禅宗的门槛降低了?这也许是少林寺想扩大受众面的不得已之举吧。

2008年7月30日　周三　晴

今天早晨,我约了新校竞训处的王垒主任,他正在北京忙奥运会开幕式表演的事情。在百忙中他安排了训练处的韩国重主任协助我调研。时间还早,我就去附近武术城的拳法学院做采访,得知还开设了菩提茶社,就顺道拜访。菩提茶社的老板比我小一岁,我们聊得很投机,期间韩主任打电话说下午帮我联系学校其他部门的负责人。下午他亲自带我拜访少林中学和塔沟武校科教科的负责人。介绍之后他安排我们单独交谈,他们介绍了很多情况,也同意我进行录音。访谈结束,韩主任又详细介绍了塔沟武校校运会的情况。之后,他邀请我去他家喝茶,我们相谈甚欢,谈到了塔沟的文化精神、少林功夫的文化精神、武校的传统武术文化精神、中华武术文化精神……给我印象最深的就是与普通中学的学生相比,武校学生对武术的兴趣非常浓厚。另外,武校的管理方式也给我留下了深刻的印象。武校要求教师陪同学生训练、住宿的方法使学生武德教育水平有明显提高。他是少林弟子,据他介绍:少林寺现在有300个和尚,近200个武僧,一般习武的和学文的分开,而以前好像不是这样。

2008年7月31日　周四　阴

今天上午的计划是去教育局访问教育局职业科的科长,这次访问没有介绍和预约。但是职业科的范科长对我很热情,详细介绍了各种情况,毫无保留地谈了他的想法,其为人和工作态度令我很钦佩。经他介绍,基础科负责普通中学普及少林拳的工作,我就去访问基础科的刘科长,他外出有事,电话和他约到15:00。下午我们如约而见,他也相当热情,谈了感想之后将各期活动的详细资料都给了我。结束时大概16:30,我就去旅游局访问,也是没有预约,旅游局办公室的尚主任同样热情地接待了我。他曾在开封待过3年,毕业于开封师范学院,对旅游局很熟悉,跟我谈了旅游与武术相关的情况,他高屋建瓴的观点使我很受启发。之后我又在他的介绍下前往旁边旅游局下辖的少林旅行社,获悉了与武校有关的旅游活动。

2008年8月1日　周五　雨

今天早晨成老师说汉推活动组会去少林景区练武,我们一早起来集合,谁知天公不作美,雨下个不停。活动地点只好调整到塔沟的习武场地。这边的训练场刚刚竣工,一些道路还没修整完毕,他们临时抱佛脚进行修补,就准备迎接美国学生的到来。他们最担心的是厕所的卫生问题。美国学生来了之后就进行习武,积极性很高,放得很开。中间经过引见我见到了刘海钦校长,他知道我是研究少林文化的,对我很热情。他主要给我讲了少林武术的理论基础即佛教儒三教合一,又介绍了他们学校的情况,最后建议我在职业学院任教1年,边工作边调研,但是近期这对我来说不是很现实。

2008年8月2日　周六　晴

早晨,汉推活动的安排是去少林景区练武,因为我下周预约的是访谈塔沟武校少林景区老校区管理人员周彪,所以准备搭他们的车去认认路,顺便再去少林景区感受一下。职业学院对这次活动相当重视,我们7:50已集合完毕,武校严格的管理制度在这里充分体现了出来。车开了大约十几分钟就来到了少林景区,整顿后的少林景区看上去更像一个大公园,没有了以前那种闹市的感觉。景区入口处就是塔沟武校老校区,据说老校区原址是在更靠近少林寺的地方,这个地方也是搬迁的时候新买的地,武校门口一大片树林,几百名学生在整齐划一地进行着训练。美国学生对武术很感兴趣,来到后就马不停蹄地开始训练了。少林寺门口除了一些平常的买卖地摊以外，首先映入我眼帘的就是少林药房和一个叫"欢喜地"的现代式的门面。少林药房是古式装修，里面都是一些中医类的药物和健身器材，欢喜地则由体验、纪念品和素斋几部分构成，将古典和现代结合得恰到好处。庆幸的是在纪念品处我看到了几本心仪已久的书，果断决定买下。

2008年8月3日　周日　晴

今天我一方面在整理昨天的录音，一方面梳理下一步的访谈计划。根据昨天郑主任谈的一些武术现象我准备逐一进行访谈。另外，他让我今天等他的电话去体育局拿局长的工作报告，里面有很多官方的数据。通过昨天的对话，我感觉他们现在关心的仍然是武术经济方面的问题，而对社会体育与体育文化关注不多。怎样通过武术弘扬登封文化、怎样保护传统武术文化这些问题没有谈及。从现有情况分析，随着社会需要的改变，武校在满足日常招生教学的同时逐渐向旅游、演艺、培训、中介、体育用品制造等行业拓展，进而形成了大的教育集团，资金不是很多的武校则走向特色发展的道路，投资少但很务实，比如，通过购物、禅武茶社与国外演艺公司合作等形式。可见社会需要是左右文化发展的重要因素。现在武校的情况我已经基本明晰，但是群众武术还是空白，特别是怎样到这些民间习武者中间是我现在急需解决的问题。但愿下午郑主任能提供一些人员信息。下午我与何丽见面，希望通过她去昨天郑主任介绍的几个武校访谈。因为我发现如果通过官方的关系进行访谈，对方会有种自然的戒备，有些问题不会谈或是不敢谈，谈也谈不多，所以希望通过熟人进入场景访谈，情况会好些。

2008年8月4日　周一　晴

今天上午我和导师通了电话，向他汇报了近期的调研情况。前几天主要是去拜访各武术管理部门的领导，以及周边一些武校的负责人。接下来的几天我准备将塔沟武校这个个案做得仔细些。这样就通过金龙又联系了塔沟武校新校区的管理人员王垒，上次来调研的时候我已经结识了这个壮硕的青年领导。他很忙，因为这几天武校忙着去奥运会表演的事情。不过他答应有空给我安排调研的事。下午预约了小龙武校的副校长罗瑞星，他没有官架子，很朴实。依照之前准备好的问题我一一提问，令我没想到的是，他谈得很透彻，这是我来登封后首次倾听武校管理人员的心声。他关注的更多的是运动员的医疗保障问题、教练员的奖励问题、比赛成绩的垄断问题等。聊天大概进行了两个小时，我收获了很多。

2008年8月6日　周三　阴

早晨九点我没吃早饭就出发去嵩山少林武术职业学院进行访问。路过少林武术购物城的时候看时间还早就顺便去访问其管理人员。管理人员的办公室空空如也，经询问得知他们来的时候很少，而且不定时。因为我曾来过购物城，所以知道一个较老的商铺，但老板不在，只好访问店员。之后就准备中午访问完武校再来这边找他们的老板聊聊。嵩山少林武术职业学院离这儿近，地理位置比鹅坡武院和塔沟武校好，临街且更靠近市区。临街有一个大办公楼，一楼的门面房开的是餐馆和超市，餐馆主要经营本地菜，超市卖的也大多是河南特产。武校的副校长是一个中年男子，谈吐自如，博学多识。回去的路上，我又访问了那家体育用品商店，老板仍然不在，我就顺便去了隔壁的一家。这家老板很热情，向我详细介绍了武术购物城的情况。至此，今天的调研任务也顺利完成。

2008年8月10日　周日　晴

今天的任务是去拜访塔沟武校老校竞训处的周彪处长。此行目的一是去了解老校的教学情况，特别是武术表演团的情况；二是看看国际交流中心的运营情况。早晨9:30，我来到了塔沟武校老校区。它坐落在少林景区，风景怡人。景区为塔沟老校安排了专门的通道，颇有种曲径通幽的感觉。虽然面积比新校小了很多，但管理还是井然有序。我找到了周处长，对他进行了近一个小时的专访。他因为比较忙，所以把我介绍到国际教学中心的张主任处就去忙别的事情了。另外，他还帮我预约了两个武术表演团的学生，让我下午进行访谈。在国际教学中心，张主任详细介绍了学校的情况，使我受益匪浅。

2008年8月12日　周二　晴

驾校是少林塔沟教育集团的一个分支业务。上午我对其负责人进行了访谈，得知他们的业务很简单，就是对学员进行驾驶培训。驾校以校内培训为主，也兼顾校外市场。收费标准是，对外每人2000元，对本校学生则是1600

元,本校教师是1200元。学校对学生进行驾驶技能培训是为了增强学生的职业技能,学生自愿学习。对驾校的调查结束后,我去练功房采访了4位校队的学员。他们均对武术比较有兴趣,但对未来的计划不是很一致,有的准备读书,有的准备留校当老师,有的准备继续练着看看。下午去太极拳俱乐部调研。他们的口号让我印象很深:"弘扬太极文化,构建和谐人生。"和谐抓得很好,政府应重视武术在和谐社会构建中的作用,对武术给予政策上的大力扶持。调查期间,我遇到了登封太极拳协会的秘书长,进行了长聊。晚上与成老师一起对高等教育与中等教育的本质进行了探讨。他认为不能拿办武校的思想来办大学,大学要开放、创新,以素质培养为主。此外,他还认为塔沟武校基本不做宣传,彰显了其朴实无华、踏实实干的办学风格。

2008年8月14日 周四 晴

我打算去少林寺旁边买些资料,谁知道刚走到路口就被拦下了。管理人员考虑到游客会从塔沟老校溜进景区,专门在这里设了个点。我解释说我不准备去少林寺内,只想去边上买些书,但行不通,最后经过多次沟通才让我通行。于是我欢喜地去少林寺边上买了书。一想,来一次景区不容易,就爬山去王指沟拜访民间武术家李小新,走到山腰的时候看到一家人在摘核桃,走进村子后得知那就是李小新一家,又调头去找他们,聊了很久。王指沟是第一批搬迁户,可以搬迁到离少林寺较近的地方,第二批就没有这个待遇了。下午我又来到老校区访问了两个学生,之后返回新校。

深度访谈录音稿 15 则

1. 登封市地方志办公室主任吕宏军、登封市《嵩山风》杂志副主编常松木、登封市嵩山文化研究中心王剑松访谈录音稿

地点:登封市委市志办公室

时间:2008年7月25日上午

(W:笔者,L:吕宏军,C:常松木,WJS:王剑松)

W:你们三位都是嵩山文化研究中心的负责人。能先谈下登封少林武术节的情况吗?

L:国际少林武术节是将少林武术推向世界的一项重要举措,也是外国人

了解中国武术的一种途径。少林武术现在在世界的影响力日益增强,在外国人眼中少林功夫是中国功夫的代名词,它的影响很大,基本代表着中国庞大的功夫体系。

WJS:国际少林武术节由中国武术协会主办、郑州市人民政府承办、登封市人民政府协办,举办地点则在郑州和登封两地。2001年后开始举行世界传统武术节,它像奥运会一样从第四届开始在不同地方举办,这次好像在沈阳,一般两年一届。以前办武术节的目的是"武术搭台,经贸唱戏",对文化的重视不够。但从第五届开始,这种情况开始改观,武术节开始逐渐淡化经济因素,而将经济活动并入郑州商品交易会,武术节成为单独的武术节。

W:能介绍下《禅宗少林·音乐大典》的情况吗?

L:《禅宗少林·音乐大典》是由公司运作的一个以文化形式开发旅游的项目,少林寺投资了5%,在登封市的影响比较大,其表现形式比较新颖,音乐与禅武结合,表现形式和内容都很独特。

W:你们觉得武术给登封带来了什么样的经济和社会效益?

L:武术的绝对收入高于旅游收入,但就社会效益来讲,旅游是高于武校的。武校是按照学生人数向体育局缴纳管理费和个人所得税。学校控制学生的吃、穿、住,有自己的食堂、超市、武器生产厂。钱基本为学校经营者所赚取。旅游的社会效益更直接,饮食、交通、停车场、洗浴、门票收入比较直接,对社会的经济拉动较大。

W:你们怎样看待武术在登封的发展前景?

L:武术发展到现在正在异化,由过去传统武术的重技击、养生,变成现在的重表演,我认为这个趋势是社会需要导致的。火器的出现改变了对武术搏击的需求。而审美的标准也在变化,以前觉得实用是美,现在高难是美。文化只有传承下来才能被称为文化。武术的发展是社会造成的,传承传统武术是当代武术的主要问题。以申报文化遗产为例,主管部门要求必须是传统的武术才能申报。而传统武术应在传承的基础上,在健身等方面谋求发展。但少林武术在向竞技方向发展。过去的少林武术强调刚柔相济,现在则更加要求刚猛,这导致40岁以上的教练就练不动了。武术在登封的发展遇到了瓶颈,以后想要有更好的发展很难。

WJS:过去练武术是防身、健身、保家卫国、报效祖国的必要手段;现在练武术是为了防身、健身、就业、上学,但技击受到了法律的限制,人们提出了武术功能的问题,即文化的功能。登封本地人学习武术可以就业。学生学习武术的目的多样化,一部分学生比较淘气,家长无法管理,武校管理则比较严格。有的学生是因为打架打不过别人,才来武校学习武术。有的学生因为父母做生意无暇管理,所以将其送到武校。有的是因为对武术有兴趣才来学习。有的是家长觉得学习出路不大,学武术是个出路。对于农村家庭,花一样的钱上普通中学,升学率低,上武校至少可以学得一技之长。在高等教育无法在农村普及的大环境下,武校给农村家庭(的孩子)提供了一个上学的选择。

W:听说你曾经对登封民间武术有所研究,能否介绍下?

C:我曾经调研过登封周边18个村,现在真正进行武术练习的不多了,现存较好的有骆驼崖、阮村、八方、磨沟。调查结果很不乐观,老师傅一过逝就彻底失传,(因为)老师傅不愿随意传授。传承是个重要问题。传统武术在文村、阮村、骆驼崖、磨沟等十几个村仍然开展。这边练武术的地方叫教室窝。城市则基本上没有传统形式的武术了。正月十五有打狮子表演,这边是拿着刀枪剑棍给狮子玩。以前庙会也有,现在庙会中很少有了。组织形式都是民间的,多是少林武术。目前武术在登封的发展形态主要以传统武术为主。现代武术在登封也得到了一定的发展,特别是武术套路和散打。武术现在更向竞技武术方向发展了。高难美是主要方向。现代武术的发展异化明显,以前武校很少开设传统武术,现在这几年也增加了一些传统武术。

2. 登封市体育局武术管理中心主任郑跃峰访谈录音稿

地点:登封市体育局武术管理中心办公室

时间:2008年7月30日上午

(W:笔者,Z:郑跃峰)

W:您有多年从事武术管理的经验,能先介绍一下登封武校的发展现状吗?

Z:登封有四大武术教育集团,其中以塔沟为龙头,其下设六个子系统。少林鹅坡教育集团,下属鹅坡武术专修院、武术超市、武术博物馆。释小龙武院包括释小龙武术学院、少林寺武术学院、影视公司。武僧团培训基地集团包括影视、教育、中介、武术培训、出境演出、保安培训、演员培训、教练培训。武僧团也招收普通学生,《禅宗少林·音乐大典》就是由其学生进行表演的。中小武校也各有自己的特点。禅法学院有自己的禅武茶社,很多学校都有演艺公司。棋盘山武术学院院长是王海影,其特色是常年与影视公司合作。据说学院曾与好莱坞影视公司合作过,在国外有一定的知名度。释德成武馆与徐家阔弟子武馆以接收外国学生为主,塔沟武校是全国唯一一家可以在武校里面招收国外学生的学校。登封的武校一般都有表演团,学员除了平时学习训练以外,还要承担对外表演的任务。最常见的是旅游团主动联系我们学校,来武校看表演,一年可达几十万人。武术表演最好的武校就是塔沟武校和小龙武院。武术培训1988年就开始了,社会经济的发展使得武术学校向多元化发展。嵩山少林寺武术职业学院的一楼是旅游购物中心,在开办武校的同时也进行多项经营。登封各武校基本都开设教练员培训、保安培训等专业。全国影视圈内的武术替身大都是从登封走出去的学生。

W:登封的武术馆校给登封带来了巨大的经济效益,对吗?

Z:武术馆校产业的壮大带动了相关产业的发展。例如,一个学生每天的日常开支,吃、穿、住、行一年8000元,5万个学生就是4个亿,家长一年来探访一次也得3000元。另外一个产业就是武术服装、器材的制造。少林武校对登封当地的经济发展起到了促进作用。

W:您能介绍下民间武术的发展情况吗?

Z:全民健身和竞技体育与武术相关,社会武术主要是太极拳,少林武术方面有八段锦,易筋经,雷村、阮村、磨沟、大金店都有练习武术的老传统,乡民一般在农忙时期聚在一起演绎少林武术,形式都是自发的。现在这种情况少之又少。

W:竞技武术一直是登封的骄傲,能介绍下这方面的情况吗?

Z:登封市的竞技武术基本上是靠塔沟武校,总成绩在塔沟的基础上多出来20%。《禅宗少林·音乐大典》和体育局没有关系,属于企业运作形式,学生是以学习为主,而表演是演艺活动。体育局向武校收取20元/人的管理费,并直接交给市财政,教育局负责武校的教育,教育局职业科负责管理。武校属于义务教育,但是也收取管理费,基本是约定俗成的。一是靠自愿,二是有政策,原则上是收之于武校、用之于武校。

3. 武僧团培训基地办公室负责人访谈录音稿
地点:武僧团培训基地办公室
时间:2008年7月30日上午

(W:笔者,N:武僧团培训基地办公室负责人)

W:您能介绍下学校的概况吗?

N:学校一开始是由少林寺武僧总教头创建,受少林文化公司委托开办的武校。武僧的训练还是在寺里。学校的特色是代表少林寺出去表演、交流。其他武校不具备这个资格,少林寺是为了弘扬少林文化,每年从培训基地选拔武僧。进入武僧团的也不一定要出家,大都是俗家弟子。现在学校的对外交流做得比较好,学校中介业务做得比较好,成立了国际部,还有国外分部,国内每年派教练,学员也可以互相交流学习,每年都要举办很多期。7月23日就有法国2030个学员举行了毕业典礼。有短期和长期,有的已经锻炼了几年,来这里待两三个月集中学习;也有很多外籍学员进行长期学习。学校承接旅游团观看表演,有很多旅游团来到少林寺后想看表演、培训,可以到学校观看表演。登封市市长曾陪同上海一家公司老板来校参观,中央电视台7套、4套也来学校采访、报道。武僧团教学方面基本和别的学校差不多,有武术课和文化课,禅学课在高年级开设,只是穿插着讲授。学校平时注重素质教育,有佛教方面的教学,有日常生活的教育,还有法制方面的教育,还邀请社会各界人士来做讲座。2007年湖南有个失足少年来到学校,行为慢慢得到改变。湖南卫视为此专门做了报道。武僧团正属于上升期,我是2004年来学校的,当时只有1200人左右,现在有5000多人,除了塔沟武校,就属我们学校了,鹅坡武院现在只有200~300人了,小龙武院有1000~2000人。少林武僧总教头曾经与《禅宗少林·音乐大典》合作过,还与香港的袁和平合作过,台湾画家蔡志忠等社会名流也来过学校。音乐大典项目组希望和正宗的少林武术合作,当时经过详细考察,选中了我们学校。现在学校的主要业务是教学,承接表演、比赛、旅游、培训。

4. 教育局职业科负责人访谈录音稿

地点:教育局职业科办公室

时间:2008年7月31日上午

(W:笔者,R:教育局职业科负责人)

W:教育局职业科对武校有管理职责,您能谈谈你们部门对武校的相关管理职责吗?

R:武校的学生主要属于九年义务教学范围,登封市将其划归体育局管理,学生毕业只能颁发武术结业证,这属于单方认证。严格意义上讲,按照公安部的要求,这边不属于培训中心,培训中心不能开展文化课教学,开设文化课就应该归教育部门监管,这说到底还是一个体制问题。武校现在还没有这样的办学资质。民办学校按照教育口子的评估标准很难达标,学生就是因为无法受到标准化的教学管理,所以文化水平滞后。现在教育局和体育局都对文化课进行管理,职能有了交叉。主要还是体育局进行管理,这种体制制约了武校的发展,从法律法规上(讲),武校自己遇到了发展的瓶颈,即办学不够标准化,没有按照正规学校的标准来要求。将来武校想走得更长久,必须和教育局合作,文化课教学由教育局监管。这几年一些大的武校已经开始重视这个问题了,在教学质量、教师招聘等方面教育局都有一定的要求,比如要有教师资格证。但是现在武校的教练很多都没有教师资格证。体育局现在管理武校的技术教学和文化课教学,职能交叉重复,管理不清晰。体制问题导致教育局现在是想管管不了。大武校还是比较重视文武并重的,但是其余武校大部分还比较重视武术。武校的学生来武校还是有提高的,来的学生有些是家长管不了的,学习不好的,来到武校后行为确实规范许多。总之武校还是有一定作用的,教育局现在管理的有十几所,以前政府对武校的发展是大力扶持,现在则更强调严格管理。严格管理、规范管理就必然导致文化课教学的规范化。武校文化课教学的科目设置,还是武校自己制定的,因为他们有自己的特色,所以必须开设一定的必修课程。现在必须开发适合武校学生的教材,从分量到难度都要兼顾。学生的学习时间比较少,课程设置必须有所照应。国家法规方面有冲突,《中华人民共和国教育法》《中华人民共和国民办教育促进法》规定了县级教育部门应该管理武校,而国务院有个国务院令开办武术学校的审批在县级以上的体育局,国务院令属于行政令,这就产生了交叉,导致了现在教育局管理武校的尴尬局面。

5. 登封市教育局基础科负责人访谈录音稿

地点:登封市教育局基础科办公室

时间:2008年7月31日下午

(W:笔者,T:登封市教育局基础科负责人)

W:郑州开展的少林武术进入中小学课程在社会上引起了较大的反响,据说登封是最先进行试点的,您能介绍下这方面的情况吗?

T：以前是某个学校自发地开设少林武术课程。后来因为武校身处登封这个地域，人大代表一直提倡让学生传承少林武术，在全市中学普及少林拳。在这样的背景下，2004年12月20号，经过研究，决定对市区所有体育老师进行少林拳培训。经过塔沟武校刘海科的指导，确定了培训内容。培训了10天，当时培训了市区所有老师，培训内容是基本功，包括五步拳、少林连环拳、塔沟武校传统拳七星拳，最后进行了考核，主抓工作的教育局刘局长对每个老师进行了考核。培训后决定在市区所有学校推广，第二年即2005年上半年市区学校学生反映都不错，在这个基础上进行了第二次培训，培训地点在竞技学院，2005年7月17日统一培训，刘局长亲自监督。培训对象是全市中小学教师。市区是快班，农村是慢班。市区培训又增加了少林棍，这个培训持续了两周，培训结束后在全市推广七星拳、少林连环拳。教育局在培训后负责检查效果，市区基础比较好的学校，将拳结合音乐编成课间操。2006年郑州市区在登封开展体育教学比赛。当时参加比赛后郑州市的教师都很受感动，我们在南街小学、嵩高路小学、市直一附中都开展了课间操。学生比较喜欢，家长也比较同意面向全市进行普及。2006年暑假又进行了一次培训，培训地点在登封一中，时间为10天，在以前的基础上增加了少林小洪拳，在学习棍的基础上学习了剑。所有培训都是塔沟武校免费执教。我们是合作关系，他们是免费教学，对我们的工作比较支持。这一次也是对全市体育教师进行培训，结束后为了验收3年的培训效果，我们举行了全市班级武术比赛。在全市随机抽取班级，报了36个队，小学、初中、高中各年龄段的都有涵盖。我们这还有图片，比赛令人非常满意，效果也不错。检验之后，2007年登封市规定全市首届运动会必须加入少林武术操比赛，分八节；2008年3月，郑州市在全市小学开设少林拳简化24式和少林武术操。郑州市对我们进行免费培训，要求小学教师参加，我们要求全体教师参加。6月、7月在二附中，郑州市派人来验收，到市区看过之后，随便挑了个农村小学，学生打得也非常好，这次培训全国都在报道。具体活动就组织了这么多，推广一定要落实，一定要达到预期目的。现在少林拳在体育课课间操还是自选的，开设课间武术操的将近20%，这主要受教师和场地的限制。特别是农村学校条件比较落后，市区里面基本全部达到了开设武术课间操的要求，但也是在自愿的基础上参加的。郑州市只是小学进课堂。我们这边是中小学进课堂，市区课间操全部开展，农村是20%开设课间操。

6. 登封市旅游局办公室主任访谈录音稿

地点：登封市旅游局办公室

时间：2008年7月31日

(W:笔者,Y:登封市旅游局相关负责人)

W:在登封,旅游和武术结合得日益紧密,能介绍下你们部门与武术相关的业务吗?

Y:登封武术业的发展对旅游产业起到了一定的支撑与促进作用,但起不到决定作用。少林武术只是少林寺的一部分,只能是占有一定的地位而不是全部,对少林寺而言,文化还是比较重要的。武校不是一般的体育院校,而是和少林结合的武术学校,坚持了文化的风格。武校学生来自全国各地,这也是一种旅游,本身就为当地社会带来了效益,带动了当地经济的发展。国际武术交流根据国家和河南省的要求,出去一般代表中国和河南的文化。2006年和2007年去俄罗斯,国家领导就带着我们的武术队,像这类活动对我们而言比较多,但是管理还主要归体育局,旅游局只管理一些旅游活动。从程序上来讲,首先要到省外办报批有关手续,其次到公安部门办签证,最后根据国外的邀请出国。表演的目的一是表演武术,二是宣传中国文化、河南文化。我们这边只有全市总体旅游数据,缺少武术旅游方面的数据,只是统计游客人数,社会效益则很难确定。从总体上讲游客人数一直在增加。《禅宗少林·音乐大典》没有主管部门,很多部门都可以管理,主要是由天人文化有限公司进行管理,其他的都是从行业方面进行管理。这个项目在全国都是比较成熟的,虽然推向市场比较晚,但反映比较好。从推出到被市场接受一般都是5~10年,我们这边第一年推出,第二年反映就非常好,中宣部、组织部配合该项目进行了大力宣传,省政府领导的全力支持改变了中国北部省份没有这样的旅游景点的状况。而且晚上演出使得游客在登封多待了一天,拉长了产业链。政府专门将其作为文化与旅游的模范点进行介绍。在少林寺景点规划的时候,主要还是为了顺应时代的潮流、保护少林寺,还原"深山藏古寺,碧溪锁少林"的情景,还原自然风景。经过规划后,少林寺的旅游景点收入一年100万~200万元,这已经比其他景点的收入高了很多了。少林寺觉得不应该收门票,旅游要开发首先要有效益,不可能我给你出钱进行治理而没有任何效益。少林寺的整修已经投入了4亿~5亿元,包括周边道路、环境、搬迁等,少林寺已经不是独立的而是社会的。政府对社会的回报就是要开发、利用、保护,在保护的前提下适当地反馈社会,这些门票收入会支持地方财政,政府还要继续投资保持景区的可持续发展。现在旅游的发展如果停滞不前的话肯定会落后的,少林寺是中国对外宣传的窗口,有的外国人知道少林寺,不知道河南,来了先看少林寺,就像西安的兵马俑一样,特别是2006年普京来少林寺,又掀起了外国人来少林寺旅游的热潮。嵩山在申请世界自然文化遗产,今年只能申报一个,我国就是嵩山,国家也是经过斟酌的。这个工作由市委"申遗"办公室来做,我们一是负责游客数量检测,二是处理旅游高潮时的突发事件,最重要的是进行形象设计。市里面比较大的少林旅游公司就在北环路西段,旁边是旅游局的旅行社。市委、市政府有一个少林旅游集团总公司,在过去东转盘200米,主要是运作登封几大景区的门票,我们的旅行社主要是做一些旅游业务。和武校合作的业务一般都是在武术馆表演,或者游客去武校进行购物、观看表演、培训。从本部门角度来讲,武术可能起着比较大的作用,但从宏观看,可能只是一个方面。对外宣传是联系国外的主要窗口,文化只是管理文化市场,旅游是宏观的,方方面面都要涉及,旅游不只是旅游局能解决的,各地都要成立旅游发展委员会,这是政府机构,不是协会,由政府的主要领导担任主任,需要什么政策配合,旅游局不能出头,只能让旅游发展委员会这一市委机构出面协调各部门。各地旅游发展到一定程度都要成立旅游发展委员会。现在旅游局和武术有关的,一个就是外出活动联系塔沟武校和鹅坡武院去表演,另一个就是根据游客需要安排表演。武校对旅游局的发展比较支持,武校跟随旅游局去国外,一般来往路费、器材运输费都是对方出,再给一些费用,不是完全免费的。除了和官方,他们自己也会组织去国外表演,基本上都是通过外地的一些中介协会组织,它们会主动联系武校,然后谈好条件就促成活动了。运作过程还是离不开省外办及公安部门的签证办理。还有一个和旅游相关的就是外出比赛,但外出比赛的数量比较少,国内的相对较多。

7. 少林村村支书访谈录音稿
地点:少林村村委会办公室
时间:2008年8月1日上午
(W:笔者,Z:该村的村支书)
W:少林景区的拆迁已经过去很多年了,现在能找到的资料不多。您能介绍下当时的情况吗?

Z：少林地区的拆迁都是出于社会发展的需要，应该是可以的。社会应该向前发展，由于少林寺是世界上有名的景点，因此，世界上很多人不知道河南，但知道少林寺。为了把少林寺推向世界，为了美化环境，登封市开始进行拆迁，这是拆迁原因之一。现在居住条件还是比较好的，但是里面还有一个问题，居民在生活中需要长期的生存条件，比如宅基地问题、生活用水问题。因为原来拆迁的时候居民很少愿意来，虽然这边条件比较好，但是那边可以做生意，即使不做生意，故土难离的思想也困扰着他们，所以拆迁是个大难题，众口难调，条件差的人都不想搬，在那边环境清静，土地肥沃，不愁吃不愁住，生活得比较舒服，也不只是为了钱，受传统思想影响，拆迁居民抵触情绪比较大。离少林寺较近的居民，更不想离开，拆迁困难更大。但出于形势所迫，（拆迁）还是基于自愿原则。拆迁原因之二就是居民知识水平较低，只看得到自己的利益，在这里每天有事做，生活充实；拆迁以后虽然住得挺好，但每天干什么？天天没事可做，在家待着没事干是最难受的。居住条件和将来工作的安置是群众的基本要求，这是与政府的主要矛盾，居民的要求和社会不是对等的关系。如何调解这个矛盾是我们要做的：多予、少取、放活。能让居民勉强接受已经很不容易了。最早政府提出的水平不能让居民满意，后来又提高了。群众主要的担忧一是到底以后生活中政府说话是否算数，因为多少年来政府的变更一般是"这朝皇帝不管那朝臣"，政策能否有持续性，不能你来一个样我来一个样。后来政府提高了条件，但还是不能满足一部分群众的要求，一是与当时群众生活水平有差距。虽然政府一年补助一万块钱，可是这些钱不能解决这些居民将来的整个生活问题。政府应让这些拆迁居民生活得更好，而不是拆迁后任其发展。比如拆迁后吃的是井水，这是政府承诺的，但是拆迁后因为天气比较热，符水较充盈，导致打井打浅了，结果2006年后一直缺水，没办法调节供水，每个区域半个小时供一次水，长的是一个小时，只能接点水保障基本生活。现在塔沟武校打井取水，本地的勘探队打不到，便请河北唐山的勘探队打了500米，打到了井，连续抽了17天，每天24个小时，按照正规标准确定这边是有水的，如果能打井成功就可以解决我们的缺水问题了。登封一直缺水，就是用水库的水也是有限的，一直是供不应求，如果这边有井水就可以结合符水较好地解决这个问题了。一口井可以使用30年，上游水库也修了几十年了，还要不停加固，所以开井还是一个比较好的选择。这个方法只能解决居民的基本生活问题，创收和发展方面还存在较大的问题。我们在武校周围一定会与武校互相影响，塔沟拆迁前是一万多人，现在两万多人，这就需要人管理，都从我们这边招人，比如后勤、司机。虽然武校实行封闭式管理，但是学生还会出来购物，另外家长来了也会在这住宿。以前是自给自足，现在必须寻找出路，这是一个本质问题。生活方式改变了，居民如果没有基本的知识，就无法适应社会，必须进行引导，比如集体搞个企业，但是全国成功的毕竟是少数，我们也考虑过，但是觉得还是比较困难。为了社会的发展损失了一部分人的利益。有一得必有一失。剜疮必须用好药，疼痛只是暂时的，少林寺拆迁毕竟是件好事。

8. 登封市文化局市场管理办公室主任访谈录音稿
地点：登封市文化局市场管理办公室
时间：2008年8月1日下午
（W：笔者，F：登封市文化局相关负责人）

W：武术属于文化的一部分，您能从文化局的视角谈谈你们对武术活动的相关管理职责吗？

F：文化市场管理这一块基本上和武术没有什么关系，武术代表中原地区特别是中国嵩山这个地域，实际是代表嵩山文化的一部分，现在已经推向社会走向世界了。武术是嵩山文化和少林文化的重要组成部分，比如我们的《禅宗少林·音乐大典》就是通过武术文化这个表现形式，向更高层次的方向发展，将传统与现代、文化与市场进行了完美的结合。嵩山文化还包括民俗文化、自然文化等各个方面。武术文化本身就是一种美，比如武术每一种表演形式，现在将其推向更高层次了，这对推动当地经济可持续发展、有效利用武术资源是一个很好的借鉴。我也对外考察过南方的《印象·刘三姐》，北方没有，北方有山，有少林武术，有少林寺，咱们就做出来了这个《禅宗少林·音乐大典》。我们管理的歌舞娱乐场所和网吧经营场所，为消费者提供自娱自乐服务，这些场所受到了武术发展的影响。白天游客多，晚上消费就拉动了这些场所的发展。从文化市场来讲，直接和武术相关的活动不多，登封有一部分武术学校，它们成立的有少林武术表演团，有的小学校是专门搞表演的，它既是一个培养学生的学校，也是一个专门的表演团，有一些学校在我们这里办理了专门的武术表演机构。昨天我们去棋盘山武校观看了他们的表演，考察了他们的表演水平和资质。武术的发展在直接吸引外地游客到登封观光旅游的同时，也带动了文化市场的发展。与武术相关的赢利性经营场所(演出)都应该归我们管理,因为他们只有持我们这个证才可以到外地或国外演出。昨天是嵩山大法王寺演出团,他们提出要求我们进行审批,这是以团体的形式去演出,咱们以少林武术为主要教育内容的武校,出去也是进行武僧演出。如果武校通过中介进行国外演出的话就相当于出国了,一个是随政府去访问,一个相当于私人出国。昨天一是看场地,二是看表演水平。我是今年刚管理,经我手办理的一个是棋盘山武校,一个是释德成武校。开武校、做表演团是好事,可以弘扬武术文化,我们是很支持的。对外表演应该纳入我们的文化市场管理范围,公益性的表演我们可以不管理,经营性的表演我们就应该管理。像在少林寺景区内的演武厅进行的武术表演,因为它是景区的一部分,所以我们很难界定它的性质。由于内容健康,形式也很好,只要规范它,使其符合国家法规,我们就支持它的发展。登封市还是比较支持少林武术的发展的,少林武术是登封的名片,很多人不知道登封,但都知道少林武术。武术表演这个形式可以很好地弘扬武术文化,深受外国人的喜爱。武校做这个事情只是略微赢利,从大点说是宣传武术文化,小点就是宣扬自己的武校。棋盘山武校是由校长和大法王寺一起投资的,校长是法王寺的徒弟,国内国外都知道大法王寺,这是一个互赢的模式。

9. 武校教练访谈录音稿

地点:教练家

时间:2008年8月3日晚

(W:笔者,H教练是从体工队退役的,而G教练是从武校考入专业体育院校,毕业后回到武校任职的)

W:能介绍下你的个人情况吗?

H:我从专业队退役,5岁半开始习武,在平顶山业余体校练习,后来进入河南省体工队,待到21岁,在广州体育学院挂靠,然后开始在郑州代课,2005年来到塔沟武校,负责女队训练,以前男女套路一起训练,现在分开了,我只负责女队训练,平常是5:30~7:30,寒暑假期间是8:30~10:30。

W:能介绍下你们日常训练和学员的情况吗?

H:平常有半天文化课,教师有600多人。校队的队员都是从各年级层层选拔出来的精英。校队下设青年队,青年队下设少年队。各梯队都有不同年龄段的学生,并配有自己专门的教练。平常学生都很希望加入一线队,学生选拔一个是通过运动会,另外一个就是教练推荐,有些从外边学校来的有一定水平的学生可以直接进入相应层次的专业队。学生层次不一样,一年级可以往二年级调,二年级可以调到三年级,教练员平时陪学生训练、吃、住。学生如果不守规则,教练可以就地惩罚。捣乱的学生看到别的学生都遵守(规则),他就会受到影响,教练员不是体罚他,只是通过这个方式对其警告,让其遵守规则。学生慢慢就纠正了行为。在学校,教练员主抓训练,学校把表演和国际交流作为一种宣传手段。现在打比赛学校会给一点奖励,很少,学生教练员都有一点,一般的省级比赛学生能拿到几百块钱,我之前带队参加省级比赛就获得了200元。学校不给教练员交三金,教练员只有基本工资加奖金。如代课教师何丽,只负责训练,只有课时费,没有额外的奖励。其他教师的工资是管理加教学、评估费、提成等。教练员平时和学生住一起,结婚的一周可以有两天晚上休假,外聘教师不用陪学生住,只负责教学。南方的武校代课教师也有三金,学校给教师分的有单身公寓。

W:你是从武校出来的,能介绍下学生当时来武校学习的原因以及毕业后的去向吗?

G:我 1996 年就在武校训练,刚来的时候,目的就是锻炼身体,锻炼生活能力,当时很调皮,但慢慢就好了,待一段时间,感觉有训练前途就继续训练,没有的就回去了。学生有的是对武术有兴趣,有的是学习不好,有的是家长没时间管,还有的是上网成瘾家长管不住,有的是打架打不过别人,在家里受欺负。食堂一天只能刷卡花 12 元,有的学生手上有现金,可以在小卖部买东西。训练完买饮料、买小吃。当时和我一起进入武校学习的人,毕业后有当教练进体工队的,有已经失去联系的,有在家开武校的,有做生意的,有做保镖、保安的,还有当兵的。武校的就业情况还是不错的。当时在训练过程中,文化课已经受到重视,开设的都是一些主干课程,基本和普通学校的学生一样。

10. X 武校管理者访谈录音稿

地点:X 武校办公室

时间:2008 年 8 月 4 日上午

(W:笔者,L:该武校负责人)

W:能介绍下你们学校的概况以及登封武术馆校的发展历程吗?

L:X武术学校是我们现在X武院的前身。X武校发展的目的主要是传承和发展少林武术文化。20世纪80年代电影《少林寺》上映后在国内外引起了轰动,再加上人们对少林武术的好奇心,众多武术爱好者纷至沓来。当时来习武的学生有的是在家就习武,想来这里继续提高技术,有的是想通过练武术以后不被欺负。那时候的武校还不像现在这样规模化,都是以家庭式为主体的武校,像塔沟武校和小龙武院。众多武校都设在少林寺附近,武校的教学也不是多么标准化,学生往往是白天干点农活,晚上学武,在学习期间要是有钱的话会交些学费,但学费都是很少的。然而随着人数的持续增长,这种方式就不能满足需求了,于是现代性质的武校出现了,并逐渐向正规化转变,最终代替了原有的家庭式模式。最初办武校的人员多是家里与少林寺有渊源的,像塔沟武校的刘老师,其父亲是少林寺的;鹅坡武院的梁老师是当时的初中老师;我们校长的父亲也是少林寺的。刚办起来时,体育局非常支持,审批很容易,其他基本上就没有管理,没有纳入教育系统的管理,纳入教育系统就要受到一些束缚,体育部门只收取管理费。这样宽松的政策一方面使武校得以飞速发展,另一方面也扩大了登封体育局的管理范围,有利于体育局日常活动的开展。在武校飞速增长的那个阶段,很多会一些武术的人纷纷办武校。后来很多外地人也来少林寺周边办武校,鼎盛时期武校达80多家。这一时期武校自身以及政府的管理都比较混乱,武校出现了互相争抢生源等问题。1996~1997年之后政府规范了对武校的管理,武校的发展也渐趋稳定。近几年,武校在进一步向规范化、标准化发展,例如教师、学生都要考核,登封体育局每年都对武术学校进行考核,考核后会评出最佳武校,以促进武校发展的标准化。如果还存在以前打打杀杀的局面,对大家的发展都不利。武术馆校到2000年左右基本达到饱和状态。这样武校的发展就要比管理和办学条件了。像市里、省里每年都有比赛,成绩好了就可以参加全国的锦标赛,比赛成绩好自然容易吸引学生。

1998、1999年我去郑州,当时听说要搬迁。2001年,我们在郑州扩建学校,政府下达通知少林寺周边的村庄、居民、学校都要搬出来。政府对武术学校也有一定的规划,专门划了一个登封武术城,也叫武术一条街,是强制性的,赔偿费很低。我们学校的前身是少林村村办企业,当时我校校长承包村里的地,每年向村里交一定的钱,拆迁的时候我们校长只获得了一些额外赔偿。那时高额贷款在这买的地,2002年才建成规模,慢慢生源稳定了,就边发展边建设。塔沟武校之所以没搬是因为它离少林寺比较远，会最后搬迁，到第二期，村民都搬迁了，塔沟武校涉及范围比较广，它现在的位置是在以前的少林市场，后来塔沟武校把这个市场买了下来并扩建。其实以前塔沟武校还在石牌坊里面，第二批拆迁的力度已经不够了，可能因为一些因素就没有搬。塔沟武校现在发展得比较好，和没有搬迁有很大的原因。有一个武校在少林寺旁边，也是一个人文和自然风景，丰富了少林寺的资源。以前少林寺周围都是练武场所和集贸市场，晚上灯火辉煌，练武也是少林寺的一个景观。我们从少林寺搬出来对我们生源影响还是非常大的，刚搬出来的时候还是租的临时厂房，条件相当困难啊。当时校长住在棉瓦房里，看着工地，畅想着武校的未来，给我打电话说这是我们的办公室，这是宿舍……。现在终于发展成这样了。我们在郑州市也有一个分校，地已经批下来了，但是我们现在在那边发展还不是主要的。总之，我们学校发展路程比较坎坷，如果根据一个学校实际的办学规模讲，现在我们的硬件在登封武校里是领先的。

W：武术表演是你们学校的特色，您能介绍下这方面的情况吗？

L：武术自身有表演性，比较容易与舞台艺术结合。我们办武术表演是比较早的，成立了小龙艺术团，1998、1999、2000 年都参加了河南春节联欢晚会，后来一些社会活动也邀请我们去表演。我们对外表演基本都是跟旅行社合作，导游领着人来少林寺旅游，之后介绍到我们学校，看表演或者进行简单的武术指导，我们开设的还有暑期夏令营。国际表演一般都是演出商主动与我们联系的，他们对国外的情况比较了解，对国内也比较熟悉，我们谈好条件就可以运作了。一般通过合同规定演出多少天、一天演出多少场，也有我们自己直接谈的。护照、签证都是自己办理。他们邀请我们，我们基本上只负责演出，从学校一出发，吃、住、行都是对方出，我们一直都沿用这种模式。如果对我们的服装不满意，他们可以自己出服装。现在登封几个比较大的武校都有专门的表演队，旅行社一般都是联系我们这几个大武校，因为游客也要求看比较好的表演啊，大武校的硬件和环境都是比较好的。

W：您能介绍下少林武术节与登封体育用品业以及武术相关产业的发展情况吗？

L：郑州国际少林武术节对武术的发展起到了巨大的促进作用。人们都知道中国有个河南，河南有个少林功夫，少林功夫基本代表了武术。这和少林武术节的宣传不无关系。1991、1992、1993 年武术节形成了产业化，"武术搭台,经贸唱戏",基本形成了规模。服装、器材、演艺都形成了产业化。后来改成了两年一届:1995、1997、1999年,再后来变成了世界传统拳大赛,已经在郑州举行了两届,下一届在武当山。武术节主要是以武会友、交流展示,也有一些比赛。前三届在郑州市体育馆举行,经贸洽谈在别的区域。登封这些武校在街上就开始武术表演,一个一个排着,拉着武校的横幅,展示自己武校的特点,练的功夫也是各式各样,外国人来主要是参加比赛、交流。表演有专门的区域,是以大方块的形式,这相当于入场式,只是在大街上。参加商业洽谈的都是些器材、服装、演艺公司等。这样武术产业基本就形成了规模。1995年以后,因为之前确实兴师动众,活动要戒严啊,之后每年就在省体育场举行开幕式,然后就进行比赛了。1995、1997、1999年就开始这样了,以前确实有些太耗费,交通啊,保安啊,当时郑州市还专门成立了武筹办,现在武术基本透明化了。

L:我们学校对体育用品基本上没有涉及,塔沟武校因为家族人比较多,就可以安排每个人负责一些项目,生产出来的体育用品今年用得少了,明年还能留着继续用,这样就降低成本了。少林武术购物城是政府为了方便搬迁居民的就业开发的项目,之前是在少林寺旁边卖兵器的。旅行社一般都事先和他们约好,领游客过去购物。

L:棋盘山武校据说是和好莱坞合作,其实可能曾经跟一个导演合作过。嵩山少林武校是将门面房租出去了,和武校没有关系。它们和旅游团有关系,一般承接一些游客来自己开设的商店购物,从中赢利。拳法学院是租用郑州大学体院的地方,据说其校长在美国发展武术文化。现在武校开办第三产业,拓展了武校业务。释德成武术馆的创办人以前是在少林寺武术馆练习的。他自己在国外表演积累了一些人脉,他开设的武馆属于家庭式的,承接一般国外的业务,国内也有一些学生。我们这边现在国际部的主任,以前在国外待过,后来随着国外学生来这边学习的增多,他的语言水平有所提高,后来来学习的外国人也逐渐自己组织人员来我们这边学习,这样规模就越来越大了。学费还是交到学校,学生由外国人介绍,外国人有提成,后来慢慢就没有了,逐渐正规化。

W:请谈谈你们学校教学管理的特点,好吗?

L:我们学校现在从管理上一般是分为招生办(人不多但非常重要,我们叫上通下达,是学校的中心地带,是核心);武教处(表演部、散打部、套路部);

文教处；后勤部。学生来武校学习的目的，有的是对武术有兴趣；有的是因为在家学习不是很好，来武校强身健体；有的是来这里戒网瘾的；有家庭困难的，来学武是为了就业；还有一些来自南方富有的家庭，他们来习武是为了将来做生意、保卫财产的。学生来到武校后生活方式会有所改变，我们主要通过潜移默化的方式来影响他们，用氛围影响他们。过去管理靠师生关系，传统文化讲究一日为师，终身为父。现在师徒关系淡化，学生来到武校是半军事化的管理，必须遵守规则，不能像在家那样唯我独尊。现在教练代课压力很大，因为学生娇生惯养，很难管理，以前学生能吃苦，你打他、罚他，他都认可。现在学校也严禁体罚学生，教练打学生要罚钱的。以前我学武的时候教练哪天不打我，我还以为教练不关心我呢。现在这样三自主的教学方式并不一定好。我有一个学生在美国办武术馆，他教几十个学生，我问他教学怎么样，他说他们的学生都是直呼其名，并认为给你钱你就该教武术。有一次他带了10个外国学生来我们学校学武，我就觉得很不适应，因为那些学生对教师就像一般朋友似的。几个外国学生在我们学校学习武术，他们晚上喜欢喝酒，该熄灯睡觉的时候，还在宿舍大喊大叫，严重影响了其他学生的休息。我们几个教练拿着棍子对其惩戒，他们在宿舍鬼哭狼嚎，我们就给他们讲道理，告诉他们现在是在中国，要守中国的规矩，不能任意妄为，事后他们对我们的管理也很认可。现在中国学校的教学片面地模仿国外，但学生的自主性到底有多少，与国外相比，我国升学压力更大，一旦放松要求，学生很难自觉锻炼身体。

W:能介绍下你们学校的发展战略吗？

L:现在农村实行九年义务教育，免除了书本费、学杂费，家庭贫困的还有补助，这样家长觉得来武校学习还要花钱，就愿意让学生回家上学了，这对私立学校乃至武校的冲击都很大。国家现在补贴农村教育的政策是应该的，不过实行九年义务教育学校的管理就放松了，因为没有升学压力，教师、学校的利益也随之减少，对我们生源的冲击还是很大的。国外近三年武术还是蓬勃发展时期，但是过了这几年就不行了，因为现在在国外办武校的太多了，我们校长之前去美国进行了考察，那边办武馆的很多，形式很自由，对场地和教练的要求不高，会一些武术的到国外都办武馆，导致武馆很泛滥。我们学校在郑州成立的有释小龙演艺公司，前几年小龙去国外读书，现在小龙从国外回来了，在郑州曼哈顿开设了公司，公司主要还是从事影视业务，培养演员，等等。我们也考虑过将武校做大，做成高等教育。但大专的审批程序比较复杂，首先,人数得达到标准,现在我们的人数不够;其次我们的教师、硬件都达不到标准。

11. Y武校管理者访谈录音稿
地点:Y武校办公室
时间:2008年8月6日下午
(W:笔者,T:该武校负责人)

W:您能介绍下你们学校的发展战略吗?

T:电影《少林寺》的放映,在全国和世界各地都掀起了少林武术热,20世纪80年代初期全国各地习武爱好者来到少林寺,90年代很多外国学者也来到少林寺。2000年到现在一直是少林武术发展的鼎盛时期,人数达5万人,武校最高达80多所。我们学校的办学特色就是以市场为导向,拳头产品就是武术表演,我们学校在国外有表演队。珠海影视城、中山影视城、武林园、深圳民俗文化、锦绣中华这些地方都有团队和队员参加表演和影视拍摄。以前学生强身健体,现在如果健身将来找不到工作,时间就荒废了,太得不偿失了。我们认为学生毕业找不到工作会影响我们的市场,因此我们学校将学业转化为职业。早期全国各地武校比较多,培养出的大部分人才一般都是去各地武校做教练。这几年随着武校数量的不断减少,武术教练员的需求也在萎缩。我们学校逐渐将市场转向企业保安、商务助理、汽车驾驶、国家治安、交刑警、在家乡应征入伍等方面。但影视表演和国外培训市场是主要发展方向。我们根据人才需求制定一些专业,如武术套路、武术表演、散打等专业。登封的发展战略是"武术搭台,经贸唱戏",武校则以教育为主,但也做一些附带产业,为民办学校创收,因为民办学校都是自己投资,国家没有支持,所以进行副业也是可以理解的。我们的生源多来自省内,省外的也不少。学生家庭背景以农村为主,贫穷的居多。这几年在外打工、开矿、做生意的多起来了,真正种地的很少。农村实行九年义务教育对武校的冲击比较大,但无法阻止武校的发展,它主要影响地方民办文化课学校。而武术学校主要是针对习武的学生,即使九年义务教育免费,也无法替代这些学生习武的需求,所以影响不大。武校仍集中在少林寺附近。

武术是整体的,不应该用少林功夫来替代。体育局要求所有武校都教授少林武术,把本来已经发扬光大的武术又局限于少林功夫。学习少林功夫不能等同于学习武术,应该只要是精华都要传授。我们的特色体育局有意见,但学习少林功夫无法和国家比赛与考学结合。少林功夫朴实无华,表演性不强,无法运用在舞台上。武僧表演现在也脱离少林功夫了,在这种情况下,真正表演少林武术的很少,观众也不多。就像太极一样,练太极的人多,但表演的受众很少。武术一直沿用一成不变的模式,让人看厌了,其实武术可以和艺术相结合。在现代社会,武术的强身健体功能犹存,保家卫国的功能却在淡化,因此武术的发展应适应社会需求,应逐渐以市场为导向。民办学校就像企业,政府不能干扰其经营,不应该以政府的意志为导向。

W:您认为学生来武校学习的目的是什么?能介绍下你们学校的教学特色吗?

T:现在武校学员的年龄偏小,以前小孩16岁之后才来,现在很小就来了,因此我们开设了少儿全托班,但费用较高。以前学生学武是自己打工挣学费。现在家长支持学武。在这种情况下,我们负责这些孩子从生活起居到饮食训练和文化课的全部工作,孩子的年龄在4~10岁。学校对文化课的重视程度也在增强。以前各武校对文化重视不够,到20世纪80年代这种情况逐渐得到改善,文化课得到了重视。到90年代后期转型为半文半武、文武双修。看现在的形势,将来必将转向以文为主,以武为辅。现在训练太多,文化课相对较少,从学生的就业情况看,我们还是要重视文化课。

学生来学习的初衷一是圆梦,圆自己的武术梦;二是因为家长忙于事业,送到一般学校只是学习,在这可以兼学文武。一些孩子比较难管,一般学校管理不了,武术学校管理比较严格,家长才将孩子送来。我们管理孩子的方法主要是通过道德影响。有些孩子光靠打是没用的,到这里我们会让他们感受到有一种约束力。而且孩子远离家庭没人依赖,自然也容易接受管理。普通学校不会体罚学生,武校教师会在家长同意的情况下对学生进行体罚。在这种氛围下学生就容易服从规则。传统武术文化的一些清规戒律、尊师重教的规则是值得传承的。我们学校也是通过日常行为规范和学生守则对学生进行管理,执行力上比普通学校强得多。民办学校在学生管理方面要优于普通学校,因为民办学校直接面对市场,教师教不好,家长不满意,就没有市场了。

W:您在全国很多地方都待过,您认为登封武校的发展在中国是最早的吗?能介绍下现今全国武校的发展情况吗?

T:登封发展武校在全国不是最早的,最早的是河北沧州、江苏沛县。90

年代沧州排第一,沛县为第二。第二批武术之乡才有少林寺。当时沧州与沛县的民间团体比较多,每个公社有武术团,大队都有班,村村都有练武术的。现在登封是龙头,河南省也是武术大省。但登封习练武术的大都集中在武校。登封除了武校,市民练武的很少。现在武术在江苏、沛县和山东发展得不是很好,虽然它们在80年代以前发展比较好,90年代登封还曾借鉴山东武术发展的经验,但到现在这些地方已经不能和登封同日而语了。2002年少林寺申报世界文化遗产,要让周边武校及居民进行搬迁,以前武校规模小,条件差,搬迁后都是现代化设施,盖的房子一家比一家强,学校的建设一下超越全国其他武校。这就出现武术发展一边倒的情况,即少林名气越来越大,各地的学生都来登封学习武术,使得其他地方的武校学生流失严重。以前全国习武的学生有50万人,登封占2万人;现在全国有20万人,登封占5万人。少林武术名气大,学校硬件和软件设施越来越好,所以规模也越来越大。其他地方的武校都出现了萎缩,很多都转型为民办文化课学校了,或者被地方接管了。国家希望学校办大办强,要求强强联合,要么取消,要么做大。像登封,2002~2005年有80家,2006年后每年以10家的速度递减,现存50多家。大武校和小武校的差距逐渐拉大,像现在塔沟武校达到2万多人,而一些武校如棋盘山武校很小,只有几十个人。

12. Z武校管理者访谈录音稿

地点:Z武校办公室

时间:2008年8月10日上午

(W:笔者,D:该武校负责人)

W:能介绍下你们学校的概况吗?

D:我们校区主要有艺术团、跆拳道、拳击、国际交流中心这几块。现在学生毕业都是当保镖、开武校、当兵,或是做商务助理保镖,也有去体育院校读书的。还有一部分艺术团的学生从事演艺行业。我在武校待了20多年了,感觉学校的发展还是比较好的。以前最多的时候是100多家,现在也就50多家,将来估计大浪淘沙也就是剩下几个大的教育集团。我们学校现在在登封处于领先位置,办学思路是向教育集团化发展,下属的有职业中专、职业高中、职业大专、少林中学、体育用品制造厂等。中专初期是招收武校的学生,现在也面向社会招生。

W：能介绍下你们学校的教学特色吗？

D：现在家长也和前些年那些思路不一样了。他们对学生的文化要求都比较高。以前学生学武都是为了平常不受欺负，现在是将武术作为一个特色。既然家长有这个需求，我们就要考虑，因此我们狠抓文化课教学，开设了各层次的文化课教育。现在只拿冠军没有文化知识也不行，这是从可持续发展的眼光来说的。现在来武校学习的学生中间有好多都是在家乡文化课不是很好，因为练武毕竟减少了他们的学习时间，这势必影响他们的学习。而且一些学生在家行为不是很规范，来到我们武术学校，我们会对其进行一个长期系统的教育。首先进行军训，对其在家的一些小毛病进行纠正，使其融入集体，培养集体主义精神。比如叠被子，叠得不好的学生会被通报，这样就刺激了学生的荣誉感。卫生等方面也有评比。在老校区，学生在公共区域不允许穿拖鞋、袒胸露背，如有这种情况，我们会在每周大集合时进行公开批评，并对班级进行批评，这样反反复复进行，教师也会进一步对其进行教育。我们还教育学生一定要勤俭节约。记得以前我当教练的时候，父母来看孩子时，我们就教育孩子多体谅父母，比如在食堂随便吃些饭，这样父母会觉得孩子比较体谅他们。如果有些孩子做得不错，我们还会公开表扬。以前我带的孩子，父母一来看他们，他们就要请假去和父母睡在一起，我就教育他们说现在都是大人了不能还和父母睡一起。有一次我带的一个学生的父母来了，父母让他跟着他们住，孩子不同意，父母问孩子是不是经常不见面不想父母了，孩子说自己大了，可以独立睡了，父母很感动，觉得孩子在武校确实成长了。我们都是通过这种潜移默化的方式来纠正他们的行为方式。我们的艺术团里有两个全托班，因为学员年龄较小，我们加强了师资配置，还设有专门的助理，负责学员的生活起居。学生太小，必须全面管理。很多学生都是4岁来，7岁回去上学，主要为了锻炼个人生活能力。学生来自全国各地。以前民间也有家庭式的招生模式，现在家长都愿意送孩子去比较正规的武校。

　　因为很多外国人来这里学习，所以我们就创办了国际教学中心。现在在登封能招收国外学生的只有塔沟武校和武术馆。国际少林武术节的举办对我们在国外的宣传影响比较大。现在我们的学生在国外开设武馆的也比较多，另外从我们这里毕业的一些外国人，回国后也会组织我们过去教学，大家进行互访交流。现在国外武术组织比较多，美国、日本、韩国、新加坡有一定的市场，我们的表演也会吸引一些武术爱好者。我们出去表演的是塔沟艺术表演团,出去基本上是略赢利,主要还是为了弘扬武术文化、宣传我们学校。少林寺的武术馆表演也是我们学校的,我们一天表演五六场,游客随时都可以免费看,现在景区票100元,里面就涵盖了武术表演。我们往往是站在领导者的角度思考问题,要了解学生的想法还应该多和学生交流。我们学校不允许学生和陌生人交流,因为以前有外人过来招生或者拉学生表演的情况。艺术团的出发点还是上电视台、演电影,这与练套路和拳击的学生肯定是不一样的。我们学校的强项是套路和散打,跆拳道和拳击是符合现在社会需要的,我们也培养了很多跆拳道冠军。出国表演我们一般是以团体的名义出去,通过政府出访,或者是一些中介公司联系,国外告诉我们有这个邀请,会给我们发邀请函,我们就要通过出入境验证、办理护照。

W:能谈谈武校在登封的发展前景吗?

D:我感觉以前人们习武的目的是强身健体,或者觉得学习武术也是一个谋生手段。但随着社会的发展和人民生活水平的提高,人们的尚武意识逐渐淡薄。现在九年义务教育免费,对武校的影响比较大。以前家长认为小孩学习不好就学武术吧,现在认为孩子学习也不要钱就继续学习吧。武校在登封的发展在逐渐萎缩,武校经营者都转型从事其他行业了。

13. 塔沟少林武术国际教学中心管理人员访谈录音稿

地点:塔沟少林武术国际教学中心

时间:2008年8月10日上午

(W:笔者,R:塔沟少林武术国际教学中心负责人)

W:武术国际化的发展日益明显,您能介绍下你们中心的发展情况吗?

R:塔沟少林武术国际教学中心成立于1998年,至今已经10年了,当时随着塔沟武校的名气越来越大,国外来学习少林武术的人越来越多,我们就试着办适合国际教学的中心。当时南斯拉夫的几个朋友学习意愿比较强烈,成了第一批学生,之后要求学习的人越来越多。1998年我们向省教育厅申请办国际教学中心,省教育厅同意后报国家教育部,教育部同意塔沟武校招收国外学员,塔沟就成了当时全国第一个招收外国留学生的武校,可以为武校招收外国留学生积累经验。到现在为止,登封只有塔沟武校、鹅坡武院、小龙武院三家。10年来从开始的一年五六人到现在一年二三百人,无论是学习几年还是几个小时的,一年下来总共有900人次,这个数据每年都差不多,比较稳定。

W：国外武术爱好者是怎么了解到少林武术国际教学中心的？少林武术国际教学中心的宣传途径是什么？

R：我们也没有在国际上做什么广告，我们本身有一个塔沟武校的网站，有中文版和英文版，他们主要是通过网络了解塔沟武校。这里面有几个原因，一是塔沟武校参加的国际比赛比较多，国际比赛冠军有140多人；二是塔沟武校艺术团参加国际上的文化交流活动，比如希腊奥运会闭幕式，2007年随国家领导人到南方展示中国的文化活动和到韩国展示中国的文化活动；三是口口相传；四是美国、英国出版的介绍中国的书，这些书不收任何赞助费，不做任何广告，里面在介绍河南少林寺的时候，介绍了塔沟武校，它是官方资料，很多学生都是拿着书来到我们这边联系的。我是2005年10月来的，我所知道的学习最长的有4年，有一个学生叫乔治，他已经获得中国武术5段，年龄20多岁，他说还要继续在中国学习，当时他申报的是4段，但被认可已经达到5段了就批了个5段，这是很不容易的。

W：国外学生来少林武术国际教学中心求学需要办理怎样的手续呢？

R：他们能拿到我们塔沟武校的邀请函再办理相应的手续，就可以来我们这边学习了。这个邀请函要通过登封市公安局、省教育厅、省出入境管理机构批准。其他的比如学习几个小时的都是来旅游的，来体验一下少林功夫，一般导游都会介绍塔沟武校，塔沟武校已经成为少林景区的一部分。

W：国外学生来学习的目的一般是什么呢？

R：哈佛大学每年都有十来个学生到我们这边体验、学习，还有耶鲁大学，另外好莱坞的一些演员也会来我们这边学习，他们对少林功夫很有感情。墨西哥的大卫是一个武打演员，他来学习了很长时间。学员来自美国、英国、加拿大、日本、韩国的居多，截至目前，一共有40多个国家和地区的学员来我们这里学习，10年来累计共有9000多人。据了解，他们来学习的目的就是非学一身好的少林功夫不行，回去要干什么不做考虑，都是出于对少林功夫的好奇和热情，也有一些是学一两套少林功夫里面的拳种进行健身。他们一般是一天练习6个小时。如果他们想学汉语的话，我们这里安排的有汉语教学，用全景汉语的教材。一些韩国的学员都是来这里学武术和汉语。汉语桥活动是国家汉办推行的，我们属于职业学院的一个分支机构，隶属塔沟武校，是一个外事机构。

14. 两位武校学生访谈录音稿

地点：学生宿舍

时间：2008年8月10日下午

（W：笔者，T和H是一个年级的学生，他们都是塔沟武校艺术团的。T 18岁，来自山东聊城，已来武校5年；H 20岁，来自河南周口，已来武校2年。）

W：能谈下你们来武校学习的目的吗？

T：我当时是自愿的，小学毕业学习成绩不是很好，就萌发了习武的念头。之前也学过武术，塔沟武校在我们当地很有名气，我的一些教练也都是这边毕业的。起初父母不是很同意，或者说极力反对，后来没办法了就将我送到了当地武校。

H：我来的时候是16岁，正上初三，当时是不想上学了，才想来这里学武的。来这里是我父亲的同学介绍的，之前我并没有习武经验。我父母当时是非常支持的。

W：能介绍下你们的家庭情况和平时的学习生活吗？

T：我们姊妹3人。除了周末，只有春节一个假期，没有暑假，所以我一般一年回去一次，父母基本上不来。

H：我姊妹两个，我的父母离得近，有时会来看我，还会经常给我打电话。我们一年下来的花费一般在8000～9000元。我们每天5:30起床，然后开始训练，6:30吃早餐，再接着训练一上午。平常有半天文化课，如果上午上文化课，就下午训练，半天文半天武，现在晚上基本不训练，平时有文化课的时候晚上还要训练，基本就是每天三练，晚上我们有专门的训练房。现在的文化课，我感觉能接受。我们学校大部分上的都和外边普通学校一样，从小学到初中再到高中。我现在读的属于高中。

T：我现在上的是嵩山少林武术职业学院的五年一体化大专。因为在老校，平常也不怎么过去。训练的话，每年的校运会就显得比较重要。校运会像我们这种班级是都要参加的，平常竞争比较激烈，大家水平都比较高，比赛的时候是以班级为主体，分为普通班、专业班、重点班、校队，也有个人比赛。每个层次都进行比赛，成绩好了可以往上升级，他们现在属于专业队。我在普通班待了没多久就直接被选进了重点队，现在属于校队，因为以前有些基础。

H：我是今年刚被选进校队的。因为16岁习武，所以练武比较吃力，花了两年才进入专业队。现在一年表演没有次数限制，经常出去，全国各地有很多演出活动。我们学校有三个专业队班级,校队两个班,还有重点班和普通班,但仍不够用。2008年上半年有3～5次,我们的训练和套路差不多,稍微有点变化,主要多了些艺术性,平常训练还是练一些套路、基本功,也有专门编排的表演节目。

W:之前的毕业生就业情况如何?你们对自己的出路有什么打算?

T:我准备继续上学,前几届毕业的学生有在国内外做教练的,有搞武行的,还有上学的。当教练和上学的比较多,搞武行的也不在少数,搞表演行业一般都在北京等大城市。他们这一批是水平提高的进了校队,还有一批是练不出来的,就半途而废,年龄小的回家继续上学,年龄大的一般都是家长帮忙找工作。

H:我还没考虑这个问题,想继续在这里练着,练段时间再看看。

W:你们觉得现在对武校的感觉和当初来的时候的想象有什么区别吗?

T:当初来的时候主要是想来练武、健身、提高技术,很多人都说现在吃了这么多苦,将来到社会上就没有苦了。

15. 嵩山少林武术职业学院管理人员访谈录音稿

地点:该管理人员的宿舍

时间:2008年8月16日上午

(W:笔者,C:嵩山少林武术职业学院管理人员)

W:您能介绍下你们学校的概况吗?

C:嵩山少林武术职业学院2004年开始招生,大专刚开始是两年制的,从2008年开始变成三年。职业学院设有11个专科专业,生源很差。很多人认为职业学院冠以武术职业学院影响了自身的招生。据说该校是河南省录取最差的大专院校。报到率还很低,有一些就是来过渡的。学生主要是高中毕业生,去年计划招1400人,最后录取了1000人。现在在高校扩招的情况下,算非常少的。学校加上五年制学生也就1300多人。五年一体化专业多是武校的初中毕业生考过来的。今年报了300多人,真正够录取的只有19人,他们从小练武,学习不好。学生考不上要么继续上职业高中或中专,要么专门练武,要么回家。学生考上了也很苦恼,因为学习跟不上。而本科是2007年开始招生的。本科学生前两年就在塔沟武校学习,后两年则在华北水利水电大学就读。本科招生的学生主要以本省为主,因为是外语专业,所以以女生为主。2007年这一届有94人。今年要招第二届,有英语专业和汉语汉推两个专业,两个班级,预计各招150人。可能今年开始没报够,后来降了20分。河南大概有24所专科学校降分。降分可能还招不够,后来学校想办法才招到400人。这边的学习环境与其他大专院校相比有一定的差距。这些通过高考进入职业学校的学生来校后淹没在专科五年一体化及武校其他专业的学生之中,他们来校之后思想压力往往比较大。今年录取后,很多家里有条件的就开车过来看看环境。还有一些来这上了一段时间就转学了。现在职业学院的活动大部分是与国家汉推办合作开展的。华北水利水电大学对联合办学非常重视,要求塔沟武校的外语课必须由华北水利水电大学亲自教授。学校领导宁愿多招几个外语教师,也不愿让学生与本部的水平拉开。

W:在教学方面你们学校有什么特色吗?

C:职业学院培养学生的主要目的就是推广汉语。对汉语推广而言,英语是个桥梁,武术是个手段,目的是吸引外国青少年学习汉语和中国传统文化。由于学习汉语专业的学生英语相对不好,因此职业学院会强化英语教学。他们要求两语一武。在登封学习基础课,主要是为了学武。武术课由塔沟武校的优秀教练教授。比如2007级90多个学生,30个人一组,现在已经学了两三个套路了。一般每星期学习三个下午,时间都在当天的二节课后。

学校管理人员认为将来本科生毕业就业会好些,不过现在就业压力大,情况也不容乐观。教师也会鼓励学生做好考研和找工作两手准备。现在学校搞的比较大的活动主要是汉语桥,是由汉推办开展的,2008年8月由汉推办组织的150个学院就在职业学院进行了培训。汉语桥是由国家汉办、各省教育厅组织,然后来到我们学校。夏令营反映还是不错的,职业学院编的有专门的教材,谁知道今年来的学生大都有基础,很多都是外国孔子学院的,已经学过汉语了。所以他们要求如果外国学生汉语不错的话尽量用汉语,有些学生为了锻炼自己的英语讲英语较多,这有些违背他们的初衷,应该多让外国学生讲汉语,这才是他们组织活动的真正目的。

W:能介绍下你们学校的办学思路吗?

C:塔沟武校刚开始办专科学校的时候,因为资质很难批准,所以过渡了一下,先办了两年非学历大专教育,有了办大专的基础之后,才开始办大专院校。校长受过高等教育,当初他从伊拉克回来后,出于发展武术的目的,创办了职业学院。他儿子也是留英回来的,是校长助理。武术一直是职业学院的优势,但一些管理人员认为如果做不好就会成为它最大的弱点。学校没有创办专科学校的经验,还是用办武校的思路,只考虑练武。现在教学计划都是照搬开封大学,教学计划执行不强。职业学院主要讲究应用,即动手能力,应该多和应用单位挂钩,比如像常州等地的一些职业教育学院。但是登封比较小,我们职业学院酒店管理专业的学生很难找到实习的地方。职业学院的目标不是培养学术型人才,应跳出办武校的思维,强调应用型人才的培养。现在学校已经意识到了这个问题,加大了实践方面的课程并在校内建立了一个实习地点,模拟酒店的各种活动。职业学院在招生方面不是很重视宣传。其他民办学校都非常注重宣传,在各地设有办事处,扩大了生源。目前,职业学院在登封本地甚至全省的知名度都很低。据说今年学生去联系实习的地方,人家大都不知道登封有这个学校。学校人员说现在办学的难点是师资问题,目前职称高点的不愿意来,要不就是退休的,要不就是本科毕业生。这严重制约了学校的发展。

W:在管理上您觉得你们学校的问题在哪里?如何才能解决这个问题?

C:民办学校要留住人才必须在待遇方面优于普通高校。现在教师来这工作不用签订合同,这样教师来去自由,不受限制。他们可能考虑到投入的问题,但如果签合同,教师就能受到约束。目前教师只是在这儿过渡一下,之后要么考研,要么找更好的工作。比如现在评职称,教师必须发表论文,版面费比较贵,教师这点工资根本就无法支付,这边有个内部刊物,不算省级期刊。教师现在都是干着走着,对职称概念很模糊。现在民办学校在师资方面的投入必须加大力度,不然很难维持师资。这个学校的另一个困境是它的地理位置,虽然登封自然风景不错,但县级市这一级别却限制着学生的发展,专科院校培养应用型人才,需要行业专家教课,在登封很难找到行业专家,而在郑州这样的大城市就很容易找到,这就限制了学校的教学质量,限制了学校与社会的结合。华北水利水电大学的教师来这边代课一节70元,不具吸引力,因为在郑州代课也是这个价。郑州市的学校一般不会让教师满员,这样可以外聘高水平教师,而在登封找不到高水平的兼职教师。

武校学生习武目的的调查问卷

说明:我是上海体育学院的研究生,在做武术文化的研究,希望请教您几个问题,多谢您的合作。请将相应序号及答案写在"_____"上。

1. 您的性别_____。

① 男 ② 女

2. 您的年龄_____。

① 14 岁以下 ② 15~24 岁 ③ 25~44 岁

3. 您来自_____。

① 登封本地 ② 河南省其他地方 ③ 外省

4. 您来自_____。

① 城市 ② 农村

5. 您父母的职业是_____。

① 工人 ② 农民 ③ 干部 ④ 商人

6. 您家庭的月收入_____。

① 2000 元以下 ② 2000~5000 元 ③ 5000~10000 元 ④ 10000 元以上

7. 您来武校之前就读_____。

① 小学 ② 初中 ③ 高中 ④ 其他

8. 您来武校之前的文化课学习成绩_____。

① 很差 ② 较差 ③ 一般 ④ 良好

9. 您来武校之前是否已经习武?_____

① 是 ② 否

10. 您来习武父母是否同意?_____

① 同意 ② 不同意

11. 您选择的是何种学制?_____

① 长期 ② 短期 ③ 其他(请注明)

12. 您所在武校的名称:_____。

13. 您在武校学习的专业:_____。

14. 您的学费是每年_____元。

15. 除了学费,您日常消费支出是每月_____元。

16. 您平均多久回家一次？_____
① 每月　② 每学期　③ 每年　④ 其他
17. 您在登封已经待了_____。
① 1年以内　② 1~3年　③ 3年以上
18. 您习武的原因是_____。
① 爱好　② 健身　③ 谋生　④ 别无他选,只好来学武术
19. 您选择来登封学习武术的原因是什么？_____
① 登封武校名气大　② 交通方便
③ 对少林寺的向往　④ 登封武校有较好的教学质量
20. 您打算在此学习多久？_____
① ____个星期　② ____个月　③ ____年　④ 不管多久,学成了就好
21. 您毕业后的打算是_____。
① 就业　② 进入高校读书　③ 参军　④ 其他
22. 您认为您所在武校的教学将来应如何改进？
_____
_____
23. 您认为您所在武校的管理将来应如何改进？
_____

非常感谢您的支持,祝您生活愉快！